COMMISSION DES RÉPARATIONS

V

RAPPORT

SUR LES

TRAVAUX DE LA COMMISSION DES RÉPARATIONS

DE 1920 A 1922

TOME I

LIBRAIRIE FÉLIX ALCAN

COMMISSION DES RÉPARATIONS

COMMISSION DES RÉPARATIONS

V

RAPPORT

SUR LES

Travaux de la Commission des Réparations

— de 1920 à 1922 —

(TOME I)

PARIS
LIBRAIRIE FÉLIX ALCAN
108, BOULEVARD SAINT-GERMAIN, 108

1923

TABLE DES MATIÈRES

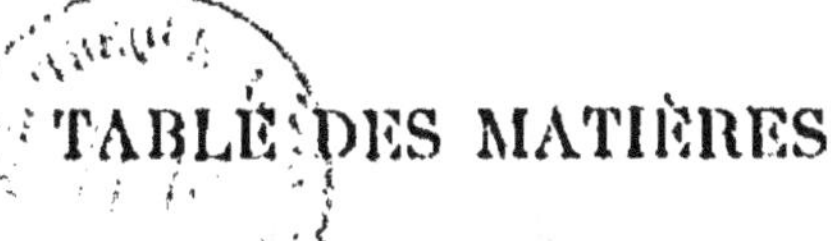

—

APPENDICES

INTRODUCTION

Le présent rapport est publié comme suite à une décision de la Commission des Réparations. Il a été rédigé par le Secrétaire Général sous sa propre responsabilité quant à la forme et au contenu, en tenant compte toutefois des observations retenues par un Comité de publication dans lequel les principales Délégations se trouvent représentées. Au point de vue de la forme, il n'est pas inutile d'ajouter que la majorité des chapitres ont été rédigés en anglais et ensuite traduits en français.

On s'est efforcé d'y exposer au public d'une façon objective les principales questions dont la Commission s'est occupée depuis son institution. On a réuni dans les Appendices des statistiques qui fourniront, peut-être à des degrés divers, des renseignements utiles à ceux qu'intéressent les différents problèmes qui sont du domaine de la Commission des Réparations. On ne pouvait se dispenser de faire un choix entre les matériaux à mettre en œuvre. Ce choix n'aura entraîné, espère-t-on, l'exclusion d'aucune question d'intérêt général susceptible de figurer à bon droit et avec utilité dans une publication faite à l'heure actuelle.

On n'a pas vu d'avantages à tenter d'établir entre les divers chapitres une concordance de dates quelque peu rigoureuse : le travail de rédaction s'étant étendu sur plusieurs mois, le choix d'une date fixe devant servir de limite à l'historique des questions traitées aurait été fatalement commandé par la date où l'on se serait mis à l'œuvre. Ainsi se seraient trouvées exclues des derniers chapitres, des statistiques intéressantes toutes prêtes à être publiées.

Le Secrétaire Général,

Andrew McFadyean.

CHAPITRE PREMIER

LE RÔLE DE LA COMMISSION DES RÉPARATIONS
SON ORGANISATION

La tâche principale de la Commission des Réparations,
instituée par la Partie VIII du Traité de Versailles, consiste dans l'application de cette Partie du Traité ; il est
fort probable, et d'ailleurs naturel, que les multiples
autres devoirs qui incombent à la Commission aient passé
inaperçus du public. La Commission est chargée, en outre,
de l'application des clauses de réparations du Traité de
Saint-Germain conclu avec l'Autriche, du Traité de
Trianon conclu avec la Hongrie et, bien que dans une
moindre mesure, du Traité de Neuilly conclu avec la
Bulgarie ; il lui incombe encore en vertu de chacun de
ces Traités un grand nombre de tâches d'ordre financier
ou administratif dont quelques-unes sont délicates et
complexes et dont l'ensemble a absorbé une grande
partie de son temps et de son travail. Le rôle de la
Commission n'est d'ailleurs pas limité aux travaux
qui lui ont été confiés expressément par les Traités. En
effet, comme elle est le seul organisme interallié qui ait
été institué pour une longue durée par les Traités de paix,
il a paru expédient aux Gouvernements de la charger
de temps à autre d'étudier et de résoudre plusieurs

questions qui, sans rentrer, à proprement parler, dans ses attributions, touchent de près à son rôle principal. C'est ainsi que les Puissances alliées lui ont confié l'exécution de celles des clauses financières des Traités de paix que ces Traités ne lui avaient pas déjà expressément attribuées. Elle a de même accepté, à la demande des Puissances alliées, d'assurer la vente et la dispersion des stocks considérables de matériel de guerre allemand, militaire, naval et aéronautique remis par l'Allemagne aux Commissions de contrôle pour être détruit ou rendu inutilisable. Elle a dû se tenir en contact plus ou moins étroit avec les autres organismes chargés de l'application du Traité, principalement avec la Conférence des Ambassadeurs, la Haute Commission Interalliée des Territoires Rhénans et les diverses Commissions de contrôle. En diverses occasions, il lui a fallu se préoccuper des répercussions que pouvait avoir sur la situation économique et financière de l'Allemagne, et par suite sur les réparations, l'exécution des dispositions des clauses économiques du Traité de Paix, notamment de celles relatives au règlement des dettes privées d'avant-guerre et des créances nées des mesures législatives de guerre concernant la mise sous séquestre de la propriété privée.

Les chapitres suivants exposeront d'une manière suffisamment détaillée certaines des tâches les plus importantes qui incombent à la Commission ; l'Appendice I (1) contient une énumération des principaux travaux dont elle est chargée en vertu des Traités avec l'Allemagne et avec l'Autriche. L'intelligence du rôle de la Commission

(1) Voir page 301. Les tâches confiées à la Commission par le traité avec la Hongrie sont presque identiques à celles qui lui sont confiées par le traité avec l'Autriche

étant nécessaire pour permettre aux lecteurs de se former une opinion sur le caractère de cet organisme, il peut être utile d'indiquer en quelques mots les parties les plus importantes de ce rôle.

La partie du Traité relative aux réparations, c'est-à-dire la Partie VIII, et ses Annexes, charge la Commission d'évaluer tous les dommages causés par l'Allemagne et ses alliés et rentrant dans l'une quelconque des dix catégories énumérées à l'Annexe I, de notifier à l'Allemagne la décision prise, et d'établir un état des payements permettant à l'Allemagne de s'acquitter de ses obligations en trente années. En attendant la fixation du montant total de sa dette, l'Allemagne devait payer un acompte de 20 milliards de mark-or.

La Commission des Réparations est également chargée expressément de fixer la procédure à employer pour la restitution des espèces, des animaux, des objets de toute nature et des valeurs enlevés, saisis ou séquestrés, lorsqu'il était possible de les identifier sur un territoire appartenant à l'Allemagne ou à ses alliés. L'établissement de cette procédure a entraîné un travail d'administration considérable et compliqué.

Les dispositions du Traité prévoient de fortes livraisons en nature par l'Allemagne. Les Annexes aux clauses de réparations prescrivent la remise de la presque totalité de la flotte marchande, la livraison par l'Allemagne de fournitures de toutes espèces nécessaires pour la reconstruction des régions dévastées, la livraison de charbon et de dérivés du charbon, la fourniture de matières colorantes et de produits pharmaceutiques, et enfin — cette dernière livraison étant relativement peu importante au point de vue du travail nécessité par son application — la remise de certains câbles allemands.

Un ou deux exemples pris dans les clauses financières des Traités suffiront pour donner des indications sur la nature des tâches incombant à la Commission, et dont certaines n'entraînent pas ou n'entraînent que d'une façon indirecte des versements à titre de réparations.

En vertu des Articles 254 et 256 du Traité de Versailles, la Commission doit fixer la portion de la dette publique allemande d'avant-guerre à mettre à la charge des Puissances cessionnaires de territoires allemands ; elle doit encore évaluer les biens et propriétés de l'État allemand se trouvant sur ces territoires.

Aux termes des Traités de Saint-Germain et de Trianon la Commission des Réparations doit nommer les liquidateurs de la Banque d'Autriche-Hongrie ; elle est constituée arbitre des litiges relatifs aux principes d'après lesquels doit être effectuée cette liquidation. Pratiquement, bien que l'on ait rarement invoqué son arbitrage, la Commission a dû s'occuper de nombreuses questions importantes de principe ou de procédure inévitablement soulevées par la liquidation de ce qui était, avant la guerre, l'une des plus grandes institutions bancaires du monde. La Commission a l'intention de publier séparément un rapport sur la liquidation de la banque, lorsque cette liquidation sera achevée.

La Commission doit encore répartir la dette autrichienne et hongroise d'avant-guerre entre les différentes Puissances, (y compris la nouvelle Autriche et la nouvelle Hongrie), qui ont reçu des territoires de l'ancien Empire austro-hongrois. La Commission compte également publier plus tard un rapport séparé sur cette partie de ses travaux.

Il convient peut-être d'ajouter ici quelques mots sur la nature des tâches incombant à la Commission en exécution du Traité de Neuilly conclu avec la Bulgarie. Ce Traité prévoit, pour les questions relatives aux réparations, l'institution à Sofia d'une Commission interalliée composée de représentants de la Grande-Bretagne, de la France et de l'Italie. Cette Commission, à la différence des Sections d'Autriche et de Hongrie, établies par les Traités de Saint-Germain et de Trianon, a des pouvoirs distincts et autonomes. Mais en même temps, ce Traité prévoit, dans certains cas l'intervention de la Commission des Réparations.

La Commission des Réparations et la Commission de Sofia ont été amenées ainsi, peu après l'institution de cette dernière, à rédiger, d'un commun accord, un document où leurs rapports se trouvent définis. Ce document est donné à l'Appendice II (1).

Ainsi qu'on s'en rendra compte, ce document consacre l'indépendance de la Commission Interalliée de Bulgarie et restreint l'intervention de la Commission des Réparations dans les affaires de la Bulgarie au minimum nécessaire, d'abord pour se conformer aux dispositions formelles du Traité, et ensuite pour assurer la concordance entre les diverses solutions données aux problèmes de réparations qui ne sont pas spéciaux à la Bulgarie.

Officiellement, la Commission des Réparations entra en fonctions le 10 janvier 1920, date de la ratification du Traité de Versailles. En réalité, son histoire remonte à plusieurs mois auparavant, au moment de la création, par la Conférence de la Paix, du Comité d'Organisation de la Commission des Réparations.

Au début, les Membres de ce Comité furent pris dans

(1) Voir page 313.

le personnel des diverses Délégations à la Conférence de la Paix, sous la présidence de M. Loucheur, Ministre des régions libérées. La composition de ce Comité fut peu à peu modifiée, jusqu'au moment où sa constitution devint en fait presque identique à celle de la Commission des Réparations à sa création.

Le rôle du Comité était double. D'une part, il devait établir un projet d'organisation de la Commission qui mît celle-ci en état de commencer ses travaux le plus rapidement possible. L'étude de cette question fut poussée de telle manière que, dès sa première séance, la Commission des Réparations pût tracer les grandes lignes de son organisation. Tout en subissant les modifications rendues nécessaires par l'évolution de la Commission, cette organisation primitive n'a pas subi de changements importants.

D'autre part, le Comité d'Organisation procéda à une étude préliminaire de certaines des questions que la Commission serait amenée à traiter en premier lieu, et traita lui-même un grand nombre de problèmes qui se présentaient journellement et qui devaient influer sur les travaux de la Commission. Dans certains cas, et en particulier pour les livraisons de charbon, le Comité, à la suite d'un accord avec le Gouvernement allemand, obtint l'application anticipée de certaines clauses de réparations avant la mise en vigueur du Traité.

Le problème d'organisation qui se présentait était forcément un problème nouveau. Le Traité se borne à prévoir des Délégués et des Délégués-adjoints représentant les États-Unis d'Amérique, la Grande-Bretagne, la France, l'Italie, le Japon, la Belgique et l'État S. H. S., les Délégués du Japon et de l'État S. H. S. ne devant assister aux séances que dans certains cas bien définis où ils siègent à la place du Délégué belge ; le Traité prévoyait encore la nomination de Délégués-assesseurs destinés à représenter les autres Puissances Alliées et Associées lorsque leurs créances et intérêts seraient examinés ou discutés par la Commission, et la constitution à Paris du principal bureau permanent de la Commission des Réparations, ainsi que certaines dispositions fondamentales réglant les discussions de la Commission et son système de vote. Les plus importants problèmes d'organisation n'étaient pas abordés par le Traité. La Commission devait donc construire de toutes pièces une organisation qui lui permît d'accomplir ses multiples travaux et pour laquelle elle n'avait pas de précédent.

D'un caractère essentiellement interallié, la Commission des Réparations est chargée de sauvegarder les intérêts respectifs des diverses Puissances représentées, intérêts qui ne peuvent manquer de se trouver parfois en conflit les uns avec les autres. Elle doit, en outre, jusqu'à un certain point, remplir un rôle de juge entre les Alliés d'une part et les Puissances ex-ennemies d'autre part ; en particulier, elle a dû prononcer en pleine indépendance une sentence sur des questions telles que celle du montant des dommages dont l'Allemagne est responsable, questions qui ont une répercussion considérable, non seulement sur les intérêts financiers, mais aussi sur les intérêts politiques de toutes les Puissances directement intéressées et sur la situation économique du monde entier.

La Commission est chargée, en outre, de remplir un rôle d'ordre judiciaire particulièrement difficile et délicat. Elle a pouvoir d'interpréter souverainement les dispositions du Traité contenues dans la partie relative aux Réparations.

La complexité du travail d'ordre administratif qui incombe à la Commission ressortira suffisamment de l'Appendice I (1) qui contient l'énumération des principales tâches dont elle a la charge.

Il serait superflu d'insister sur la responsabilité de la Commission lorsque, siégeant comme Tribunal, elle doit évaluer la dette de l'Allemagne, ou lorsque, se plaçant du point de vue économique, elle doit ajuster à la capacité de payement de l'Allemagne la charge qui résulte pour elle de la dette ainsi fixée.

Au cours du présent rapport on sera amené à indiquer dans quelle mesure la responsabilité de cette tâche d'ordre économique fut, par suite des événements, partagée avec les Gouvernements.

Il peut toutefois n'être pas inutile de dire, dès maintenant, quelques mots des difficultés spéciales soulevées par les questions d'interprétation. Il était naturel que le texte du Traité fût parfois obscur. Dans un document comme le Traité de Versailles, il aurait été difficile de se garder de toutes les difficultés d'interprétation que soulèvent tous les jours les actes juridiques les plus simples et dont on ne s'aperçoit qu'au moment de l'application.

La Commission des Réparations, compétente pour interpréter les dispositions de la Partie « Réparations » n'a pas les pouvoirs nécessaires pour interpréter les clauses du Traité se trouvant en dehors de cette Partie, même lorsqu'elle est chargée de les appliquer, comme c'est le cas, par exemple, pour l'Article 260.

De plus, le Traité est rédigé en deux langues ; or, son texte français et son texte anglais, qui font également foi (2), ne sont pas toujours, et parfois dans des cas

____

(1) Voir page 301.

(2) Ceci n'est vrai que pour le Traité de Versailles. Le texte français fait foi dans les autres Traités.

importants, en concordance absolue. Enfin, la Commission ne peut procéder à une interprétation formelle du Traité que lorsqu'elle est unanime : en cas de non-unanimité, la situation qui en résulte n'a pas d'issue dans la forme première du Traité. Mais en vertu d'un amendement apporté plus tard à l'Annexe II au Traité de Versailles, il est possible, mais seulement lorsque tous les Gouvernements intéressés acceptent de le faire, de recourir à un arbitrage dans les cas où la Commission elle-même ne peut réussir à se prononcer à l'unanimité (1).

Des organismes interalliés avaient déjà existé pendant la guerre, mais ils ne pouvaient que dans une très faible mesure servir de modèle pour l'organisation de la Commission. D'une façon générale, leur tâche était relativement limitée et peu complexe. Le personnel en était réduit et, sous la pression des nécessités du temps de guerre, ce personnel devenait vite capable d'adapter aux exigences interalliées un point de vue purement national. Dans l'ensemble, à la lumière de la grande tâche à accomplir, qui était de gagner la guerre, il n'y avait pas place pour de grandes divergences de vues soit sur les moyens à employer pour atteindre le but défini que l'on se proposait, soit sur les nécessités d'atteindre ce but limité.

La Commission doit remplir un assez grand nombre de tâches qui mettent nécessairement en conflit les intérêts des Puissances représentées. La Commission s'est donc naturellement proposé de constituer un organisme qui, à la fois, fût efficace pour l'exécution du travail et qui, en même temps, avant que les questions fussent soumises à la Commission elle-même, permît de concilier, dans la plus grande mesure possible, les intérêts divergents. On

(1) Voir note page 19.

chercha à obtenir ce résultat en constituant trois services exécutifs dirigés chacun par un Conseil de cinq Membres. Chacun de ces Membres était désigné par l'une des Puissances représentées en temps normal à la Commission, y compris les États-Unis d'Amérique, qui, excepté pour la courte période comprise entre le 19 février 1921 et le 10 mai 1921 conservèrent à la Commission une Délégation officieuse. Les Membres de ces Conseils de Service sont expressément destinés à remplir une double fonction : ils ont un caractère national en ce qu'ils dépendent de leurs Délégués à la Commission et sont responsables envers eux ; ils ont un caractère interallié en ce que le Conseil, pris dans son ensemble, est responsable envers la Commission de l'exécution des décisions prises par celle-ci et de l'application normale des clauses du Traité.

Les trois principaux services dirigés par des Conseils étaient : le Service financier, le Service des Restitutions et Réparations en Nature et le Service maritime. Ce dernier siégeait à Londres. Lorsqu'il eut terminé sa tâche principale, il fut liquidé le 31 août 1921.

Le Service des Évaluations, également dirigé par un Conseil de Service, termina ses travaux et fut liquidé le 1er mai 1921. Un Service juridique, composé de cinq juristes, un de chacune des délégations principales, fut constitué pour servir de Conseil à la Commission. Deux autres services, le Service des Informations et le Service de la Comptabilité, furent également organisés avec un Directeur à la tête de chacun d'eux.

Le personnel des Services est strictement interallié et il est composé indifféremment de ressortissants des différentes Puissances représentées à la Commission.

Le Secrétariat général de la Commission a un caractère interallié. D'une façon générale, il est chargé d'assurer le fonctionnement régulier de tout l'organisme et en particulier il s'occupe de toutes les questions matérielles. En collaboration avec les Secrétaires généraux des Délégations nationales, il traite toutes les questions relatives au personnel, il est chargé de fixer les ordres du jour de la Commission, et d'une façon générale, de s'assurer que les décisions prises par la Commission sont exécutées ; il doit également assurer une liaison convenable entre les différents services.

Du côté purement national, chaque Délégation possède un Secrétaire général et le personnel dont le Délégué démontre la nécessité pour traiter les affaires intéressant son pays et qui font l'objet de l'étude de la Commission.

Depuis la création de la Commission des Réparations jusqu'à présent, le Président de la Commission des Réparations est le Délégué français et le Secrétaire général, un fonctionnaire de nationalité britannique.

L'Appendice III (1) donne les noms des Délégués, des Délégués adjoints, des Secrétaires généraux et des Membres des Conseils de Service depuis la mise en vigueur du Traité jusqu'à ce jour.

(1) Voir page 319.

CHAPITRE II

ARTICLE 235. PAYEMENTS AU 1er MAI 1921

Au cours de la période prenant fin le 30 avril 1921, la Commission avait à remplir deux missions principales. Elle avait, d'une part, à déterminer le total des dommages causés par l'Allemagne (la façon dont elle s'est acquittée de cette tâche fera l'objet du Chapitre III). Elle devait, d'autre part, aux termes de l'Article 235 du Traité, se faire remettre, à titre de premier acompte sur les réparations dues par l'Allemagne, des espèces et des marchandises pour un montant de 20 milliards de mark-or. C'est l'exécution de l'Article 235 qui fait l'objet du présent chapitre.

L'Article 235 est rédigé comme suit :

Texte français

« Afin de permettre aux Puissances Alliées et Associées d'entreprendre dès maintenant la restauration de leur vie industrielle et économique, en attendant la fixation définitive du montant de leurs réclamations, l'Allemagne payera, pendant les années 1919 et 1920 et les quatre premiers mois de 1921, en autant de versements et suivant telles modalités (en or, en marchandises, en navires, en valeurs ou autrement) que la Commission des Répa-

rations pourra fixer, l'équivalent de 20.000.000.000 (vingt
milliards) de mark-or à valoir sur les créances ci-dessus ;
sur cette somme, les frais de l'armée d'occupation après
l'Armistice du 11 novembre 1918 seront d'abord payés et
telles quantités de produits alimentaires et de matières
premières qui pourront être jugées par les Gouvernements
des principales Puissances Alliées et Associées, nécessaires
pour permettre à l'Allemagne de faire face à son obligation de réparer, pourront aussi, avec l'approbation desdits
Gouvernements, être payées par imputation sur ladite
somme. Le solde viendra en déduction des sommes dues
par l'Allemagne à titre de réparations. L'Allemagne
remettra en outre les bons prescrits au § 12 (c) de
l'Annexe II ci-jointe. »

Texte anglais

« In order to enable the Allied and Associated Powers
to proceed at once to the restoration of their industrial
and economic life, pending the full determination of their
claims, Germany shall pay in such instalments an in
such manner (whether in gold, commodities, ships, securities or otherwise) as the Reparation Commission may
fix, during 1919, 1920 and the first four months of 1921,
the equivalent of 20.000.000.000 gold marks. Out of this
sum the expenses of the armies of occupation subsequent
to the Armistice of November 11, 1918, shall first be met,
and such supplies of food and raw materials as may be
judged by the Governments of the Principal Allied and
Associated Powers to be essential to enable Germany to
meet her obligations for reparation may also, with the
approval of the said Governments, be paid for out of the
above sum. The balance shall be reckoned towards liquidation of the amounts due for reparation. Germany shall
further deposit bonds as prescribed in § 12 (c) of Annex II
hereto ».

Il est utile, lorsqu'on cite le Traité, de donner les deux
textes (qui font également foi). Des divergences entre

eux ne sont pas rares en effet. Dans ce cas particulier, les mots « à valoir sur les créances ci-dessus » ne se rencontrent pas dans le texte anglais.

L'application de ce texte a donné lieu à une série de difficultés très sérieuses.

La première difficulté s'est révélée au temps du Comité d'Organisation de la Commission des Réparations dès avant la mise en vigueur du Traité. Elle est née lorsqu'on a envisagé l'emploi que l'Allemagne pourrait faire du reste de ses valeurs étrangères qui étaient à cette époque la forme de ses richesses la plus liquide. Le Traité contient plusieurs stipulations relatives aux valeurs étrangères de l'Allemagne. Tout d'abord l'Article 297 permet de liquider et d'affecter les biens des ressortissants allemands situés sur le territoire ou sous le contrôle d'un pays allié à la compensation des dommages apportés aux biens alliés en Allemagne et, par l'effet de cette mesure, l'Allemagne se trouvait virtuellement dépossédée de tout ce qu'elle détenait de valeurs émises dans les pays qui avaient été engagés dans la guerre. D'autre part, aux termes de l'Article 260 la Commission pouvait exiger le transfert de « tous droits ou intérêts de ressortissants allemands dans toute entreprise d'utilité publique ou dans toute concession en Russie, en Chine, en Autriche, en Hongrie, en Bulgarie, en Turquie, dans les possessions et dépendances de ces Etats, ou sur un territoire qui, ayant appartenu à l'Allemagne ou à ses alliés, doit être cédé ou administré par un mandataire » en vertu du Traité (1).

Ces deux dispositions ensemble atteignaient une proportion considérable des valeurs étrangères que l'Allemagne

____

(1) Voir Chapitre IV, p. 99.

détenait. D'autre part, une partie du solde avait été vendue avec l'approbation des Alliés pour fournir à l'Allemagne les denrées alimentaires et les matières premières nécessaires à sa vie économique. Ces déductions nécessaires étant faites, il restait toutefois une certaine quantité de valeurs qui ne tombaient sous le coup ni de l'un ni de l'autre des deux articles précités. Elles constituaient la forme de richesse pouvant le mieux servir soit à satisfaire encore aux besoins indispensables de l'Allemagne, soit à payer les réparations. Cette forme de richesse était, d'autre part, aisément transférable et par conséquent facile à dissiper, d'autant plus qu'il était à supposer que les restrictions en vigueur dans les pays alliés pendant la guerre, en ce qui concerne la vente des valeurs qui s'étaient trouvées en mains allemandes depuis l'ouverture des hostilités, seraient prochainement diminuées ou supprimées. Le Comité d'Organisation s'est donc naturellement trouvé conduit à soulever la question de savoir si l'Article 235, troisième stipulation importante du Traité affectant les valeurs possédées par l'Allemagne, lui donnait les pouvoirs nécessaires pour prévenir leur dissipation ou pour les réclamer au compte réparations.

La difficulté essentielle a été de savoir si la Commission des Réparations avait le droit de demander que, en plus des prestations qu'elle devait faire en application d'autres dispositions du Traité, l'Allemagne fournît des titres et des valeurs pour acquitter tout ou partie des 20 milliards de mark-or. La question se pose, en effet, de savoir si, en prévoyant pour l'apurement du compte de l'Article 235 des versements éventuels en marchandises, en navires ou en valeurs, cet Article entendait faire plus que se référer à l'Article 260 pour les valeurs, à l'Annexe III pour les navires, à l'Annexe IV pour les marchandises,

les livraisons dont il s'agit dans ces dispositions du Traité
devant être imputées au compte de l'Article 235. La question fut posée aux conseillers juridiques du Comité d'Organisation, et la Commission, au moment où elle aborda cette
discussion, peu après sa constitution, se trouva en face
de deux avis divergents, l'un de la majorité, l'autre de la
minorité de son Service juridique.

L'avis de la majorité concluait que l'Article 235 donnait
à la Commission pleins pouvoirs pour réclamer des
valeurs, en laissant au Gouvernement allemand le soin
de prendre toutes mesures pouvant être nécessaires pour
se procurer les valeurs réclamées. Il établissait une distinction bien nette entre l'obligation pour l'Allemagne
de faire un payement de 20 milliards de mark-or avant
le 1ᵉʳ mai 1921 et son obligation énoncée dans l'Article 236 d'effectuer la livraison de certains produits
définis ou son obligation formulée dans l'Article 260 de
remettre certaines catégories définies de titres. Le texte
de l'Article 236 est le suivant :

« L'Allemagne accepte en outre que ses ressources
économiques soient directement affectées aux réparations,
comme il est spécifié aux Annexes III, IV, V et VI relatives respectivement à la marine marchande, aux restau-
rations matérielles, au charbon et à ses dérivés, aux
matières colorantes et autres produits chimiques, étant
toujours entendu que la valeur des biens transférés et de
l'utilisation qui en sera faite conformément auxdites
Annexes sera, après avoir été fixée de la manière qui y est
prescrite, portée au crédit de l'Allemagne et viendra en
déduction des obligations prévues aux Articles ci-dessus. »

« Germany further agrees to the direct application of
her economic ressources to reparation as specified in
Annexes III, IV, V and VI relating respectively to mer-
chant shipping, to physical restoration, to coal and

derivatives of coal, and to dyestuffs and other chemical products ; provided always that the value of the property transferred and any services rendered by her under these Annexes, assessed in the manner therein prescribed shall be credited to her towards liquidation of her obligations under the above Articles ».

L'avis de la minorité s'opposait sur tous les points ci-dessus à celui de la majorité. Il déclarait notamment que la valeur des livraisons en nature effectuées en vertu de l'Article 236 et des Annexes devait évidemment être portée au crédit de l'Allemagne à valoir sur les 20 milliards, en vertu de la clause finale de l'Article 236 qui stipule que la valeur des livraisons et des services visés aux Annexes « sera portée au crédit de l'Allemagne et viendra en déduction des obligations prévues aux Articles ci-dessus » c'est-à-dire, entre autres, à l'Article 235.

Il soutenait qu'il n'était pas possible de croire, étant donné qu'il y avait par ailleurs obligation explicite pour l'Allemagne de livrer tous ses bateaux de commerce de 1.600 tonnes brutes et au-dessus et la moitié de ses ba-teaux de commerce de 1.000 à 1.600 tonnes brutes, que l'emploi du mot « navires » dans l'Article 235 donnât à la Commission des Réparations le droit de réclamer la livrai-son de navires en sus de ceux qui étaient spécifiés. Si l'on admettait une telle idée, il faudrait tirer une conclu-sion analogue quant à la portée du mot « valeurs » dans l'Article 235.

Il n'est pas possible de donner dans une étude très con-densée une idée complète de l'une ou l'autre des manières de voir qui se sont fait jour dans cette importante contro-verse ; aussi a-t-on jugé utile de donner en appendice des extraits importants des deux avis (1).

(1) Voir Appendices IV, page 323, et V, page 330.

La divergence de vues qui s'était manifestée dans le Service juridique de la Commission se reproduisit au sein de la Commission elle-même. Il s'agissait là d'une question d'interprétation. Aux termes du Traité, dont les dispositions n'avaient pas encore été modifiées, comme elles le furent plus tard, par l'insertion d'une clause d'arbitrage (1), l'unanimité était nécessaire pour fixer une interprétation. La Commission s'est trouvée ainsi dans l'impossibilité d'interpréter sur ce point le Traité et de décider si elle avait ou non le droit de réclamer à l'Allemagne la remise des valeurs qui n'étaient pas atteintes par d'autres dispositions du Traité, et d'obliger celle-ci à payer 20 milliards de mark-or en sus des livraisons en nature prévues d'autre part.

Sur le moment même, la Commission s'est dégagée de cette situation en faisant connaitre au Gouvernement allemand qu'elle jugeait absolument nécessaire pour l'exécution de l'Article 235, et notamment pour que l'Allemagne obtînt les sommes nécessaires pour son ravitaillement, que le Gouvernement allemand fît usage de toutes les valeurs neutres en sa possession et en la possession des États et des ressortissants allemands, à l'exception de celles qui tombaient sous le coup d'autres articles du Traité. La Commission déclara en conséquence qu'elle ne

(1) Texte du § 13 bis de l'Annexe II à la Partie VIII du Traité de Versailles.

En cas de divergences d'opinion entre les Délégués sur l'interprétation des stipulations de cette partie du présent Traité, la question pourra être soumise, par accord unanime des Délégués, à l'arbitrage. L'Arbitre devra être désigné à l'unanimité par tous les Délégués ou, à défaut d'un accord semblable, nommé par le Conseil de la Société des Nations. La sentence de l'Arbitre liera toutes les parties intéressées.

consentirait à déduire des 20 milliards de mark-or aucune somme d'argent pour le ravitaillement de l'Allemagne, à moins que le Gouvernement allemand ne prît immédiatement toutes les mesures nécessaires pour acquérir les valeurs en question et s'en servir pour faire face aux besoins de l'Allemagne.

Le Gouvernement allemand répondit aussitôt qu'il était disposé à satisfaire aux désirs de la Commission si celle-ci insistait dans ce sens, mais qu'il croyait pouvoir indiquer des motifs de ne pas adopter cette manière de faire, en raison de l'expérience qu'il avait acquise depuis l'Armistice et de l'insuffisance relative des valeurs facilement réalisables se trouvant encore en mains allemandes. A cela, la Commission répondit qu'elle persistait dans sa manière de voir, mais que tout exposé plus détaillé des objections que le Gouvernement allemand pourrait désirer présenter serait entendu par le Service financier qui, en fait, pendant plusieurs mois, continua à s'occuper de la question.

En même temps, la Commission des Réparations écrivait au Gouvernement allemand pour lui demander qu'il lui fît connaître, le plus tôt possible, comment il se proposait d'exécuter l'Article 235.

C'est à cette époque que se placent les efforts faits par les Gouvernements alliés dans les Conférences de Londres (février-mars 1920), Boulogne (21-22 juin 1920) puis Spa (5-16 juillet 1920) pour chercher à régler par une procédure différente de celle fixée par le Traité de Versailles, et, par suite, en dehors de la Commission des Réparations, la question des réparations.

En définitive, dans ces Conférences, le fond même du problème des réparations ne fut pas réglé ; il fut toutefois renvoyé à l'examen d'une Conférence des Ministres qui

devait se tenir à Genève et qui, en fait, n'eut jamais lieu ;
mais une Conférence d'experts fut convoquée à Bruxelles
pour le mois de décembre.

Ces réunions successives comportaient l'éventualité
d'un règlement d'ensemble pouvant englober par conséquent l'exécution de l'Article 235. Mais, dès l'automne
de 1920, il devint évident que si les tentatives ainsi
faites pour arriver à une solution du problème général
des réparations devaient échouer, la Commission risquait
de se trouver dans une situation telle qu'elle n'aurait plus
le temps nécessaire pour s'acquitter de la tâche qui
lui était expressément confiée par le Traité sur ce point.
Il était en outre nécessaire de mettre au point une prétention émise à Spa par l'Allemagne : celle-ci, en effet,
prétendant que tous les payements, livraisons et cessions
imputables au compte réparations devaient également
être portés au compte de l'Article 235 et présentant une
surestimation de ces prestations qui, sur certains points,
n'a pas été dans la suite défendue par le Gouvernement allemand lui-même, soutenait avoir payé intégralement les 20 milliards de mark-or exigibles avant le
1er mai 1921. La Commission se trouvait donc avoir à
décider quelles prestations devaient être imputées sur ce
compte et à faire l'estimation, sur la base ainsi adoptée,
des payements déjà effectués. Cette estimation fut forcément approximative, l'évaluation de plusieurs des prestations à porter à ce compte ne pouvant encore, pour
diverses raisons, être établie.

Un Sous-Comité de trois Délégués à la Commission
des Réparations fut constitué pour étudier les problèmes
qui se posaient et arriver à des conclusions que la Commission pourrait faire siennes. Le Gouvernement allemand faisait, de son côté, remettre à la Commission des

Réparations un mémoire indiquant et évaluant les livraisons effectuées en exécution du Traité de Paix et des Conventions d'armistice qui devaient, d'après lui, être portées au crédit du compte réparations (ce qui ne signifie pas au crédit du compte de l'Article 235).

Le tableau ci-contre résume les évaluations présentées dans ce mémorandum.

La Commission des Réparations répondit le 26 février 1921 par la lettre suivante :

« La Commission des Réparations a pris connaissance du « tableau » qui lui a été adressé le 20 janvier 1921 des livraisons effectuées et conditions remplies par le Reich allemand en exécution du Traité de paix et des Conventions qui ont précédé celui-ci, pour lesquelles l'Allemagne a droit à une inscription au crédit de son compte de réparations.

« La Commission n'est pas en état, à l'heure actuelle, de faire connaître sa décision définitive en ce qui concerne soit l'admission des divers chefs pour lesquels l'Allemagne réclame une inscription à son crédit, soit le montant des sommes à inscrire. La nature des choses s'oppose d'ailleurs à ce que les livraisons qui doivent être faites jusqu'au 30 avril 1921 soient évaluées avec exactitude avant cette date.

« Toutefois l'Allemagne étant astreinte par l'Article 235 du Traité de Paix et sous les conditions édictées par cet Article, à payer, avant le 1ᵉʳ mai 1921, une somme de 20 milliards de mark-or, la Commission juge utile de faire la présente communication.

« Le payement de 20 milliards de mark-or, stipulé par l'Article 235 ayant pour objet de permettre aux Puissances Alliées et Associées d'entreprendre, *dès maintenant*, la res-

DÉSIGNATION DES OBLIGATIONS	VALEUR EN MARK-OR
GROUPE A	
Fournitures exécutées par l'administration prussienne des mines.	199.284
Parc de chemin de fer dans les territoires cédés	245.632.430
Matériel roulant	1.589.625.000
Pièces de rechange pour matériel ferroviaire	3.097.000
Machines agricoles (Poena-Lieferung)	28.938.966
Flotte commerciale.	7.310.302.824
Machines industrielles, etc., pour la reconstruction	966.330
Bétail.	237.545.913
Charbon et coke	655.957.300
Ammoniaque	2.851.204
Matières colorantes et produits chimiques et pharmaceutiques.	225.525.008
Total A	10.300.641.259
GROUPE B	
Mines de la Sarre	1.056.947.000
Biens de l'Empire et des États particuliers	4.481.552.938
Valeur des 5 ponts de chemin de fer sur le Rhin (pour autant qu'ils n'appartenaient pas à l'ancienne Terre d'Empire d'Alsace-Lorraine)	8.582.350
Câbles sous-marins	85.418.979
Biens abandonnés à l'étranger (Rücklassgüter)	2.497.790.000
Total B	8.130.291.267
GROUPE C	
Dépenses imputables sur les premiers 20 milliards de mark-or (Article 235 du Traité de Paix)	
Vivres et matières premières importés.	2.249.311.746
Occupation des Pays Rhénans	450.000.000
Commissions interalliées.	40.152.300
Total C	2.739.464.046

tauration de leur vie industrielle et économique, la Commission estime que seules peuvent être admises comme donnant droit à l'Allemagne à une inscription à son crédit à valoir sur les 20 milliards prévus par cet Article, les livraisons susceptibles de revêtir une forme liquide et par là même d'être appliquées aux fins spécifiées ci-dessus.

« Par conséquent, faisant d'ailleurs toutes ses réserves quant à l'admission des chefs pour lesquels l'Allemagne demande une inscription à son crédit et au montant des sommes à inscrire qui figurent dans la note adressée par cette Puissance sans qu'ils soient indiqués ci-dessous, la Commission est arrivée à la conclusion qu'en aucun cas une inscription au crédit de son compte de réparations ne sera accordée à l'Allemagne à valoir sur les 20 milliards prévus par l'Article 235, pour les catégories de payements énumérés ci-après représentant des avoirs qui ne sont ni liquides ni susceptibles de le devenir rapidement.

Catégories	Montant de l'évaluation allemande
1. Valeur en capital des mines de la Sarre	1.056.947.000 mark-or
2. Valeur des biens situés en territoires cédés	4.481.552.938 —
3. Valeur de cinq ponts de chemin de fer cédés	8.582.350 —

« Dans le total donné en (2) ci-dessus des biens situés en territoires cédés, la partie susceptible d'être réalisée sous forme liquide d'ici au 1ᵉʳ mai 1921 (pour le Danemark par exemple) apparaît insignifiante.

« Il importe de remarquer, en outre, que le groupe A, marine marchande, et le groupe B, biens abandonnés,

sont comptés à eux deux pour un total d'environ 10 milliards de mark-or. Des renseignements actuellement en la possession de la Commission, il ressort que la somme à inscrire au crédit de l'Allemagne ne parait pas dépasser, pour ces deux chefs réunis, un milliard de mark-or.

« Quand bien même cette dernière somme se trouverait doublée, quand les chiffres donnés par l'Allemagne pour les autres catégories de livraisons seraient acceptés, quand la totalité des sommes dépensées par le Gouvernement allemand pour les armées d'occupation et pour les achats de vivres effectués, même sans autorisation préalable, serait inscrite au crédit de l'Allemagne, il n'en subsisterait pas moins sur les 20 milliards prévus par l'Article 235 un solde impayé de 12 milliards.

« La Commission tient à bien faire entendre au Gouvernement allemand que le compte définitif relativement à l'exécution de l'Article 235, ne saurait manquer, dans les conditions actuelles, de faire apparaître une insuffisance de versements de 12 milliards au moins et avant de communiquer sa décision en ce qui concerne cet Article elle recevrait volontiers les observations du Gouvernement allemand sur la manière dont il s'acquittera de ses obligations.

« La Commission ajoute qu'elle procède actuellement à l'étude du détail des prix et valeurs en vue du compte général des réparations et qu'il doit être bien entendu que la présente communication se rapporte exclusivement à l'exécution, par l'Allemagne, des obligations que lui impose l'Article 235. »

Tout en aboutissant ainsi à des conclusions pratiques, la Commission des Réparations évitait le problème d'interprétation qui avait été précédemment soulevé.

La question de l'exécution de l'Article 235, qui était restée stationnaire depuis mars 1920, se trouvait soulevée de nouveau.

Le 14 mars 1921, le Gouvernement allemand répondit qu'il persistait effectivement à croire qu'il s'était déjà acquitté de l'obligation qui lui incombait aux termes de l'Article 235, et il contestait tant les principes posés dans la lettre de la Commission du 26 février que les évaluations adoptées.

Indépendamment des raisons qui avaient inspiré les lettres précédentes de la Commission des Réparations, il y avait des raisons de supposer que l'Allemagne n'était pas entièrement dépourvue de devises étrangères. La Commission adressa donc le 15 mars au Gouvernement allemand une lettre qui, après avoir fait l'historique de la question, continuait comme suit :

« Nous avons reçu hier seulement, 14 mars 1921, après un rappel pressant, la réponse du Gouvernement allemand à notre lettre du 26 février.

« Dans cette réponse, qui par ailleurs donne à l'Article 235 et au § 12 de l'Annexe II à la Partie VIII du Traité de Versailles une interprétation sur laquelle la Commission des Réparations fait toutes réserves, le Gouvernement allemand estime « qu'il a rempli ses engagements en vertu de l'Article 235 ».

« C'est une fin de non recevoir.

« Dans ces conditions, nous devons vous rappeler, de la manière la plus formelle, l'obligation qu'a l'Allemagne de payer, avant le 1er mai 1921, le solde des 20 milliards de mark-or, de l'Article 235, à savoir 12 milliards au moins, soit en or, soit en devises étrangères évaluées suivant le cours du dollar au jour du règlement.

« Avant le 23 mars 1921, *terme de rigueur*, le Gouver-

nement allemand devra effectuer un premier versement
de un milliard de mark-or, à valoir sur les 12 milliards
restant dus.

« Ce payement devra être effectué :

« Soit en francs français, à verser au compte de la Commission à la Banque de France ;

« Soit en livres sterling, à verser au compte de la Commission à la Banque d'Angleterre ;

« Soit en dollars, à verser au compte de la Commission
à la Federal Reserve Bank de New-York.

« Il pourra comprendre d'ailleurs telles proportions de
ces différentes monnaies qu'il conviendra au Gouvernement allemand.

« Le change sera calculé au jour du versement d'après
le cours du dollar à New-York.

« Avant de fixer les dates et les modalités de payements
des versements ultérieurs devant permettre à l'Allemagne
de s'acquitter du surplus de ses obligations, la Commission consentira à envisager toutes propositions qui lui
seraient soumises avant le *1er avril 1921*, dernier délai,
par le Gouvernement allemand, pour substituer à partie
de l'or et des devises étrangères, la livraison de marchandises ou le transfert de valeurs mobilières, soit étrangères,
soit allemandes.

« Dans le même délai, le Gouvernement allemand
pourrait également, pour lui permettre de s'acquitter du
restant de sa dette au titre de l'Article 235, soumettre
à la Commission des Réparations des propositions tendant
à l'émission d'un emprunt extérieur dont le produit serait
versé à la Commission ».

Le 22 mars 1921, le Gouvernement allemand répondait,
en maintenant sa manière de voir, qu'il avait exécuté

l'obligation que lui imposait l'Article 235, et il continuait comme suit :

« En outre, le Gouvernement allemand attire de nouveau l'attention sur ce que l'Allemagne aura à couvrir le déficit constaté éventuellement jusqu'au 1ᵉʳ mai 1921 par l'échange des bons prévus au § 12 c, 1, Annexe II à la Partie VIII du Traité de Paix contre des bons du Trésor portant intérêt et conformes à ceux du § 12 c, 2, de l'Annexe II à la Partie VIII du Traité de Paix. Lesdites dispositions du Traité devraient être appliquées, d'autant plus que, dans le cas présent, il est absolument clair qu'il n'y a pas moyen d'effectuer la prestation demandée jusqu'au 1ᵉʳ mai 1921.

« Par conséquent, le Gouvernement allemand demande de traiter, conformément auxdites stipulations, un déficit éventuel constaté après examen approfondi des livraisons et prestations qu'il a déjà effectuées.

« Pour régler bientôt et définitivement la question de l'exécution des obligations de l'Article 235, le Gouvernement allemand propose que des négociations verbales soient engagées d'urgence entre la Commission des Réparations et la Kriegslastenkommission au sujet de l'évaluation des livraisons et prestations faites jusqu'ici, comme suite au Mémoire soumis par le Gouvernement allemand. Le Gouvernement allemand se déclare prêt à envoyer dès maintenant des représentants ou experts compétents à Paris pour traiter de cette question.

« S'il était constaté qu'un déficit résulterait de l'Article 235, le Gouvernement allemand serait prêt, en outre, à entrer en négociations concernant l'émission d'un emprunt à l'étranger. Cependant, il est d'avis qu'un tel emprunt ne pourrait être discuté uniquement au point de vue de l'exécution de l'Article 235, mais seulement en connection avec l'ensemble du problème des réparations.»

La réplique de la Commission fut rédigée dans les termes suivants :

« Nous avons reçu votre lettre du 22 mars 1921 répondant à la nôtre du 15.

« En réponse à cette lettre, la Commission des Réparations a l'honneur de vous faire observer :

« 1° Qu'aux termes du Traité de Versailles, c'est à la Commission des Réparations seule qu'il appartient de fixer la valeur des livraisons et prestations faites par l'Allemagne ;

« 2° Que la Commission des Réparations tire du même Traité autorité pour juger quelles sont, parmi les livraisons faites jusqu'à ce jour, celles qui peuvent être imputées sur les 20 milliards de mark-or visés à l'Article 235 ;

« 3° Que ni le § 9, ni le § 10 de l'Annexe II à la Partie VIII, qui concernent l'audition éventuelle du Gouvernement allemand respectivement sur la capacité de payement de l'Allemagne et sur les réclamations de dommages, n'imposent à la Commission des Réparations l'obligation d'entendre le Gouvernement allemand sur les conditions dans lesquelles peuvent être imputées sur les 20 milliards de l'Article 235 telles ou telles livraisons ou sur leur évaluation.

« Dans la préoccupation de ne pas faire obstacle au relèvement économique de l'Allemagne, la Commission des Réparations a attendu aussi longtemps que possible, persuadée qu'à la suite des communications échangées, le Gouvernement allemand aurait eu le souci de prendre les

mesures nécessaires pour remplir fidèlement les obligations que lui impose l'Article 235. Ce n'est qu'après avoir
constaté que telle n'était pas l'intention du Gouvernement
allemand, que la Commission des Réparations a fait usage
des stipulations formelles du Traité en réclamant à l'Allemagne le versement avant le 1er mai 1921, des 12 milliards
de mark-or restant dus, un milliard de mark-or devant
être remis avant le 23 mars courant.

« En réclamant sur cette somme un milliard de mark-or
pour le 23 mars, la Commission des Réparations s'est
basée sur la certitude qu'elle a acquise que l'Allemagne
possède des éléments d'actif suffisants pour faire pareil
versement. Soucieuse de veiller à l'exécution du Traité
dans un esprit d'équité que l'on ne saurait méconnaître,
elle n'a pas manqué d'ajouter que, pour le surplus, elle
consentait à envisager toutes propositions qui lui seraient
soumises avant le 1er avril 1921 en vue de substituer, pour
partie, à l'or et aux devises étrangères, la livraison de
marchandises ou le transfert de valeurs mobilières, ou encore le produit d'un emprunt extérieur.

« La Commission des Réparations constate qu'en même
temps que le Gouvernement allemand repousse la demande
légitime qui lui a été faite en conformité avec le Traité, il
avance, en ce qui concerne les dispositions de l'Article
235 et celles du § 12 c 1 de l'Annexe II, une interprétation
manifestement inexacte.

« On ne peut prétendre, comme le fait le Gouvernement
allemand qu'au cas de déficit constaté au 1er mai 1921, la
seule conséquence à en résulter doive être l'échange des
bons prévus au § 12 c 1 de l'Annexe II à la Partie VIII du
Traité de Paix contre des bons du Trésor portant intérêt
et conformes à ceux du § 12 c 2 de la même Annexe.

« Les 20 milliard s de mark-or de l'Article 235 ne

peuvent, en aucune façon, être confondus avec les 20 milliards de mark-or représentant le montant de la première tranche de bons visés au § 12 c 1 de l'Annexe II.

« Les 20 milliards de bons de l'Annexe II sont une simple reconnaissance de dette à valoir exclusivement sur le compte général des *réparations*.

« Les 20 milliards de mark-or de l'Article 235 doivent être versés en argent liquide ou équivalents et doivent servir à payer, pour partie, d'abord les frais des *armées d'occupation* et le *ravitaillement* autorisé de l'Allemagne en produits alimentaires et matières premières, et pour partie, jusqu'à concurrence du solde, les *réparations*. Ce n'est que la partie imputable au compte réparations qui peut venir en amortissement partiel de la tranche des bons de 20 milliards de l'Annexe II.

« Les dispositions de l'Annexe II, § 12 c 1, relatives à l'émission de nouveaux bons ne modifient en aucune façon l'obligation absolue mise à la charge de l'Allemagne par l'Article 235.

« Dans tous les cas le montant total des 20 milliards de mark-or de l'Article 235 doit être payé d'ici le 1ᵉʳ mai 1921 ; le texte est impératif et l'inexécution de cet Article, comme tout autre manquement de l'Allemagne à ses obligations, est susceptible d'entraîner des sanctions.

« Ces faits étant exposés, il en résulte que le Gouvernement allemand, en répondant par une fin de non recevoir à la demande générale de la Commission d'avoir à exécuter les stipulations de l'Article 235, et spécialement en refusant d'effectuer le versement d'un milliard de mark-or réclamé pour le 22 mars, est constitué en défaut de remplir ses obligations et engagements.

« La Commission des Réparations a en conséquence décidé, en conformité du § 17 de l'Annexe II à la

Partie VIII du Traité de Versailles, de signaler immédiatement le manquement à chacune des Puissances intéressées ».

Le manquement visé au dernier paragraphe de la lettre ci-dessus fut dûment notifié. En raison de l'attitude du Gouvernement allemand, la Commission des Réparations lui fit parvenir le 16 avril 1921 la lettre ci-après :

« La Commission des Réparations a fait savoir à la Kriegslastenkommission par sa lettre N° 13/184 du 24 mars 1921, qu'elle considérait que le Gouvernement allemand avait opposé une fin de non recevoir à la demande générale de la Commission d'avoir à exécuter les stipulations de l'Article 235 du Traité de Versailles.

« Considérant que cette fin de non recevoir l'oblige à rendre plus effectifs les privilèges qu'elle possède sur les biens et ressources de l'Empire et des États allemands, et sans préjuger des dispositions que pourront prendre à ce sujet les Gouvernements alliés et associés, la Commission des Réparations a l'honneur de faire savoir à la Kriegslastenkommission que, à titre de sécurité et de garantie pour l'exécution des obligations du Gouvernement allemand en ce qui concerne les réparations, elle a décidé de demander au Gouvernement allemand de transférer immédiatement, et avant le 1er mai 1921, aux succursales de la Reichsbank de Cologne, ou Coblence, la totalité de l'encaisse métallique de la Reichsbank.

« Cette encaisse pourra continuer à figurer au bilan de la Reichsbank mais le Gouvernement allemand ne pourra disposer d'aucune partie de cette encaisse sans l'autorisation préalable de la Commission des Réparations.

« Au cas où le Gouvernement allemand se refuserait à satisfaire à la demande ci-dessus, la Commission des Réparations se verrait obligée d'exiger dudit Gouvernement, en vertu des pouvoirs qu'elle tient de l'Article 235 du Traité de Paix, une remise immédiate de l'encaisse métallique de la Reichsbank.

« C'est afin d'éviter, si possible, les conséquences que pareille remise pourrait avoir éventuellement que la Commission des Réparations a décidé de demander simplement le transfert aux succursales de la Reichsbank à Cologne ou Coblence de l'encaisse métallique en question.

« La Commission des Réparations attendra jusqu'au 22 avril prochain la réponse de la Kriegslastenkommission à la présente lettre ».

Le 22 avril 1921, le Gouvernement allemand adressa à la Commission un refus dans les termes suivants :

« D'ordre du Gouvernement allemand, j'ai l'honneur de répondre comme suit à la note de la Commission des Réparations en date du 16 avril 1921 relative à l'encaisse métallique de la Reichsbank.

« La décision de la Commission des Réparations, réclamant au Gouvernement allemand, à titre de sécurité et de garantie pour l'œuvre de la réparation, le transfert avant le 1er mai 1921, de la totalité de l'encaisse métallique de la Reichsbank aux succursales de la Reichsbank de Cologne ou Coblence pourra être ramenée au fait que l'alinéa 2 de l'Article 248 du Traité de Paix, aux termes duquel le Gouvernement allemand ne pourra ni exporter de l'or ou en disposer, ni autoriser que de l'or soit exporté ou qu'il en soit disposé sans autorisation préalable de la Commission des Réparations, ne sera plus en vigueur dès le 1er mai. Le Gouvernement allemand ne méconnaît nullement combien les Gouvernements alliés et associés sont intéressés à ce que cette disposition ne devienne inopérante avant qu'il ne soit intervenu un accord de principe au sujet de la solution du problème des réparations. C'est pourquoi il se déclare disposé à prendre de suite et antérieurement à l'échéance du 1er mai, toutes les mesures d'ordre légal nécessaires en vue de prolonger la validité de ladite disposition jusqu'à la date du 1er octobre 1921.

« Le Gouvernement allemand estime que cette proposition constitue un équivalent, satisfaisant aux intérêts des deux parties, de la mesure envisagée par la Commission des Réparations.

« Quant à l'exécution de la demande faite par la Commission des Réparations il faut, en premier lieu, tenir compte de l'objection résultant du fait que la Reichsbank, en qualité d'institution privée, est parfaitement autonome et indépendante de l'administration des finances du Reich dans la gestion de sa propriété privée, notamment de son encaisse métallique. Même en maintenant le droit formel de propriété de la Reichsbank, on ne saurait point remédier à cette difficulté.

« De plus, ladite mesure ne servirait aucunement à faire atteindre le but envisagé par la Commission des Réparations, à savoir, d'assurer l'accomplissement par l'Allemagne de ses obligations de réparations, étant donné que l'enlèvement du dernier couvrement d'or des billets de banque allemands entraînerait forcément un nouveau grave ébranlement du change allemand et de l'ensemble du système monétaire allemand. Une nouvelle forte dépréciation du change allemand qui se produirait de la sorte, amènerait d'une part une crise des plus graves de la vie économique de l'Allemagne et un affaiblissement permanent de sa capacité productrice et affecterait, d'autre part, sensiblement les intérêts de tous les déten-

teurs étrangers de mark allemands et en général de tous
les créanciers étrangers de l'Allemagne ».

Le 25 avril 1921, la Commission des Réparations exprima
son regret que le Gouvernement allemand n'eût pas compris la préoccupation qui avait inspiré la lettre du
16 avril; elle expliqua que la demande de transfert de
l'or dans les régions occupées était dominée par le souci
d'harmoniser les stipulations du Traité avec les exigences
possibles du change allemand. Vu l'attitude que le Gouvernement allemand avait cru devoir prendre en cette cir-
constance et vu son défaut de remplir les obligations dérivant de l'Article 235, la Commission des Réparations se
voyait obligée d'user des pouvoirs que lui confère le Traité
et d'exiger la livraison pour le 30 avril au plus tard de la
somme d'un milliard de mark-or. La Commission des
Réparations ne jugeait pas avoir à discuter les rapports
du Gouvernement du Reich avec la Reichsbank parce
qu'elle avait la certitude que le Gouvernement du Reich,
s'il avait la volonté d'y recourir, avait, en tout état de
cause, les moyens d'obtempérer à la demande de la Commission des Réparations.

Le 29 avril 1921, le Gouvernement allemand répondit
que dans un mémoire du 24 avril 1921, dont la publication
coïncidait avec la lettre de la Commission du 25 avril 1921,
animé du désir de trouver une solution de tout le problème des réparations, il avait présenté au Gouvernement
américain des propositions qui satisfaisaient aux demandes
précédentes de la Commission des Réparations. Ces propositions contenaient, entre autres choses, l'offre suivante :

« L'Allemagne se déclare prête à mettre immédiatement
à la disposition de la Commission des Réparations
1 milliard de mark-or de la façon suivante :

a) 150 millions de mark-or en or, argent et devises étrangères ;

b) 850 millions de mark-or en traites du Trésor remboursables à 3 mois au plus à l'aide de devises étrangères réalisées sur les valeurs étrangères. »

Il ne restait plus à la Commission qu'à notifier formellement aux Gouvernements alliés que l'Allemagne avait manqué aux obligations qui lui étaient imposées par l'Article 235 du Traité pour un montant s'élevant au moins à 12 milliards.

Le manquement fut notifié le 3 mai 1921 et la question se trouva par là renvoyée automatiquement aux Gouvernements alliés en vertu des §§ 17 et 18 de l'Annexe II au chapitre des Réparations. Le 27 avril 1921, en exécution de l'Article 233, la Commission avait fixé le total de la dette de l'Allemagne au titre des réparations (1).

De leur côté les Gouvernements alliés s'étaient réunis à Londres pour examiner les problèmes soulevés par la carence de l'Allemagne et la nécessité de prendre des dispositions en vue de payements futurs. Les Membres de la Commission se rendirent à Londres où on leur remit un projet d'État de Payements sur lequel les Gouvernements intéressés s'étaient déjà mis d'accord. Ce projet a été adopté en substance par la Commission et notifié à l'Allemagne le 5 mai en même temps qu'un ultimatum était adressé à cette Puissance par les Gouvernements alliés. L'État des Payements fixa pour l'avenir le total des obligations de l'Allemagne (2).

Il reste seulement à ajouter que les payements effectués par l'Allemagne au 1er mai 1921 se sont trouvés tout juste

(1) Voir Chapitre III.
(2) Voir Documents officiels..., Paris, Alcan, 1922, tome I, page 1.

suffisants pour payer le coût des armées d'occupation, non compris les dépenses de l'armée américaine. A cette date, l'Allemagne n'avait donc rien payé à valoir au compte des réparations tel que l'ouvrait l'État des Payements (1).

(1) La Commission a publié par ailleurs les renseignements actuellement disponibles sur les payements effectivement faits par l'Allemagne (Voir Vol. I et IV). Elle a publié également un volume qui contient le texte de l'Etat des Payements et la correspondance suivie postérieurement avec l'Allemagne pour son exécution. (Voir Vol. III).

CHAPITRE III

ÉVALUATION DES DOMMAGES

I

L'Article 231 et certaines parties des Articles 232 et 233 du Traité de Versailles règlent la manière dont la Commission doit constater le total des dommages dont l'Allemagne est responsable :

ARTICLE 231

« Les Gouvernements alliés et associés déclarent et l'Allemagne reconnaît que l'Allemagne et ses alliés sont responsables, pour les avoir causés, de toutes les pertes et de tous les dommages subis par les Gouvernements alliés et associés et leurs nationaux en conséquence de la guerre, qui leur a été imposée par l'agression de l'Allemagne et de ses alliés ».

« The Allied and Associated Governments affirm and Germany accepts the responsibility of Germany and her allies for causing all the loss and damage to which the Allied and Associated Governments, and their nationals have been subjected as a consequence of the war imposed upon them by the aggression of Germany and her allies ».

ARTICLE 232

« Les Gouvernements alliés et associés reconnaissent que les ressources de l'Allemagne ne sont pas suffisantes — en tenant compte de la diminution permanente de ces ressources qui résulte des autres dispositions du présent Traité — pour assurer complète réparation de toutes ces pertes et de tous ces dommages.

Les Gouvernements alliés et associés exigent toutefois, et l'Allemagne en prend l'engagement, que soient réparés tous les dommages causés à la population civile de chacune des Puissances Alliées et Associées et à ses biens, pendant la période où cette Puissance a été en état de belligérance avec l'Allemagne, par ladite agression par terre, par mer et par les airs, et d'une façon générale, tous les dommages tels qu'ils sont définis à l'Annexe I ci-jointe... ».

« The Allied and Associated Governments recognise that the ressource., of Germany are not adequate after taking into account permanent diminution of such ressources which will result from other provisions of the present Treaty, to make complete reparation for all such loss and damage.

The Allied and Associated Governments, however, require, and Germany undertakes, that she will make compensation for all damage done to the civilian population of the Allied and Associated Powers and to their property during the period of the belligerency of each as an Allied or Associated Power against Germany by such aggression by land, by sea and from the air, and in general all damage as defined in Annex I hereto... ».

ARTICLE 233

« Le montant desdits dommages, pour lesquels réparation est due par l'Allemagne, sera fixé par une Commission interalliée qui prendra le titre de Commission des Réparations et sera constituée dans la forme et avec les pouvoirs indiqués ci-après et aux Annexes II à VII ci-jointes.

Cette Commission étudiera les réclamations et donnera au Gouvernement allemand l'équitable faculté de se faire entendre.

Les conclusions de cette Commission, en ce qui concerne le montant des dommages déterminés ci-dessus,

seront rédigées et notifiées au Gouvernement allemand le
1er mai 1921 au plus tard, comme représentant le total de
ses obligations... ».

« The amount of the above damage for which compensation is to be made by Germany shall be determined by
an Inter-Allied Commission, to be called the Reparation
Commission and constituted in the form and with the
powers set forth hereunder and in Annexes II to VII in-
clusive hereto.

This Commission shall consider the claims and give to
the German Government a just opportunity to be heard.

The findings of the Commission as to the amount of
damage defined as above shall be concluded and notified
to the German Government on or before May 1, 1921, as
representing the extent of that Goverment's obligations... ».

L'Annexe I à la Partie VIII du Traité qui détermine
les catégories de dommages est reproduite à l'Appendice VI (1).

La Commission avait ainsi une tâche nettement définie.
Elle avait à procéder à l'évaluation des dommages subis
par les Puissances Alliées et Associées et compris dans
les catégories déterminées par le Traité.

Les grandes lignes de la procédure suivie, sur laquelle
des indications détaillées seront données plus loin, ont été
les suivantes :

Chaque Gouvernement intéressé a recueilli et contrôlé
les demandes individuelles de ses ressortissants. Il les a
groupées par catégories et il a transmis à la Commission
des Réparations le total afférant à chaque catégorie. Ces
totaux ont constitué les demandes des Gouvernements et
ce sont ceux-ci qui ont saisi la Commission.

(1) Voir page 342.

Avant tout examen, la Commission pour avoir les observations du Gouvernement allemand, a communiqué à celui-ci les demandes ainsi établies par les Gouvernements alliés. C'est sur le vu de ces observations qu'elle a ensuite examiné au fond les demandes des Gouvernements, et qu'enfin, après avoir entendu les Allemands, elle a, agissant comme Tribunal, statué sur la perte pécuniaire représentée par les dommages dont il s'agissait.

Il n'est pas inutile d'ajouter que le chiffre total arrêté représente l'ensemble des dommages sans pouvoir être décomposé en éléments constitutifs qui auraient représenté séparément les créances des diverses Puissances : c'est ce qui sera expliqué plus clairement à propos de la méthode suivant laquelle le total a été établi. En effet le Traité n'a pas envisagé la fixation par la Commission de totaux distincts par Puissances, et d'après le système du Traité, il n'y avait aucun intérêt particulier à adopter une telle procédure.

L'Article 237 du Traité dispose que les versements effectués par l'Allemagne « seront répartis par les Gouver-« nements alliés et associés suivant les proportions déter-« minées par eux à l'avance et fondées sur l'équité et les « droits de chacun » (« will be devided by the Allied and Associated Governments in proportions which have been determined upon by them in advance on a basis of general equity and of the rights of each »). En fait la base de répartition jusqu'à concurrence de 93,5 %, du total a été établie en juillet 1920 à la Conférence interalliée de Spa(1).

(1) Un accord est intervenu ultérieurement fixant à 5 %, la part de l'État S. H. S. et portant ainsi à 98 1/2 %, le montant réparti.

Le temps dont on a disposé pour évaluer les dommages a été d'un peu moins de 16 mois à compter de la mise en vigueur du Traité. D'autre part, ce temps s'est encore trouvé réduit du fait de certains événements extérieurs survenus au cours de cette période. On a parlé dans le précédent chapitre de la répercussion de ces mêmes événements sur l'exécution de l'Article 235. Il est nécessaire d'y revenir ici car leur influence s'est fait sentir encore davantage dans la procédure d'évaluation des dommages : s'ils avaient abouti à des résultats définitifs, ils auraient pu rendre inutile le travail d'évaluation auquel devait se livrer la Commission des Réparations en vertu de l'Article 233.

Au début des travaux de la Commission, une solution du problème des réparations qui avait déjà été essayée à la Conférence de la Paix, puis écartée, sans être pour cela définitivement rejetée, était reprise par les Gouvernements alliés. Assez tôt, on eut l'impression qu'il serait d'une grande utilité pour l'économie mondiale de ne pas retarder jusqu'au 1er mai 1921 la fixation définitive de la dette de l'Allemagne, et de réduire encore les éléments d'incertitude par la prompte élaboration, pour la liquidation de cette dette, d'un plan qui ne serait pas nécessairement établi suivant les principes mêmes du Traité, et qui serait pour l'Allemagne un stimulant, pour se libérer de sa dette.

Les Gouvernements alliés avaient commencé à envisager la possibilité de ce qui fut appelé couramment un « règlement forfaitaire ». Au début de 1920 eurent lieu à Londres et à Boulogne des discussions qui devaient conduire à la Conférence de Spa, à laquelle les représentants de l'Allemagne furent admis et qui constitua une tentative pour négocier un règlement des réparations. La Conférence de

Spa eut lieu au mois de juillet, mais tout son temps fut pris par la préparation d'un accord interallié portant sur la répartition des recettes à effectuer au titre des réparations, par divers autres problèmes d'un caractère interallié se rattachant aux réparations, par les discussions avec les Allemands sur l'exécution des clauses du Traité relatives au désarmement, et par l'étude des problèmes soulevés par le manquement de l'Allemagne à livrer les quantités de charbon réclamées au titre des réparations. Le grand problème de la fixation de la dette allemande ne fut pas abordé ; l'examen en fut renvoyé à une Conférence de ministres qui devait se tenir à Genève le mois suivant. En fait, la Conférence de Genève n'eut pas lieu, mais les discussions entre les Gouvernements alliés, prolongeant une période qui était nécessairement une période d'attente pour la Commission des Réparations, conduisirent à la convocation à Bruxelles, au mois de décembre, de la Conférence d'experts à laquelle il a été fait allusion au chapitre précédent.

Les experts de Bruxelles adressèrent à leurs Gouvernements, le 18 janvier 1921, un rapport dont, au point de vue qui nous occupe, la partie importante est la suivante :

« De façon plus générale on doit reconnaître que la situation économique de l'Allemagne est bien meilleure que sa situation financière actuelle. L'assainissement de la situation financière permettrait aux possibilités économiques de l'Allemagne de se développer et l'on peut envisager qu'elle bénéficiera d'une prospérité considérable, dès que les difficultés financières et monétaires auront été résolues ; mais il est presque impossible de dire actuellement dans quel délai ce résultat pourra être atteint.

« Quoi qu'il en soit, il y a un intérêt majeur à faire connaître le plus tôt possible à l'Allemagne le montant de ses charges et à la mettre ainsi en mesure non seulement de prévoir les moyens d'y faire face, mais de commencer aussitôt l'exécution de ses obligations.

« Dans ces conditions, les experts de Bruxelles ont estimé qu'il convenait de rechercher la possibilité d'un accord conformément auquel l'Allemagne s'engagerait à verser pendant cinq ans une annuité d'un ordre de grandeur de 3 milliards de mark-or, remettant ainsi la fixation du capital de la dette et du montant des annuités ultérieures à une date qui devrait être aussi rapprochée que possible de manière à permettre la restauration d'un certain ordre dans la situation financière de l'Allemagne ».

Il apparaît donc que, quelq... quatre mois avant l'époque où le total de la dette devait être fixé, les Gouvernements alliés envisageaient encore l'éventualité de méthodes plus rapides pour définir les payements à effectuer par l'Allemagne. La tentative en fut effectivement faite à la réunion du Conseil Suprême qui eut lieu à Paris, à la fin de janvier 1921. Là fut élaboré un projet suivant lequel l'Allemagne payerait deux annuités de 2 milliards de mark-or, trois de 3 milliards de mark-or, trois de 5 milliards de mark-or et trente et une de 6 milliards de mark-or en même temps que 42 annuités égales chacune à 12 % de la valeur de ses exportations. Au début de février, le Gouvernement allemand refusa d'accepter cette proposition alliée et ce n'est qu'à cette date qu'il apparut clairement que la Commission des Réparations aurait à s'acquitter, en fait, de la tâche que lui imposait le Traité et à fixer le total des dommages.

Les faits rappelés ci-dessus sont nécessaires pour l'exposé qui va être fait de la procédure suivie par la Commission des Réparations en cette matière.

Il n'est pas inutile non plus de rappeler ici que la Commission des Réparations avait créé, pour l'aider dans la tâche d'évaluation des dommages, qui lui était dévolue aux termes du Traité, un service technique spécial, dénommé le Service des Évaluations. Cet organisme poursuivit ses travaux pendant toute la période allant du mois de février 1920 à fin avril 1921. Il serait sans intérêt d'indiquer ici, en détail, les études entreprises par ce service, mais on pourra cependant s'en faire une idée par l'exposé qui va suivre et qui, ne comportant que des questions soumises à la Commission des Réparations elle-même, ne comprend qu'une minime partie des questions générales que le Service des Évaluations a dû traiter pour faciliter la tâche de la Commission des Réparations.

<h2 style="text-align:center">II</h2>

Dans un Protocole additionnel au Traité de Paix signé à Versailles le 28 juin 1919, il avait été convenu que « Dès la signature du Traité et dans les quatre mois qui suivront, l'Allemagne aura la possibilité de présenter à l'examen des Puissances Alliées et Associées des documents et des propositions à l'effet de hâter le travail relatif aux réparations, d'abréger ainsi l'enquête et d'accélérer les décisions ». Le 10 mai 1920, la Commission reçut du Gouvernement allemand deux lettres en date des 7 et 9 mai respectivement. La première accompagnait deux mémoires sur les dommages occasionnés du fait de la guerre en Belgique et dans le nord de la France ; la seconde, énonçait la thèse allemande suivant laquelle le délai de quatre mois, mentionné dans le protocole, devait être compté non pas à partir de la signature du Traité (signé le même jour que le protocole lui-même) mais à partir de la date de son entrée en vigueur, c'est-à-dire le 10 janvier 1920. A cette lettre était jointe en outre, copie de la lettre suivante adressée à M. le Président de la Conférence de la Paix.

Paris, 8 mai 1920.

Monsieur le Président,

D'ordre de mon Gouvernement, j'ai l'honneur de porter à la connaissance de votre Excellence ce qui suit :

En vertu du n° 5 du Protocole de Versailles du 28 juin 1919, le Gouvernement allemand avait l'intention de se prononcer, dans le délai qui expire le 10 de ce mois, sur le règlement des demandes de réparations faites par les Gouvernements alliés et associés. Entre temps, les Gouvernements alliés, dans leur note du 26 avril dernier, ont émis l'avis que les questions ayant trait à l'exécution du Traité de paix, pourraient être résolues plus aisément par un échange de vues entre les Chefs des Gouvernements que par des notes.

Le Gouvernement allemand croit donc agir en accord avec les intentions des Gouvernements alliés en se proposant de traiter lesdites questions lors de la Conférence projetée à Spa. Le matériel documentaire et statistique pour ces délibérations sera présenté par le Gouvernement avant la réunion de la Conférence.

Veuillez agréer, Monsieur le Président, l'assurance de ma haute considération.

(Signé) GÖPPERT.

Les mémoires allemands dont il s'agit s'appuyaient sur des travaux allemands qui avaient eu primitivement pour objet la détermination du montant des dommages visés au paragraphe 9 de l'Annexe I c'est-à-dire les dommages relatifs aux biens ; ils contenaient aussi certains renseignements au sujet des dommages rentrant dans d'autres catégories et pour lesquels il n'a pas pu être donné de chiffres en raison du manque de données statistiques ; les pertes maritimes étaient laissées en dehors. On avait appliqué des méthodes « d'estimation » et pris pour base des valeurs les prix d'avant-guerre, et l'état des biens au moment où ils avaient été endommagés, détruits ou enlevés. Le montant brut des évaluations obtenu par le Gouvernement allemand était de 7.319.240.000 mark pour la France et 2.187.992.000 mark pour la Belgique. Toutefois, le Gouvernement allemand demandait qu'on déduisît de ce montant la valeur du matériel allemand abandonné dans les territoires occupés en France et en Belgique pour lequel il réclamait un crédit de 217.166.000 mark pour la France et de 1.603.480.000 mark pour la Belgique.

Il n'appartenait à la Commission des Réparations ni de se prononcer sur le point de savoir si les propositions allemandes auraient dû être présentées dans les 4 mois de la signature ou de la mise en vigueur du Traité, ni d'accepter éventuellement ces propositions. C'était aux Puissances Alliées et Associées à prendre une décision sur ces points.

Aussi la Commission des Réparations se borna-t-elle à prendre acte de ces propositions en indiquant qu'elles avaient été reçues par elle à la date du 10 mai 1920 ;

Le 17 mai 1920, la Commission examina dans son ensemble la question des évaluations. Elle décida, sans tenir compte des conversations engagées en dehors d'elle entre les Gouvernements et qui n'avaient pas encore abouti à des décisions définitives, d'adresser une lettre à tous les Gouvernements signataires des Traités de Versailles et de Saint-Germain. Dans cette lettre, la Commission, sans préjuger de l'existence ou de l'étendue du droit à réparation des diverses Puissances, posait les questions suivantes :

a) A quel point les Gouvernements sont-ils arrivés dans l'établissement des listes des dommages qu'ils désirent présenter ?

b) Quelles sont les règles de procédure et les méthodes de preuves qu'ils ont adoptées ?

c) Quelles sont les principales difficultés qu'ils ont rencontrées ?

d) Quelles sont les questions les plus importantes qu'ils ont eu à se poser ou qu'ils désireraient poser à la Commission ?

e) Leur est-il possible de fournir à la Commission, aussitôt que possible, un certain nombre de « cas types » concrets de réclamations qui puissent servir d'exemples ?

Il était également décidé que les Services techniques de la Commission commenceraient l'étude des « règles relatives aux modes de preuve des réclamations, règles que le paragraphe 11 de l'Annexe II du chapitre des Réparations ordonne à la Commission de fixer ».

La Commission examina de nouveau la situation en septembre 1920. Elle décida de laisser de côté pour l'instant toutes les questions relatives aux dommages secondaires et les problèmes de moindre importance, et d'établir d'après les méthodes actuarielles et statistiques le chiffre des réclamations concernant :

1) les pensions militaires et civiles ;

2) les allocations aux familles ;

3) les dommages causés aux immeubles ;

4) les pertes de navires et cargaisons;

réclamations dont l'ensemble représentait probablement environ 90 % des dommages visés dans le Traité.

Au début d'octobre, la Commission poursuivit la détermination de sa méthode en décidant :

1) de demander à tous les Gouvernements alliés et associés de présenter le plus rapidement possible les évaluations de leurs dommages, au besoin par parties successives, au fur et à mesure qu'elles seraient effectuées, et en particulier de faire parvenir pour le 1er novembre au plus tard leurs évaluations concernant les dommages rentrant dans les espèces suivantes :

a) pensions ou compensations aux victimes militaires de la guerre et aux personnes dont ces victimes étaient le soutien ;

b) allocations aux familles et aux personnes à la charge des mobilisés ;

c) dommages aux biens autres que les dommages maritimes ;

d) dommages maritimes.

Cette évaluation devait comporter, toutes les fois que la nature du dommage le permettrait, l'indication des quantités et des prix unitaires appliqués à ces quantités. L'énumération des quantités devait en tout cas être complète même si les prix unitaires applicables à certaines d'entre elles n'avaient pu être déterminés en temps utile.

2) de demander à chacune des quatre puissances énumérées ci-après de fournir pour la même date une évaluation aussi exacte que possible d'une espèce déterminée de dommages, ainsi qu'un exposé très complet des méthodes employées pour arriver à cette évaluation :

a) à la Grande-Bretagne : dommages maritimes ;

b) à la France : pensions ou compensations de même nature, et dommages aux biens autres que les dommages maritimes.

c) à l'Italie : allocations aux familles et aux personnes à la charge des mobilisés ;

d) à la Belgique : dommages à l'industrie.

La résolution suivante prise en même temps avait pour objet de préciser la position prise par la Commission et sa conception de la méthode à suivre :

« La Commission décide, que, si elle est appelée à fixer le 1er mai 1921 ou auparavant le montant des dommages pour lesquels l'Allemagne est tenue de donner compensation conformément à l'Article 233 du Traité de Versailles, il sera nécessaire, pour chaque catégorie de dommages, de procéder par méthodes statistiques d'estimation plutôt que par un examen détaillé des réclamations individuelles.

« Ceci sans préjudice du droit qu'a la Commission de contrôler les résultats généraux obtenus en recourant à l'examen de cas individuels dans la mesure qui lui paraîtra utile pour s'assurer de l'exactitude des méthodes statistiques et des moyennes adoptées, et d'avoir recours à des évaluations détaillées en ce qui concerne les caté · gories spéciales de dommages pour lesquels la Commission jugerait que cette méthode de fixation est la plus indiquée et la mieux appropriée ».

L'intention de la Commission, était d'obtenir, autant que possible, pour chaque catégorie de dommages, un type de réclamations établi par le pays qui était le plus qualifié pour l'établir facilement. On avait choisi cette procédure en raison de la compétence que lui donnait sa situation particulière et de la nécessité de partager le travail. Ce type ainsi établi devait permettre d'étudier sur les mêmes bases les réclamations d'autres pays relatives à la même catégorie de dommages et d'établir ainsi entre elles l'unité nécessaire.

Dès janvier 1921, toutes les réclamations types n'ayant pas encore été reçues, il était devenu évident qu'il faudrait renoncer à ce système. Au 1er novembre 1920, date primitivement fixée pour leur présentation, une seule, la réclamation britannique portant sur les dommages maritimes, avait été présentée à la Commission. Après une longue discussion, la Commission informa les Gouvernements alliés et associés que les réclamations qui ne lui parviendraient pas avant le 12 février ne pourraient pas être considérées par elle comme recevables. Un plan de travail fut en outre adopté et communiqué au Gouvernement allemand dans les termes suivants :

« La Commission des Réparations s'est occupée de la procédure et du programme nécessaires pour que, après que la faculté de se faire entendre aura été donnée au Gouvernement allemand, les conclusions de la Commission, en ce qui concerne le montant des dommages pour lesquels réparation est due par l'Allemagne. puissent être rédigées et notifiées au Gouvernement allemand, le 1er mai 1921 au plus tard, conformément à l'Article 233 du Traité de Versailles.

« La Commission se propose de faire parvenir à la Kriegslastenkommission les différentes réclamations au fur et à mesure qu'elles lui seront adressées par les Gouvernements intéressés. Elle espère que la dernière de ces réclamations sera communiquée d'ici au 20 février et qu'il sera possible d'en faire parvenir quelques-unes avant cette date. Au moment de chaque remise, la Commission fera connaître à la Kriegslastenkommission le délai, de huit jours au minimum et de quinze jours au maximum suivant la nature de la réclamation, imparti à la Kriegslastenkommission pour présenter toutes demandes de renseignements complémentaires qu'elle pourra juger nécessaires et poser toutes questions relatives aux principes ou à l'interprétation du Traité, en tant que cette interprétation est engagée par la réclamation. En conséquence, la date extrême de remise par la Kriegslastenkommission des questions de cette nature sera le 5 mars.

« Des dispositions seront prises pour que les Gouvernements alliés fournissent la réponse qu'il est possible de faire auxdites demandes de renseignements supplémentaires dans un nouveau délai de huit jours au minimum et de quinze jours au maximum, de sorte que la date extrême de remise à la Kriegslastenkommission sera le 20 mars.

« Un troisième délai, qui sera de même de huit jours à quinze jours et que l'on fera également connaître au moment où les réponses seront adressées à la Kriegslastenkommission, sera accordé au Gouvernement allemand pour fournir son mémoire définitif en réponse à chaque réclamation ; le mémoire définitif allemand en réponse à toute réclamation sera donc présenté à la Commission des Réparations le 5 avril au plus tard.

« Il sera procédé, sur la demande du Gouvernement allemand, à l'audition des Allemands par la Commission des Réparations à propos de chaque réclamation, dans un délai aussi court que possible, après présentation de leur mémoire définitif sur cette réclamation. Il sera donc possible de commencer les auditions avant le 5 avril, mais la dernière audition à propos d'une réclamation devra être terminée le 12 avril au plus tard, la Commission se réservant la période s'étendant du 12 avril à la fin du mois pour l'examen définitif et la notification du jugement rendu par elle.

« On espère que l'examen des réclamations pourra être facilité par des discussions directes entre les experts de chacune des parties. A cet effet, et pour éviter tout retard dans la discussion desdites réclamations, les experts allemands devront être prêts à venir à Paris le 15 février et à y séjourner d'une façon permanente aussi longtemps que leur présence sera nécessaire. Autant que possible au début, la Kriegslastenkommission sera prévenue un jour ou deux à l'avance du moment où elle sera susceptible de recevoir certaines réclamations ».

Grâce aux efforts faits par les intéressés, il a été possible d'exécuter ce programme et, à la date du 12 février, toutes les réclamations avaient été remises à l'exception d'un petit nombre de listes complémentaires de moindre importance qui furent déposées ultérieurement et que la Commission déclara irrecevables conformément à la décision de principe qu'elle avait prise et notifiée aux Gouvernements.

Elle se proposa comme objet jusqu'au 20 février, de comparer les demandes entre elles et de grouper celles de la même catégorie en consultant dans la mesure du possible les divers Gouvernements intéressés.

Le 15 mars le Secrétaire général de la Commission pouvait déclarer que les Allemands avaient, dans le délai prescrit, adressé officiellement plus de 300 questions relatives aux listes de réclamations qui leur avaient été envoyées et que plus des 9/10 de ces questions avaient déjà reçu une réponse. En outre, un très grand nombre de questions avaient été posées par les Allemands à la Commission ou aux Délégations sous une forme non officielle. Près de 300 de ces questions étaient adressées à la seule délégation française.

L'audition du Gouvernement allemand prit fin le 12 avril ; elle avait occupé 90 heures de séances. A la fin de l'audition M. Ruppel, qui était le chef de la Délégation allemande en cette occasion, fit la déclaration suivante :

« La Délégation allemande, dans ses observations écrites et verbales, au sujet des listes de dommages des Puissances Alliées et Associées, n'a pas pu toujours se prononcer d'une manière complète et systématique. La Délégation allemande a présenté les chiffres des estimations qu'elle a faites de certains groupes de dommages ou positions de ces réclamations. Ces chiffres ont atteint l'extrême limite des offres dont la Délégation allemande peut assumer la responsabilité. Quant au reste, elle a pu démontrer que, dans un grand nombre de cas, les évaluations sont trop élevées ou injustifiées. Les unes mettent en compte des dommages pour lesquels l'Allemagne aux termes du Traité de Versailles, ne doit aucune réparation; les autres atteignent des chiffres exagérés ; enfin, dans certains cas, il y a eu des erreurs et des doubles emplois. Dans les pourparlers avec les Délégations des différents pays, et au cours de l'audition par la Commission, la Délégation allemande a été convaincue que les points qu'elle a signalés ne représentent qu'une partie des exagérations et qu'il existe encore de nombreux cas, également exagérés, qui ont échappé aux experts allemands. La Délégation allemande suppose que la Commission des Réparations, avec les données plus complètes qu'elle possède, sera à même d'éliminer un grand nombre de cas analogues, mais elle ne croit pas qu'il lui sera possible de les constater tous. Elle prie la Commission de vouloir bien considérer que les différents Gouvernements, pour des raisons faciles à comprendre, ont été portés à admettre dans leur réclamation des montants de dommages même douteux, et elle ne doute pas que la Commission prêtera aussi à ces questions toute l'attention qu'elles méritent. La Délégation allemande espère que toutes ses observations seront prises en considération par la Commission, elle est heureuse de reconnaître que la Commission, dans le court délai disponible, lui a donné dans une large mesure la facilité de formuler ses observations verbales et écrites, et en ma qualité de chef de la Délégation allemande, je désire exprimer sa gratitude à la Commission. Au cours de ces longues négociations, j'ai eu l'impression que la Commission en remplissant la tâche gigantesque de fixer cette énorme dette, d'après des données insuffisantes, s'efforcera d'arriver à une solution qui soit, autant que possible, conforme à la réalité ainsi qu'aux exigences de la justice et de l'équité. La Délégation allemande croit avoir fait tout son possible pour faciliter à la Commission la tâche de déterminer le montant des dommages. Elle aurait pu cependant l'y aider dans une plus grande mesure si elle avait pu disposer d'une documentation plus complète et si elle avait eu plus fréquemment l'occasion de discuter les réclamations avec les experts de la partie adverse. Elle regrette qu'on n'ait pas procédé de cette manière, et reste à la disposition de la Commission, prête à lui fournir toutes les précisions désirées et à répondre à toute question qui pourrait lui être posée ».

Par lettre du 22 avril le Gouvernement allemand jugea bon de modifier sensiblement la portée de la déclaration faite par M. Ruppel; le paragraphe qui termine ladite lettre est rédigé comme suit :

« Le Gouvernement allemand ne méconnaît nullement que, dans le court laps de temps qui restait disponible entre la remise des listes de dommages par les Gouvernements alliés et le terme fixé par le Traité de paix la Commission des Réparations a facilité autant que possible à la Délégation allemande de vérifier les données des Alliés et de se prononcer. Le Gouvernement allemand, ce nonobstant, étant donné l'insuffisance et le manque de solidité des données à vérifier et étant donné l'exiguïté du temps qui lui restait pour se prononcer, ne saurait reconnaître qu'il lui ait été donné, au sujet de ce problème on ne peut plus important, l'équitable faculté de se faire entendre prévue à l'Article 233, alinéa 2 du Traité de Paix de Versailles ».

La Commission se borna à accuser réception de la lettre en exprimant son regret de ce changement d'attitude.

L'audition terminée, la Commission procéda à une nouvelle étude des réclamations à la lumière des observations allemandes et des rapports de ses propres services techniques et le 27 avril elle prit la décision ci-après :

« La Commission des Réparations, en exécution des dispositions de l'Article 233 du Traité de Versailles, décide à l'unanimité de fixer à 132 milliards de mark-or le montant des dommages pour lesquels réparation est due par l'Allemagne aux termes de l'Article 232, 2° alinéa, et de l'Annexe I à la Partie VIII dudit Traité.

« En fixant ce chiffre, la Commission a effectué sur le montant des dommages les déductions nécessaires pour tenir compte des restitutions faites ou à faire en exécution de l'Article 238 et par conséquent aucun crédit ne sera dû à l'Allemagne du fait de ces restitutions.

« La Commission ne comprend pas dans le chiffre ci-dessus la somme correspondant à l'obligation qui incombe en outre à l'Allemagne, en vertu du troisième alinéa de l'Article 232, d'effectuer le remboursement de toutes les sommes que la Belgique a empruntées aux Gouvernements alliés et associés, jusqu'au 11 novembre 1918 y compris l'intérêt 5 %/_0 par an desdites sommes ».

Ainsi qu'il a été expliqué dans la première section du présent chapitre, la Commission fixa le total général des dommages causés par l'Allemagne et ses alliés, sans fixer séparément soit le montant des dommages subis par chaque pays, soit le montant des catégories particulières de dommages. Le meilleur exposé de la méthode employée se trouve peut-être dans les explications ci-dessous données par l'un des Délégués alors que la procédure à suivre était encore à l'étude :

« Personnellement, il estime qu'il existe une méthode et une seulement pour que la Commission puisse fixer ce total avant le 1er mai 1921. Sans doute, des questions d'interprétation du Traité se présenteront sur lesquelles différents Délégués pourront professer des opinions inconciliables entre elles; il en résultera des différences considérables dans les évaluations présentées par différents Délégués sur certaines catégories, mais il est parfaitement possible que lorsque les Délégués feront le total des évaluations qu'ils auront fournies sur les différentes catégories, il y aura si peu de différence entre les résultats qu'ils obtiendront, que la Commission pourra parfaitement fixer à l'unanimité une somme pour le total définitif. Cette procédure est celle qui est adoptée dans son pays lorsqu'un Tribunal de trois juges est chargé de fixer les dommages résultant d'une série de ruptures de contrats ; s'ils sont d'accord tous les trois sur le montant total, il n'est pas nécessaire qu'ils soient d'accord sur l'indemnité à accorder pour chaque cas particulier ».

C'est ainsi que la Commission s'est acquittée de la tâche que le Traité lui avait imposée de fixer le total des dommages dont, aux termes dudit Traité, l'Allemagne est responsable. On a déjà expliqué au Chapitre II comment l'État des Payements a été dressé pour l'acquittement de cette obligation. Le total une fois fixé, il ne peut, aux termes de l'Article 234, être fait remise d'aucune somme sans l'autorisation spéciale des divers Gouvernements représentés à la Commission ; toutefois, et sous cette réserve, celle-ci tient du même Article tous pouvoirs pour étendre la période et modifier les modalités des payements prescrits par l'État des Payements. Des indications ont déjà été données dans un volume (1) qu'a publié la Commission sur les mesures prises par elle en vertu des pouvoirs qui lui ont été ainsi conférés.

(1) Commission des Réparations : Documents officiels relatifs au montant des versements à effectuer par l'Allemagne au titre des Réparations (1er mai 1921-1er juillet 1922), 2 vol., Paris, Félix Alcan, 1922.

III

A l'Appendice VII(1) on trouvera un tableau montrant
en détail les réclamations présentées par chacune des
Puissances Alliées et Associées pour les diverses catégories
de dommages. Ce document a certainement un grand intérêt historique ; toutefois, il serait inexact de penser que
l'examen de ce document pris isolément pût aider sensiblement le lecteur à se représenter l'opération par laquelle a été établi le chiffre de 132 milliards. Comme il a
été expliqué, la méthode suivie par la Commission ne
permet pas de dire sur quels points ces réclamations ont
été réduites, ni dans quelle mesure elles l'ont été. De plus,
un coup d'œil sur le tableau suffira à montrer qu'il serait
très compliqué de convertir en mark-or lesdites réclamations, même en les prenant telles qu'elles ont été présentées, et d'établir un total comparable à celui qui figure
dans la décision de la Commission des Réparations. Les
demandes sont établies en un grand nombre de monnaies :
francs français, livres sterling, lires, yens, dinars, etc...
Au surplus, les réclamations sont exprimées en prenant
pour base, dans certains cas, la valeur de ces monnaies
en 1914, et dans d'autres cas, leur valeur à l'époque où
les réclamations ont été présentées, ou leur valeur supposée
au moment de la reconstitution. Le problème de la conversion était l'un des plus difficiles qui se présentait à la
Commission. Sans qu'elle ait eu à prendre, en raison de
la méthode générale d'évaluation qui avait été admise en
principe, aucune décision formelle sur les diverses questions particulières qui se sont présentées à cet égard, il

(1) Voir tableau A à la fin du tome II.

est possible d'indiquer cependant les divers points qui ont retenu l'attention de la Commission.

Deux questions principales ont été à étudier. La première a été celle de la conversion en matière de pensions et dans la question voisine des allocations militaires. Les pensions et les allocations militaires devaient, aux termes du Traité, être d'abord établies en francs français pour tous les pays ayant des revendications légitimes à présenter à ces deux titres. Le montant qui pouvait être réclamé pour les pensions était la valeur capitalisée desdites pensions ou compensations de même nature à la date de la mise en vigueur du Traité sur la base des tarifs en vigueur en France à la date ci-dessus. Les allocations militaires étaient calculées pour chaque Gouvernement sur la base des tarifs moyens appliqués en France aux payements de cette nature pendant chacune des années d'hostilité. Une fois les réclamations dûment établies en francs français conformément aux dispositions du Traité, il restait à les convertir en mark-or. Il est évident que le taux de conversion employé aurait pu, à une date ultérieure, donner des résultats extrêmement injustes, soit pour l'Allemagne, soit pour ses créanciers, suivant que la valeur du franc français baisserait ou monterait, à moins que les fluctuations du franc français ne fussent suffisantes pour justifier ou rendre nécessaire un remaniement de l'échelle des pensions. La question des allocations militaires était plus simple en ce sens qu'il s'agissait de payements déjà effectués, et qu'il n'y avait point à envisager de payements ultérieurs à des taux de change variables.

L'autre question principale était celle de la conversion en matière de dommages aux biens en général. Le Traité stipule, à l'Annexe II, 12 (c) que : « Les frais nécessités par les réparations et reconstructions des propriétés situées dans les régions envahies et dévastées, y compris la réinstallation des mobiliers, des machines et de tout matériel, seront évalués au coût de réparation et de reconstruction à l'époque où les travaux seront exécutés ».

« The damage for repairing, reconstructing and rebuilding property in the invaded and devasted districts, including reinstallation of furniture, machinery and other equipment, will be calculated according to the cost at the dates when the work is done.

Une faible partie de la reconstruction était déjà exécutée; la plus grande partie de cette œuvre devait demander un certain nombre d'années pour lesquelles il était évidemment impossible de prévoir le cours des prix. Dans certains cas, les réclamations étaient établies sur la base des valeurs de 1914, dans d'autres cas sur les prix de remplacement exprimés en monnaies nationales. Dans les cas de la première catégorie, quel coefficient convenait-il d'employer pour traduire les prix de 1914 en prix actuels ? Dans les deux cas, à quel taux de change convenait-il de convertir en mark-or les valeurs [actuelles réclamées ou établies par le calcul ?

La manière de voir de la Délégation allemande sur cette question résulte de l'exposé ci-après fait par cette Délégation.

« L'évaluation du montant en mark-or des comptes de dommages, dressés en différentes monnaies, doit être effectuée d'après la valeur *actuelle* de ces différentes monnaies par rapport à leur équivalent en or. En ce qui concerne les dommages aux biens portés en compte avec un coefficient, l'exactitude de cette manière de voir ressort de la méthode de calcul appliquée. On ne peut avoir des doutes, d'une part, que concernant la conversion de *payements et prestations déjà effectués*, comme par exemple les allocations aux familles et les reconstructions déjà effectuées, et, d'autre part, que concernant les montants portés en compte pour les *dépenses à venir*. Pour ce qui a déjà été établi définitivement dans le passé, le fait doit être décisif, après avoir tenu compte de tous les facteurs entrant en question, que la situation intérieure des monnaies des différents pays n'a subi aucune modification depuis la guerre et qu'il n'existe, par conséquent, aucune différence entre les créances de francs résultant de cette époque.

« Mais pour la conversion du compte des dommages se rapportant à l'avenir, il doit être décisif qu'il ne peut être question ici que de deux cas. Ou bien on élimine entièrement les possibilités de l'avenir et l'on convertit en vertu de la situation actuelle, ou bien l'on doit renoncer pour le présent, au calcul de l'équivalent en or et compter les montants établis sans *coefficient additionnel*, parce que tout élément fait défaut concernant le développement futur. Cependant, ce dernier mode ne peut entrer en considération parce que la somme des dommages doit être fixée le 1er mai 1921 au plus tard, en vertu de l'Article 233, alinéa 3.

« En fin de compte, il est à peu près indifférent pour le pays recevant la somme de dommages si l'équivalent en mark-or de la somme des dommages établie est calculée dès maintenant ou plus tard.

« Dans le premier cas, c'est-à-dire si par exemple, le calcul du franc-papier est évalué suivant sa valeur actuelle, il faut escompter les possibilités suivantes :

1). — *L'équivalent en or du franc français rétrograde davantage.*

« Dans ce cas, le Gouvernement français recevrait pour

le payement en mark-or un montant proportionnellement
plus élevé en francs-papier. Cet excédent serait probablement compensé par une hausse des frais de reconstruction.

« De même pour les pensions, on recevrait un montant
en francs-papier supérieur à celui qu'il faudrait payer
réellement. Mais dans ce cas, il faudrait probablement
envisager une majoration des rentes.

2). — *L'équivalent en or du franc-papier augmente.*

« Dans ce cas, le payement en mark-or correspondrait
à un montant en francs proportionnellement inférieur. Ce
déficit cependant, pour autant que les frais de reconstruction entrent en question, serait balancé vraisemblablement
par une diminution des dépenses nécessaires à cette fin ».

Il est intéressant de mettre sous les yeux du lecteur les
projets de systèmes de conversion qui ont été élaborés au
sein de la Commission au cours des délibérations.

La Commission a demandé aux Délégués britannique
et américain d'étudier le problème dans ses rapports, pre-
mièrement avec les réclamations présentées pour les
pensions, et deuxièmement avec les dommages en général.
En ce qui concerne les réclamations relatives aux pensions,
les conclusions suivantes ont été soumises à l'examen de
la Commission :

« Les soussignés ont été chargés de présenter une suggestion relativement au système à adopter pour la conversion en mark-or des sommes réclamées pour pensions.

« Quelle que soit la valeur juridique des arguments que
l'on invoque en faveur de l'adoption du taux de change
(2,649 = 1) pratiqué le 10 janvier 1920 pour opérer cette
conversion, il semble qu'elle conduirait à un résultat contraire à l'équité. Le choix du taux de change (1,2344 = 1)

ayant cours avant la guerre aboutirait, dans un sens opposé, à un résultat aussi injuste. En nous demandant d'étudier la question, les Délégués ont eu l'espoir qu'il serait possible de trouver un chiffre intermédiaire, que les pouvoirs étendus dont le Traité l'a investie, autoriseraient la Commission à adopter.

« Il a été suggéré à la Conférence officieuse que le pouvoir d'achat du franc, tant à l'époque où ont été fixées les échelles des pensions en France qu'à celle de la mise en vigueur du Traité, était probablement en réalité plus élevé que sa valeur de change à la date du 10 janvier 1920, que, par suite, la solution du problème se trouverait peut-être dans l'adoption d'un taux basé sur l'évaluation de cette valeur réelle du franc.

« Les études auxquelles nous nous sommes livrés depuis lors nous ont convaincus que ce système répond parfaitement aux nécessités de la situation.

« Les tableaux ci-joints montrent qu'il a existé des différences très sensibles entre le pouvoir d'achat du franc en France comparé à celui du dollar en Amérique ou de la livre sterling en Grande-Bretagne et les cours de change cotés.

« Ils indiquent en outre que, compte tenu de la dépréciation de la livre sterling, un rapport à peu près semblable se révèle entre les prix français et les prix britanniques d'une part, les prix français et les prix américains de l'autre. Il ressort des tableaux que la valeur du franc par rapport à l'or, fixée d'après son pouvoir d'achat réel pendant le premier trimestre 1919 (celui qui a vu voter la loi des pensions par les Chambres françaises) a été de 2 francs à 2 frs. 15 pour un mark-or, que pendant le dernier trimestre de la même année (celui qui a précédé la mise en vigueur du Traité) elle a été d'environ 2 frs. 20 pour un mark-or et que la moyenne de sa valeur pour l'année entière a été de 2 frs. 09, en prenant pour base les prix américains, et 2 frs. 02 en prenant pour base les prix britanniques ajustés pour tenir compte de la dépréciation de la livre sterling.

« Nous estimons, en conséquence, que le mode de calcul qui permet d'établir de la façon la plus équitable la valeur capitalisée en mark-or des pensions pour les divers pays est celui qui consiste à compter en francs français pris à la date du 10 janvier 1920, puis à convertir la somme obtenue en mark-or au taux de 2 frs. 20 = 1 mark-or ».

En ce qui concerne les dommages en général, le Délégué britannique a soumis les conclusions suivantes à l'examen de ses collègues (1).

« En vertu du principe que le taux de conversion doit varier suivant le caractère des dommages, ceux-ci ont été classés en cinq catégories :

« (1) Dommages matériels qui n'ont pas encore été réparés et pour lesquels la demande de compensation sera basée sur le coût probable de reconstruction, à condition que le coefficient de conversion pour ces réclamations soit suffisamment élevé pour que le montant de la réclamation soit porté à sa véritable valeur dans la monnaie nationale telle qu'elle était alors, et qu'ensuite la somme obtenue soit convertie en mark-or sur la base du taux de change du jour, pris sur la moyenne d'une certaine période. L'autre méthode consistant à prendre la valeur de 1914 en la considérant comme une valeur-or, et à la convertir en mark-or au moyen d'un coefficient pour représenter l'augmen-

(1) Le Délégué américain qui s'était, à cette époque, retiré de la Commission pendant un certain temps, était d'accord quant au fond sur la majeure partie des points visés dans ces conclusions.

tation des prix-or, est également digne de retenir l'attention.

« (2) Dommages matériels qui ont déjà été réparés et pour lesquels la demande de compensation devra être basée sur la somme en monnaie nationale réellement déboursée. Le taux qu'il conviendrait de prendre est celui de la date à laquelle la somme a été déboursée.

« (3) Compensations relatives aux pertes matérielles estimées à leur valeur vénale à l'époque de la perte. On suggère que la base équitable serait de prendre la valeur vénale en monnaie nationale et de la convertir en mark-or au taux du change de l'époque où la perte a été subie.

« (4) Compensations relatives aux pertes monétaires, telles que par exemple les amendes et impôts.

« (5) Compensations en espèces non susceptibles d'une évaluation précise, telles que les compensations pour mort.

« Ces deux catégories concernent des réclamations en monnaies nationales, francs, livres sterling ou dollars, qui peuvent être satisfaites au moyen du remboursement du même nombre de francs, livres ou dollars, au taux de change de l'époque où la dette a été déterminée. »

En ce qui concerne les allocations aux familles, un traitement spécial a été suggéré dans les termes ci-après :

« En ce qui concerne les allocations aux familles des mobilisés, si c'est une question de remboursement d'une somme déboursée, le principe sera le même que pour les autres créances. La question, cependant, est différente. D'après les termes du Traité, le taux des pensions en vigueur en France doit être adopté, non pas comme représentant l'équivalent de la dépense réelle de la France, mais comme représentant la proportion d'assistance économique accordée aux familles des mobilisés. Il serait donc juste de prendre le barême français des denrées nécessaires à l'existence tel qu'il ressort des allocations françaises, et de supposer que ces allocations représentent un certain total de denrées et produits nécessaires à l'existence, etc... et il est raisonnable que les réclamations pour les allocations aux familles des mobilisés soient traitées plus favorablement que les autres créances en espèces. . . . .

« Pour les allocations aux familles des mobilisés, la somme réclamée sera divisée par le nombre d'années pendant lesquelles l'allocation a été payée, et la moyenne annuelle ainsi obtenue sera convertie à un taux arbitraire calculé d'après une moyenne intermédiaire entre le taux moyen de l'année où l'allocation a été payée et le taux courant de change ».

Ces indications permettent tout au moins de se rendre compte des différentes manières dont pouvait être envisagé le problème de l'expression en mark-or des réclamations présentées.

IV

Voici d'autre part certaines décisions prises par la Commission sur des questions de principe ou sur d'importantes questions de fait.

Aux termes de l'Article 232 du Traité, une Puissance n'a le droit de réclamer des compensations à l'Allemagne que pour des dommages causés pendant la période où cette Puissance a été en état de belligérance avec l'Allemagne en qualité de Puissance Alliée ou Associée. La Commission a ainsi été amenée, en ce qui concerne un certain nombre de Puissances, à statuer sur une série de questions relatives à l'existence de l'état de belligérance, au sens du Traité, et à la date à laquelle cet état de belligérance a commencé.

Il convient de remarquer que l'état de belligérance n'exige pas nécessairement une déclaration de guerre expresse. La Commission, interprétant formellement le Traité, a décidé en effet, que la période de belligérance mentionnée à l'Article 232 était la période pendant laquelle a existé un état de guerre en droit ou en fait.

En ce qui concerne le cas de la Pologne et de la Tchéco-Slovaquie la question s'est posée de savoir si ces Puissances ont constitué des Etats indépendants à un moment quelconque de la durée de la guerre.

(a) En ce qui concerne la Pologne, aucun doute ne s'est élevé dans l'esprit de la Commission sur le fait que la Pologne n'a pas pu constituer un Etat indépendant pendant la guerre. La Commission est donc arrivée à la conclusion que les demandes de réparation 'e dommages que cette Puissance pourrait présenter devaient être limitées à celles susceptibles d'être fondées sur l'Article 116 du Traité, une fraction de la Pologne faisant pendant la guerre partie de la Russie. En conséquence, elle a décidé de transmettre à l'Allemagne les listes qu'elle avait reçues du Gouvernement polonais en accompagnant cette transmission de la formule suivante : « En vue de leurs examen et règlement ultérieurs aux termes de l'Article 116 du Traité de Versailles, la Commission des Réparations transmet au Gouvernement allemand les réclamations pour dommages ci-jointes qu'elle a reçues du Gouvernement polonais ».

(b) La question a semblé plus douteuse en ce qui concerne la Tchéco-Slovaquie. Il a été soutenu en effet que la Tchéco-Slovaquie avait été traitée par les Puissances alliées comme une nation en guerre avec les Puissances de l'Europe centrale, et que les forces allemandes avaient conclu un armistice avec les forces tchéco-slovaques après le Traité de Brest-Litovsk. Les conseillers juridiques de la Commission ont déclaré à celle-ci que la Tchéco-Slovaquie n'avait pu exister comme Puissance qu'à partir du moment où elle avait réuni les conditions considérées comme nécessaires pour constituer un Etat, c'est-à-dire un territoire indépendant, une population indépendante et une souveraineté indépendante. Après avoir entendu sur la question les arguments des délégués tchéco-slovaques et de la Délégation allemande, la Commission a décidé que la période pendant laquelle la Tchéco-Slovaquie a été en état de belligérance avec l'Allemagne, au sens de l'Article 232, serait considérée comme ayant commencé le 28 octobre 1918.

(c) L'Italie a déclaré la guerre à l'Autriche-Hongrie le 23 mai 1915, elle a rompu les relations diplomatiques avec l'Allemagne le 24 mai 1915 et a formellement déclaré la guerre à l'Allemagne le 28 août 1916. Il n'était pas douteux qu'entre la rupture des relations diplomatiques et la déclaration de guerre, des actes d'hostilités avaient eu lieu. Du point de vue pratique, ce n'est pas le montant des dommages causés par l'Allemagne entre ces deux dates qui constituait l'élément important : en effet, pendant tout ce temps, l'Italie avait été en guerre avec l'Autriche. Une décision déclarant qu'elle n'était pas à cette même époque en guerre avec l'Allemagne aurait libéré celle-ci de toute responsabilité pour les dommages subis pendant cette période, puisque, d'après les termes de l'Article 232, l'Allemagne n'est pas responsable des dommages causés par ses alliés à des Puissances avec qui elle n'était pas elle-même en guerre ; mais une telle décision aurait laissé l'Autriche et la Hongrie responsables de tous les dommages soufferts par l'Italie durant cette période. Après avoir entendu les arguments des deux principales parties intéressées, la Commission est arrivée à la conclusion que la période pendant laquelle l'Italie a été en état de belligérance avec l'Allemagne, devait être considérée comme ayant commencé le 27 mai 1915.

(*d*) En ce qui concerne la Grèce, la question s'est trouvée compliquée par l'existence, antérieurement à l'entrée formelle en guerre du gouvernement central de la Grèce, d'un gouvernement provisoire siégeant à Salonique, gouvernement qui a finalement triomphé du gouvernement du roi Constantin, et qui, a-t-on soutenu, devait être considéré de ce fait comme ayant été légitime depuis sa constitution. Les conseillers juridiques de la Commission ont déclaré qu'en droit international, il était impossible de considérer que les actes du Gouvernement de Salonique, jusqu'en juin 1917, aient pu valablement constituer la Grèce en état de belligérance sans admettre qu'il y eût en quelque sorte deux États grecs, la Grèce officiellement neutre du roi Constantin, et la Grèce belligérante de Salonique ; ils ont conclu que la Grèce s'est trouvée en état de belligérance avec l'Allemagne à partir du moment où le gouvernement du roi Alexandre, ayant adopté la politique du gouvernement de Salonique, a repris pour son compte les hostilités que celui-ci n'avait pu engager qu'en son nom et n'avait pas pu engager au nom de la Grèce.

La Commission, suivant cet avis, a décidé que la période pendant laquelle la Grèce a été en état de belligérance a commencé le 27 juin 1917.

(*e*) Le Portugal a déclaré la guerre à l'Allemagne le

9 mars 1916. Il a été allégué toutefois que certains combats ont eu lieu dès le mois d'août 1914, dans les colonies portugaises d'Afrique. D'autre part, il est apparu que le Portugal n'avait même pas rompu les relations diplomatiques avec l'Allemagne avant mars 1916.

La Commission a décidé que la période de belligérance pour le Portugal avait commencé le 9 mars 1916.

(*f*) La Commission a décidé que le Pérou n'a jamais été en état de belligérance avec l'Allemagne au sens de l'Article 232.

Nous pouvons ajouter à l'énumération ci-dessus, la Bolivie et Haïti. Bien qu'il n'ait pas été déclaré que ces pays n'aient pas été en état de belligérance au sens du Traité, la Commission a estimé qu'ils n'ont subi aucun dommage dont réparation puisse être réclamée à l'Allemagne en vertu du Traité.

* *

Au sujet des listes de dommages relatives aux pensions ou compensations de même nature, les décisions de principe suivantes ont été prises :

(*a*) les frais d'administration des pensions et des compensations de même nature ne sont pas compris dans les dommages pour lesquels compensation peut être réclamée.

(*b*) Les compensations de même nature que les pensions au sens du § 5 de l'Annexe I ne doivent pas nécessairement avoir le caractère de versements fixes en espèces se répétant à des intervalles réguliers.

Les catégories suivantes de dommages seront considérées comme compensations de même nature que les pensions au sens du § 5 de l'Annexe I à la Partie VIII du Traité de Versailles

1. — Les frais médicaux et chirurgicaux et le coût des appareils de prothèse fournis aux pensionnés militaires (armées de terre et de mer) tels qu'ils sont prévus dans la loi française sur les pensions.

2. — Les dépenses afférentes à l'institution de l'Office des mutilés et réformés de guerre (autres que les frais d'administration) en tant qu'elles représentent des compensations en nature aux victimes militaires de la guerre.

3. — Les dépenses afférentes à l'entretien des pupilles de la nation, enfants à la charge des victimes militaires de la guerre.

4. — Les allocations annuelles aux compagnes des militaires décédés ou disparus.

5. — Les secours immédiats, compléments de pécules et majorations accordés aux familles des militaires décédés ou disparus en tant qu'ils représentent une compensation pour ceux qui étaient à la charge de ces militaires et non l'équivalent du pécule qui aurait été donné aux soldats survivants.

(c) Pour calculer le montant des dommages pour lesquels une Puissance alliée autre que la France peut demander réparation aux termes du § 5 de l'Annexe I, il ne doit pas être tenu compte de la législation nationale de cette Puissance : chaque Puissance alliée est autorisée à demander réparation pour une somme égale à toutes les catégories de pensions et de compensations de même nature qui auraient pu être allouées d'après la législation française et, à l'inverse, elle ne peut pas demander une somme supérieure.

En particulier, l'Italie pourra incorporer au mémoire qu'elle présente en vertu du § 5 de l'Annexe I, une réclamation pour les pensions d'invalidité de 10 %$_0$ à 30 %$_0$, bien que la loi italienne ne prévoie pas de pensions pour les invalidités inférieures à 3o %.

(*d*) Les Puissances alliées auront le droit de demander compensation sur la base du tarif colonial français, pour les pensions et compensations de même nature qu'elles auraient payées à leurs troupes coloniales de couleur, si elles avaient appliqué la loi française. Cette règle ne s'appliquera pas aux troupes régulières des Dominions et de l'Inde britannique pour lesquelles les pensions et compensations de même nature seront calculées sur la base des tarifs fixés par la loi française du 31 mars 1919.

(*e*) 1. — Les pensions d'ancienneté accordées pendant la guerre à des officiers ou soldats atteints par la limite d'âge ne doivent pas figurer sur les listes de pensions présentées à l'Allemagne par les Puissances alliées intéressées.

2. — En ce qui concerne les pensions des militaires de carrière, victimes de la guerre et celles de leurs ayants-droit, les Puissances Alliées et Associées ne peuvent réclamer à l'Allemagne que les majorations accordées sur les bases du tarif français du fait des atteintes à l'intégrité physique ou des pertes de vie causées par la guerre, les prestations allouées en conséquence des services d'ancienneté devant demeurer à la charge des Puissances Alliées et Associées.

* *

Certains doutes se sont élevés quant à l'interprétation du § 7 de l'Annexe I qui vise les allocations aux familles de mobilisés définies de la façon suivante :

§ 7 « Allocations données par les Gouvernements des Puissances Alliées et Associées aux familles et autres personnes à la charge des mobilisés ou de tous ceux qui ont

servi dans l'armée ; le montant des sommes qui leur sont
dues pour chacune des années au cours desquelles des hostilités se sont produites sera calculé, pour chacun desdits
Gouvernements, sur la base du tarif moyen appliqué en
France, pendant ladite année, aux payements de cette
nature. »

§ 7 « Allowances by the Governments of the Allied and
Associated Powers to the families and dependents of
mobilised persons or persons serving with the forces, the
amount due to them for each calendar year in which hos-
tilities occurred being calculated for each Government on
the basis of the average scale for such payments in force
in France during that year. »

Ce texte n'indique pas avec précision la date jusqu'à
laquelle il sera tenu compte, dans les dommages, des allocations payées. Les allocations n'ont pas en effet cessé
d'être payées le 31 décembre 1918. Etait-il possible de
faire entrer en ligne de compte les allocations payées
jusqu'au jour de la mise en vigueur du Traité ou bien, en
fixant le tarif qui devait servir de base aux réclamations
pour la période 1914-1918, le Traité entendait-il que les
réclamations ne seraient pas recevables pour des années
ultérieures ? A cet égard le mot « hostilités » était-il
un terme ne pouvant en aucune façon s'appliquer à la
période d'armistice ? Fallait-il attacher une importance
quelconque au fait que le texte anglais emploie le mot
« année de calendrier » (calendar year), alors que le texte
français ne porte que le mot « année », ce qui a pour conséquence que, dans le texte français, il peut s'agir d'une
année ayant commencé à courir du jour de l'ouverture
des hostilités ? Si l'on devait admettre les réclamations
pour la période postérieure au 31 décembre 1918, l'omission de toute mention du tarif à appliquer avait-elle été

intentionnelle ou était-elle due seulement au fait que les rédacteurs du Traité n'avaient pas prévu un intervalle aussi long entre l'Armistice et la mise en vigueur du Traité?

La Commission, procédant à une interprétation formelle du Traité, a décidé que les allocations prévues comprenaient celles données par chaque Puissance Alliée ou Associée entre la date à laquelle a commencé l'état de belligérance de cette Puissance avec l'Allemagne, comme Puissance Alliée et Associée, et le 31 décembre 1918. On remarquera que cette décision est muette en ce qui concerne la période postérieure à cette date. Il n'aurait pas été possible d'obtenir sur ce point l'unanimité requise en nature d'interprétation. En conséquence, chaque Délégué a conservé la liberté de comprendre ou d'exclure les sommes correspondant aux réclamations de ce genre dans l'évaluation des dommages afférents à son pays.

La Commission, en décidant d'interpréter les mots : « tarif moyen appliqué en France » comme signifiant un tarif forfaitaire, et non un tarif maximum, a écarté une prétention allemande d'après laquelle, lorsque le taux des allocations payées par une Puissance serait inférieur au tarif français, la réclamation présentée à l'Allemagne ne pourrait pas être basée sur le tarif français.

En outre, la Commission, procédant à l'interprétation du Traité, a décidé :

1°. — que les expressions « mobilisés » ou « tous ceux qui ont servi dans l'armée » comprennent les troupes coloniales de chacune des Puissances Alliées et Associées;

2°. — que la France est justifiée à faire figurer parmi les listes d'allocations pour lesquelles compensation est demandée à l'Allemagne, les allocations qui auraient été versées en vertu de la législation française, aux fonctionnaires mobilisés, si ces fonctionnaires n'avaient pas continué à recevoir, d'autre part, leurs traitements civils pendant la période pendant laquelle ils ont été mobilisés ;

3°. — que les Puissances Alliées et Associées ne sont pas autorisées à demander le remboursement des allocations accordées aux chefs des tribus indigènes.

*
* *

Les §§ 2, 3 et 4 de l'Annexe I s'occupent de différentes catégories de dommages personnels subis par la population civile.

Il a été décidé à cet égard :

1°. — que le droit à réparation au titre de ces paragraphes existe, même s'il n'y a pas de survivants à la charge de la victime ;

2°. — que l'Allemagne ne doit compensation au titre des §§ 2 et 3 de l'Annexe I que pour les dommages qui sont la conséquence directe des actes prévus par ces paragraphes ;

3°. — que, pour qu'un dommage subi par un prisonnier de guerre à la suite de mauvais traitements donne lieu à réparation, il faut :

a) qu'une incapacité de travail ait été la conséquence de ces mauvais traitements ;

b) que cette incapacité de travail ait subsisté après sa libération ;

4°. — que les frais d'assistance dus aux anciens prisonniers doivent être mis à la charge de l'Allemagne au titre du § 6 dans la mesure où les sommes ainsi dépensées proviennent, avec ou sans intermédiaire, des fonds publics ;

5°. — que la privation de nourriture et d'habillement constitue « un mauvais traitement aux prisonniers de guerre » au sens du § 4 et que le dommage causé devra être évalué aux conséquences de ce traitement sur la vie ou la santé de la victime.

*
* *

Un nombre considérable de décisions, dont on ne citera que les plus importantes, ont été prises relativement aux réclamations concernant les dommages aux biens. Il faut citer tout d'abord une décision générale d'une portée considérable en ce qui concerne l'admissibilité de réclamations pour privation de jouissance. Elle est conçue dans les termes suivants : « La Commission des Réparations, interprétant formellement le Traité de Versailles, décide : l'Annexe I à la Partie VIII du Traité prévoit les réparations, à la demande des Puissances Alliées et Associées, des dommages afférents aux biens enlevés, saisis, endommagés ou détruits par les actes de l'Allemagne ou de ses alliés, ou endommagés en conséquence directe des hostilités ou de toutes opérations de guerre par l'un ou l'autre groupe de belligérants. Toutefois l'Annexe I ne prévoit pas la réparation du dommage afférent aux intérêts des sommes représentant le montant des pertes ou de la valeur des dommages subis, à la privation de jouissance ou au manque à gagner, aux frais supplémentaires encourus en vue de se procurer l'avantage qui eût été normalement retiré des biens endommagés. Toutefois cette décision n'a pas pour effet :

a) d'affecter le droit de la Commission, en vertu du second alinéa du § 16 de l'Annexe II à la Partie VIII du Traité, de tenir compte dans certains cas des intérêts dus sur les sommes afférentes à la réparation des dommages matériels à partir du 11 novembre 1918 jusqu'au 1er mai 1921.

b) d'exclure les réclamations afférentes :

1°. — à la valeur soit des marchandises consommées directement par les autorités allemandes ou sur leurs ordres, soit desservices fournis aux autorités allemandes ou

2°. — aux détériorations résultant de l'impossibilité de maintenir en état un bien situé dans la zone des hostilités ».

La décision ci-dessus fait deux réserves. La première se rapporte au 2ᵉ alinéa du § 16 de l'Annexe II au chapitre des Réparations qui stipule que la Commission « en fixant au 1ᵉʳ mai 1921 le montant global de la dette de l'Allemagne, pourra tenir compte des intérêts dus sur les sommes afférentes à la réparation des dommages matériels à partir du 11 novembre 1918 jusqu'au 1ᵉʳ mai 1921 ». (in fixing on May 1 st, 1921, the total amount of the debt of Germany may take account of interest due on sums arising out of the reparation of material damage; as from November 11 th, 1918, up to May 1 st, 1921).

Un examen très bref suffit à montrer que cette disposition n'est pas facile à interpréter; l'expression : « intérêts dus sur les sommes afférentes à » pouvait recevoir plusieurs interprétations.

Les questions qui se sont posées au sujet de ce texte sont les suivantes :

Cet alinéa signifie-t-il :

(*a*) que l'on pourra tenir compte des fintérêts sur les sommes afférentes à la réparation des dommages matériels pour lesquels l'Allemagne doit compensation en vertu de l'Article 232 et de l'Annexe I ? ou bien

(*b*) que l'on ne pourra tenir compte des intérêts que sur les sommes effectivement dépensées avant le 1ᵉʳ mai 1921 pour la réparation des dommages matériels? ou bien (*c*) que l'on ne pourra tenir compte que des intérêts sur les sommes empruntées et destinées à la réparation des dommages matériels ?

Il semble évidemment que l'adoption de l'une ou l'autre de ces interprétations aurait entraîné des différences. En outre, on remarquera que la Commission n'était nullement obligée de tenir compte des intérêts, mais qu'elle avait seulement le droit de le faire.

La Commission a été amenée ultérieurement, en procédant à une interprétation formelle du Traité, à décider qu'en « déterminant, aux termes de l'Article 232 du Traité de Versailles, le montant pour lequel réparation est due par l'Allemagne, la Commission a le pouvoir de tenir compte des intérêts afférents à la période comprise entre le 11 novembre 1918 et le 1er mai 1921 pour toutes les sommes représentant les dommages matériels pour lesquels l'Allemagne doit compensation en vertu de l'Article 232 et de l'Annexe I, que lesdits dommages aient ou non été effectivement réparés avant la dernière des deux dates sus-indiquées ».

En ce qui concerne la deuxième partie de la seconde réserve, la Commission a décidé formellement que lorsqu'une propriété a été endommagée parce que les opérations de guerre, même si elles ne lui ont pas porté directement atteinte, ont rendu toute réparation ou tout entretien matériellement impossible, les détériorations subies constituent une conséquence directe des hostilités ou des opérations de guerre et que, par suite, leur réparation incombe à l'Allemagne.

A l'égard de la propriété non bâtie, la Commission a décidé :

1) que le montant du loyer payé par le fermier pour l'année passée à fertiliser à nouveau la terre par le pro-

cédé de la jachère ne doit pas être mis à la charge de l'Allemagne au titre du § 9 de l'Annexe I.

2) que les dommages causés aux vergers, plantations, vignes, etc... seront évalués au coût de replantation augmenté de la différence entre la valeur qu'auraient actuellement ces vergers, plantations, vignes, etc... s'ils n'avaient pas été endommagés et leur valeur actuelle réelle après replantation.

3) que les dommages causés aux terrains qui ont subi une diminution définitive de productivité seront évalués au montant des dépenses de reconstitution augmentées de la différence entre la valeur que ces terrains auraient actuellement s'ils n'avaient pas été endommagés et leur valeur vénale actuelle après reconstitution.

4) que les dommages causés aux terrains qui ont subi une perte totale de productivité seront évalués à la valeur que ces terrains auraient actuellement s'ils n'avaient pas été endommagés. Cette valeur sera obtenue en multipliant la valeur vénale en 1914 par un coefficient approprié.

En ce qui concerne les dommages causés à la propriété bâtie les décisions ci-dessous ont été prises :

1) Le montant de la diminution de capital que représente la dépréciation du sol des immeubles détruits ne peut pas être mis à la charge de l'Allemagne.

2) Dans l'évaluation des frais de réparation et de reconstruction des propriétés situées dans les régions envahies et dévastées, il ne doit pas être fait de déduction pour tenir compte de la différence de valeur entre l'ancienne propriété qui a été détruite et la propriété nouvelle que l'on a dû construire pour remplacer la première ; par contre on devra faire une déduction pour tenir compte de tout embellissement apporté au moment de la reconstruction.

*
* *

En ce qui concerne les dommages maritimes, la Commission a pris notamment les décisions ci-après :

Les catégories suivantes de navires seront considérées comme « matériel militaire et naval » au sens du § 9 de l'Annexe I (1).

a) tous navires employés pour les opérations d'offensive quel que soit le propriétaire de ces navires ;

b) les navires, propriété de l'Administration navale de l'une quelconque des Puissances Alliées et Associées et utilisés en relation avec les opérations de guerre offensives ou défensives.

Les cargaisons seront considérées comme « matériel militaire et naval » au sens du § 9 de l'Annexe I lorsqu'elles ont atteint un degré de transformation qui les rend impropres à d'autres usages que l'usage militaire, ou si, pouvant servir à d'autres usages, elles sont envoyées directement sur le théâtre des opérations à destination des armées ».

Les navires de prise proprement dits doivent être traités de la même manière que les autres navires.

L'Allemagne est tenue pour responsable des dommages causés aux navires allemands détenus dans des ports alliés à l'ouverture des hostilités et dont la saisie a été ultérieurement validée par des jugements des cours de prises, que ces jugements aient été rendus avant ou après le 10 janvier 1920.

Les pertes résultant de risques maritimes normaux doivent être exclues.

Les Puissances intéressées auront le droit de demander

---

(1) Ne pouvant faire par conséquent l'objet d'une réclamation.

compensation pour un tonnage de navires disparus correspondant au tonnage pour lequel les sociétés d'assurance contre les risques de guerre auront dû payer des indemnités du chef des pertes occasionnées par la guerre.

La nationalité du navire sera déterminée d'après le pavillon sous lequel ce bateau naviguait au moment de la perte ou de l'avarie. Les navires neutres affrétés en « time charter » pour lesquels la Puissance qui présente la réclamation a payé une indemnité, pourront également être compris dans la réclamation bien qu'ils n'aient pas navigué sous le pavillon de cette Puissance. Les sommes payées par une Puissance en raison de la perte d'un navire battant le pavillon d'une autre Puissance, alors qu'il était au service de la première, devront être traitées comme une réclamation présentée par la première Puissance. La réclamation de la seconde Puissance sera constituée par la différence entre la valeur du navire et les sommes ainsi payées.

En dehors des questions indiquées ci-dessus la Commission des Réparations a dû prendre d'autres décisions importantes, et, en particulier, déterminer des règles générales d'évaluation : fixer, par exemple, les catégories d'individus susceptibles de bénéficier des pensions, allocations, etc... les méthodes de détermination des dommages à la propriété bâtie, au sol, aux immeubles, aux navires, les réparations à fournir pour indemniser des réquisitions, etc...

CHAPITRE IV

CLAUSES FINANCIÈRES

PARTIE IX

(ARTICLES 248 À 263 DU TRAITÉ DE VERSAILLES).

Les Articles 248, 251, 254, 255, 256, 259, et 260 des clauses financières du Traité de Versailles, assignent expressément à la Commission des Réparations certaines fonctions d'exécution ; de plus, comme il a été expliqué au Chapitre I, la Commission a reçu des Puissances alliées intéressées le mandat général de faire exécuter en leur nom les autres clauses de la Partie IX du Traité. Il en est résulté que la Commission des Réparations a dû remplir une tâche administrative considérable dont le détail serait sans intérêt pour le public. Il ne sera toutefois pas inutile de donner une idée du travail accompli par la Commission au titre des Articles mentionnés ci-dessus, dont l'éxécution lui est expressément confiée par le Traité.

I

ARTICLES 248 ET 251

ARTICLE 248.

« Sous réserve des dérogations qui pourraient être accordées par la Commission des Réparations, un privilège de premier rang est établi sur tous les biens et ressources de l'Empire et des États allemands, pour le règlement des réparations et autres charges résultant du présent Traité, ou de tous autres traités et conventions complémentaires, ou des arrangements conclus entre l'Allemagne et les Puissances Alliées et Associées pendant l'Armistice et ses prolongations. »

« Subject to such exceptions as the Reparation Commission may approve, a first charge upon all the assets and revenues of the German Empire and its constituent States shall be the cost of reparation and all other costs arising under the present Treaty or any treaties or agreements supplementary thereto or under arrangements concluded between Germany and the Allied and Associated Powers during the Armistice or its extensions. »

ARTICLE 251

« Le privilège établi par l'Article 248 s'exercera dans l'ordre suivant, sous la réserve mentionnée au dernier paragraphe du présent article :

« a) Le coût des armées d'occupation tel qu'il est défini à l'Article 249, pendant l'Armistice et ses prolongations ;

« b) Le coût de toutes armées d'occupation, tel qu'il est défini à l'Article 249, après la mise en vigueur du présent Traité ;

« c) Le montant des réparations résultant du présent Traité ou des traités et conventions complémentaires ;

« d) Toutes autres charges incombant à l'Allemagne en vertu des Conventions d'Armistice, du présent Traité ou des traités et conventions complémentaires.

« Le payement du ravitaillement de l'Allemagne en denrées alimentaires et en matières premières et tous autres payements à effectuer par l'Allemagne dans la mesure où les Gouvernements alliés et associés les auront jugés nécessaires pour permettre à l'Allemagne de faire face à son obligation de réparer, auront priorité dans la mesure et dans les conditions qui ont été ou pourront être établies par les Gouvernements alliés et associés ».

« The priority of the charges established by Article 248 shall, subject to the qualifications made below, be as follows :

« *a*) The cost of the armies of occupation as defined under Article 249 during the Armistice and its extensions ;

« *b*) The cost of any armies of occupation as defined under Article 249 after the coming into force of the present Treaty ;

« *c*) The cost of reparation arising out of the present Treaty or any treaties or conventions supplementary thereto ;

« *d*) The cost of all other obligations incumbent on Germany under the Armistice Conventions, or under this Treaty or any treaties or conventions supplementary thereto.

« The payment for such supplies of food and raw material for Germany and such other payments as may be judged by the Allied and Associated Powers to be essential to enable Germany to meet her obligations in respect of reparation will have priority to the extent and upon the conditions which have been or may be determined by the Governments of the said Powers ».

La Commission doit donc :

(*i*) Veiller à ce que les ressources de l'Allemagne qui pourraient être affectées au règlement des charges résultant du Traité ne soient pas affectées à d'autres fins ;

(*ii*) Veiller à ce que les ressources de l'Allemagne soient employées à faire face aux charges résultant du Traité selon l'ordre de priorité établi ;

(*iii*) Accorder ou refuser son approbation à toute proposition impliquant un droit de priorité pour une obligation ne résultant pas du Traité.

D'une façon générale, les pouvoirs que la Commission des Réparations tient de ces Articles sont, depuis mai 1921, délégués au Comité des Garanties conformément à l'Article 7 de l'Etat des Payements (1).

L'exécution de la tâche visée en (*ii*) n'a pas provoqué d'importantes décisions de principe.

En ce qui concerne les §§ (*i*) et (*iii*) un grand nombre d'opérations proposées ou effectuées par l'Allemagne ont été examinées et la Commission a pris diverses décisions touchant la priorité réservée aux payements de réparations. En voici quelques exemples :

a) *Article 296 et § 11 de l'Annexe audit Article. Solde des opérations entre les Offices de compensation.*

L'Article 296 du Traité vise le règlement des dettes entre ressortissants allemands et ressortissants alliés. Il prévoit l'institution d'un système d'Offices de vérification et de compensation au moyen duquel les sommes dues par les ressortissants allemands sont recouvrées sur ceux-ci par le Gouvernement allemand et les sommes dues aux ressortissants allemands recouvrées par les Gouvernements des débiteurs. Les sommes recouvrées respectivement par l'Office de compensation allemand et les Offices de compensation alliés sont compensées entre elles. Si les sommes dues aux ressortissants allemands sont inférieures à celles qu'ils doivent, le solde est payé chaque mois par le Gouvernement allemand. Dans le cas

(1) Voir page 259.

contraire, le solde éventuel (1) dû à l'Allemagne est porté
à son crédit au titre de ses obligations de réparer.

Aux termes du Traité, l'adoption de ce système est fa-
cultative pour chacune des Puissances Alliées et Associées
intéressées; mais le Gouvernement de tout pays qui l'adopte
devient responsable du payement de toutes les dettes dues
par ses ressortissants, ce qui impose automatiquement
une obligation réciproque à l'Allemagne, excepté « dans
le cas où le débiteur était, avant la guerre, en faillite, en
déconfiture ou en état d'insolvabilité déclarée ou si la
dette était due par une société, dont les affaires ont été
liquidées pendant la guerre conformément à la législation exceptionnelle de guerre ».

Sous réserve de certaines dérogations de peu d'importance, les sommes dues aux ressortissants des Puissances
Alliées et Associées doivent être payées dans la monnaie
nationale du créancier ou, si la dette est exprimée dans
une autre monnaie, convertie en monnaie nationale du
créancier au taux de change d'avant-guerre.

Au début de 1921, l'attention de la Commission fut
attirée sur le fait que le Gouvernement allemand ne re-
couvrait pas intégralement sur les débiteurs allemands les
sommes dues par ceux-ci, mais prélevait sur ses propres
ressources les sommes nécessaires pour compléter les
payements mensuels faits aux Offices de compensation
alliés. En fait, en vertu de la loi allemande régissant ces
opérations, le Gouvernement allemand n'exigeait du débiteur allemand que le versement d'un nombre de mark

(1) Le solde éventuel dépend dans une certaine mesure des demandes présentées pour la liquidation des biens en vertu de
l'Article 297, complication dont il est inutile de tenir compte dans
le présent exposé.

égal au nombre de mark-or qui, avant la guerre, aurait suffi à couvrir la dette.

Le 11 février 1921, la Commission des Réparations informa le Gouvernement allemand qu'elle n'aurait pas cru devoir soulever de difficultés, si la charge imposée aux fonds de l'État allemand s'était bornée à parer à l'insolvabilité de certains débiteurs particuliers ou à venir en aide au commerce allemand, mais qu'elle ne pouvait envisager avec indifférence une législation ayant pour effet d'imposer aux ressources allemandes, avec priorité sur les obligations de réparations de l'Allemagne, une charge que le Traité considère comme incombant uniquement aux particuliers. En conséquence, la Commission attirait la plus sérieuse attention du Gouvernement allemand sur la question, en vue d'une modification des articles de cette loi qui favorisaient certains ressortissants allemands au détriment de l'exécution par l'Allemagne de son obligation de réparer.

Le 31 mars 1921, le Gouvernement allemand répondit par une note exposant qu'à son avis, la disposition en vertu de laquelle le montant nominal en mark de la dette d'un débiteur allemand devrait être payé en monnaie étrangère au taux du change d'avant guerre, multiplierait plusieurs fois le chiffre de la dette et imposerait aux débiteurs allemands une charge incompatible avec la justice. C'était pour cette raison que l'on ne réclamait au débiteur allemand que le montant nominal de sa dette. Il ajoutait que la dépense, pour le Gouvernement allemand, se trouvait d'ailleurs considérablement réduite du fait que les Allemands créanciers de mark recevaient seulement le montant nominal de leurs créances, et, par suite, une partie seulement des sommes passées au crédit de l'Office de compensation allemand pour ces créances.

Lorsque le débiteur allemand devait des monnaies étrangères, il en payait au minimum l'équivalent en mark au taux de change d'avant-guerre ; mais, dans tous les cas, on procédait à une enquête pour savoir si le débiteur avait droit à des actifs quelconques en monnaies étrangères datant d'avant la guerre et dont la valeur exprimée en mark s'est accrue depuis. Lorsque tel était le cas, la somme à verser par le débiteur à l'Office de compensation était augmentée du montant de cette plus-value jusqu'à concurrence du montant de sa dette au taux de change actuel.

Le Gouvernement allemand expliquait que, d'une façon générale, il avait dû adopter ces mesures parce que si le payement des sommes dues aux Offices de compensation alliés avait été strictement exigé, il en fût résulté, dans un très grand nombre de cas, la faillite du débiteur ; dans cette éventualité, la responsabilité eût dû, en tout cas, aux termes du Traité, être assumée par le Gouvernement allemand.

A ce moment, après avoir examiné ces explications, la Commission ne crut pas devoir insister pour que la loi fût modifiée et elle se borna à demander un état trimestriel des contributions versées chaque mois par le Trésor allemand à l'Office de compensation pour le règlement de ces opérations.

D'autre part, le 10 juin 1921, un accord fut conclu entre les Offices de compensation alliés et le Gouvernement allemand fixant les payements mensuels à faire par l'Allemagne à ces Offices. Cet accord fut dénoncé par les Gouvernements alliés en août 1922, l'Allemagne n'ayant pas effectué le payement dû le 15 août.

Les Directeurs des Offices de compensation des Etats alliés élaborèrent des propositions pour tenir compte de la nouvelle situation et les soumirent à l'examen de la Commission des Réparations avant d'entamer des négociations avec le Gouvernement allemand.

La Commission prit note de ces propositions le 25 septembre 1922, mais, en raison de la priorité dont les payements de réparations jouissent sur les payements aux Offices de compensation des Etats alliés, elle ne jugea pas possible, avant que les payements de réparations pour la période postérieure au 31 décembre 1922 eussent été fixés et assurés, de prendre un engagement précis quant à la mesure dans laquelle elle serait disposée à accorder une dérogation en vertu de l'Article 248 du Traité, en faveur des payements en question. Elle reconnut, toutefois, les inconvénients sérieux qui résulteraient d'une suspension complète des payements des Offices de compensation, et elle accepta, en principe, d'autoriser leur continuation parallèlement aux payements de réparations dans des conditions qui établiraient, entre les payements de compensation et les payements de réparations, une mesure qu'un examen, fait de temps à autre, ferait juger équitable.

La Commission ne s'opposa pas à ce que les Directeurs des Offices de compensation poursuivissent provisoirement leurs négociations avec le Gouvernement allemand suivant les principes proposés par eux, étant entendu :

1° que le chiffre du payement mensuel en espèces fait par l'Allemagne aux Offices de compensation des Etats alliés serait sujet à révision de temps à autre si la Commission l'ordonnait ;

2° que les garanties sur les biens et revenus du Gouvernement allemand dont jouiraient tous bons émis par ledit Gouvernement, pour la différence entre l'obligation mensuelle globale et les payements en espèces périodiques, resteraient subordonnées à la priorité des payements de réparations ;

3° que tout accord conclu serait présenté pour approbation à la Commission avant de devenir définitif.

L'accord négocié par les Directeurs des Offices de compensation avec le Gouvernement allemand a été dernièrement soumis à l'approbation de la Commission et, au moment de la rédaction de ce rapport, il est examiné par elle.

b) La Commission fut informée, le 27 juin 1921, qu'un Traité de Paix avait été conclu entre le Gouvernement chinois et le Gouvernement allemand aux termes duquel ce dernier s'était engagé à verser 3 millions de dollars argent pour frais d'internement de prisonniers de guerre allemands, plus, à titre de réparations, 4 millions de dollars argent en espèces, ainsi que la moitié du produit de la liquidation des biens allemands déjà liquidés en Chine, et la moitié de la valeur des biens allemands séquestrés en Chine, cette dernière somme étant payable en certaines obligations de chemins de fer chinois détenus par l'Allemagne.

La Chine n'étant pas signataire du Traité de Versailles n'avait aucun droit, en l'absence de tout accord conclu avec la Commission des Réparations, au privilège de premier rang sur les biens et ressources de l'Allemagne accordé par l'Article 248.

Aussi, la Commission signala-t-elle de nouveau au Gouvernement allemand qu'aux termes de l'Article 248 il n'avait pas le droit de conclure un traité de cette nature sans en avoir soumis les clauses financières à son approbation. Tout en consentant à ce que les payements fussent effectués, la Commission exigea que le Gouvernement allemand lui remît, au compte des réparations, le produit de la vente des valeurs chinoises ou les titres eux-mêmes dans la mesure où ils n'auraient pas été nécessaires pour exécuter le Traité avec la Chine ou réalisés pour acheter des produits alimentaires.

c) Des questions juridiques complexes se sont posées au sujet du payement des frais des Commissions interalliées de contrôle, frais qui incombent à l'Allemagne.

On pouvait se demander en effet si ces frais étaient com-pris dans la catégorie des charges prenant rang après les réparations (Article 251 *d* cité ci-dessus). On pouvait se demander d'autre part, si les pouvoirs que donne l'Article 248 à la Commission des Réparations lui permettaient d'accorder, pour le payement d'une obligation prévue au Traité, une priorité qu'elle peut accorder à titre excep-tionnel pour des payements d'autres catégories. Enfin, les Commissions de contrôle étaient, sous beaucoup de rapports analogues aux armées d'occupation. Dans ces conditions, la Commission a jugé inutile de résoudre les questions juridiques ainsi soulevées et elle s'en est tenue à décider, le 18 octobre 1921, que les frais des Commis-sions de contrôle pouvaient être compris dans les frais des armées d'occupation.

d) Un peu plus tard, la Commission agissant par l'inter-médiaire du Comité des Garanties, a été appelée à for-muler un principe plus général à propos de la question suivante : lorsque l'Allemagne conclut des accords au sujet du payement d'indemnités, par exemple, pour les navires neutres coulés pendant la guerre ou au sujet du remboursement des emprunts contractés dans les pays neutres, ces accords nécessitent-ils l'autorisation de la Commission aux termes de l'Article 248.

A la suite d'une correspondance à ce sujet, le Gouver-nement allemand s'est engagé à ne pas conclure de nou-veaux arrangements de ce genre (c'est-à-dire ayant pour objet de donner satisfaction à des demandes de l'étranger non prévues par le Traité de Paix et ne procurant pas au Reich un actif correspondant) et à ne pas effectuer de versements, même en exécution d'arrangements déjà intervenus, sans s'être assuré, au préalable, du consentement du Comité des Garanties.

En prenant acte de cette assurance, le Comité a déclaré qu'il l'interprétait de la façon suivante : le Gouvernement allemand devra à l'avenir obtenir l'assentiment du Comité des Garanties avant de conclure avec les Gouvernements étrangers ou une institution quelconque tout accord qui entraînerait une aliénation totale ou partielle, même sous forme de concession, de privilège ou d'hypothèque, de tout actif du Gouvernement allemand, ou avant d'effectuer aucun payement de cette nature en vertu d'accords déjà conclus.

Le Gouvernement allemand a ultérieurement présenté certaines propositions de payements à faire à des neutres pour navires coulés pendant la guerre et l'autorisation lui a été refusée.

II

ARTICLES 254, 255 ET 256

Répartition de la dette publique allemande.

Ces Articles fixent les modalités suivant lesquelles les Puissances cessionnaires, en vertu du Traité, d'un territoire allemand devront prendre à leur charge un montant proportionnel de la dette allemande et payer les biens de l'Etat allemand situés sur le territoire cédé.

Les Puissances intéressées sont le Danemark, la Belgique, la Ville libre de Dantzig, la Pologne et la Tchéco-Slovaquie. Une dérogation spéciale est faite en faveur de la

France pour l'Alsace-Lorraine ; les territoires de la Sarre et de Memel ne tomberont sous le coup de ces Articles que s'ils sont séparés définitivement de l'Allemagne.

A la date du présent rapport, les dispositions ci-dessus n'ont été exécutées qu'en ce qui concerne le Danemark. A la suite d'un accord intervenu le 16 décembre 1920 entre la Commission des Réparations, le Danemark et l'Allemagne, une somme forfaitaire de 65 millions de mark-or a été versée par le Gouvernement danois tant pour la dette que pour les biens d'État.

La fixation à l'amiable de cette somme, rendait inutile le règlement préalable d'un certain nombre de questions de principe qui se sont posées lorsqu'il s'est agi d'appliquer ces Articles aux autres parties intéressées. Sur certaines de ces questions, un accord est déjà intervenu entre toutes les parties intéressées. D'autres questions, toutefois, n'ont pu encore être réglées par la Commission et un travail considérable reste à faire en ce qui concerne les évaluations. Il convient donc d'attendre, pour donner un compte-rendu complet de l'application de ces Articles, que les travaux soient assez avancés pour que l'on puisse présenter un rapport d'ensemble.

III

ARTICLE 259

« 1. L'Allemagne s'engage à transférer dans le délai d'un mois à compter de la mise en vigueur du présent Traité à telles autorités, qui pourraient être désignées par les principales Puissances Alliées et Associées, la somme en or qui devait être déposée à la Reichsbank au nom du Conseil d'Administration de la Dette publique ottomane comme garantie de la première émission de billets de monnaie du Gouvernement turc.

« 2. L'Allemagne reconnaît son engagement d'effectuer annuellement pendant une période de douze ans les payements en or qui sont stipulés sur les bons du Trésor allemand déposés par lui à diverses époques au nom du Conseil d'Administration de la Dette publique ottomane comme garantie de la seconde émission de billets de monnaie du Gouvernement turc et des émissions subséquentes.

« 3. L'Allemagne s'engage à transférer dans le délai d'un mois à compter de la mise en vigueur du présent Traité à telles autorités, qui pourraient être désignées par les principales Puissances Alliées et Associées, le dépôt d'or constitué à la Reichsbank ou ailleurs en contre-partie du reliquat de l'avance en or consentie le 5 mai 1915 par le Conseil d'Administration de la Dette publique ottomane au Gouvernement impérial ottoman.

« 4. L'Allemagne s'engage à transférer aux principales Puissances Alliées et Associées les droits qu'elle peut avoir sur la somme en or et argent transmise par elle au Ministère turc des finances en novembre 1918 comme provision pour le payement échéant en mai 1919 pour le service de l'emprunt turc intérieur.

« 5. L'Allemagne s'engage à transférer dans le délai d'un mois à compter de la mise en vigueur du présent Traité, aux principales Puissances Alliées et Associées toutes sommes en or transférées à l'Allemagne ou à ses ressortissants à titre de gage ou de collatéral, à l'occasion des prêts faits par l'Allemagne ou ses ressortissants au Gouvernement austro-hongrois.

« 6. L'Allemagne confirme sa renonciation, prévue par l'Article XV de l'Armistice du 11 novembre 1918, au bénéfice de toutes les stipulations insérées dans les Traités de Bucarest et de Brest-Litovsk, et traités complémentaires, sans qu'il soit porté atteinte à l'Article 292, Partie X (Clauses économiques) du présent Traité.

« Elle s'engage à transférer respectivement soit à la Roumanie, soit aux principales Puissances Alliées et Associées tous instruments monétaires, espèces, valeurs et instruments négociables ou produits, qu'elle a reçus en exécution des Traités susdits.

« 7. Les sommes en espèces et instruments monétaires, valeurs et produits quelconques qui doivent être livrés, payés ou transférés en vertu des stipulations du présent article, seront employés par les principales Puissances Alliées ou Associées suivant des modalités à déterminer ultérieurement par lesdites Puissances. »

« 1. Germany agrees to deliver within one month from the date of the coming into force of the present Treaty to such authority as the principal Allied and Associated Powers may designate, the sum in gold which was to be deposited in the Reichsbank in the name of the Council of the Administration of the Ottoman Public Debt as security for the first issue of Turkish Government currency notes.

« 2. Germany recognises her obligation to make annually for the period of twelve years the payments in gold for which provision is made in the German Treasury Bonds deposited by her from time to time in the name of the Council of the Administration of the Ottoman Public Debt as security for the second and subsequent issues of Turkish Government currency notes.

« 3. Germany undertakes to deliver within one month from the coming into force of the present Treaty, to such authority as the principal Allied and Associated Powers may designate, the gold deposit constituted in the Reichsbank or elsewhere representing the residue of the advance in gold agreed to on May 5, 1915, by the Council of the Administration of the Ottoman Public Debt to the Imperial Ottoman Government.

« 4. Germany agrees to transfer to the principal Allied and Associated Powers any title that she may have to the sum in gold and silver transmitted by her to the Turkish Ministry of Finance in November 1918 in anticipation of the payment to be made in May 1919 for the service of the Turkish Internal Loan.

« 5. Germany undertakes to transfer to the principal Allied and Associated Powers, within a period of one month from the coming into force of the present Treaty, any sums in gold transferred as pledge or as collateral security to the German Government or its nationals in connection with loans made by them to the Austro-Hungarian Government.

« 6. Without prejudice to Article 292 of Part X (Economic Clauses) of the present Treaty, Ge.many confirms the renunciation provided for in Article XV of the Armistice of November 11, 1918, of any benefit disclosed by the Treaties of Bucarest and of Brest-Litovsk and by the Treaties supplementary thereto.

« Germany undertakes to transfer, either to Roumania or to the principal Allied and Associated Powers as the case may be, all monetary instruments, specie, securities and negotiable instruments, or goods, which she has received under the aforesaid Treaties.

« 7. The sums of money and all securities instruments and goods of whatsoever nature, to be delivered, paid and transferred under the provisions of this Article, shall be disposed of by the principal Allied and Associated Powers in a manner hereafter to be determined by those Powers ».

Il y a lieu de signaler les mesures prises par la Commission en application de certains paragraphes de cet Article :

§ 1. — Le 11 février 1921, le Gouvernement allemand a transféré une somme de 57.919.687,34 mark-or à la Banque de France où elle est actuellement conservée à titre de dépôt sous le dossier de la Commission des Réparations pour le compte collectif des Puissances Alliées et Associées. Cette somme représente le montant, à la date de la signature du Traité de Paix, du dépôt de garantie visé au § 1. (1).

(1) Le montant primitif, d'après les accords intervenus entre le Gouvernement allemand et le Gouvernement turc devait être de 80.000.000 mark-or. En fait, il ne fut déposé que 74.792.869.92 mark-or, la différence ayant été versée directement par le Gouver-

§ 3. — Une somme de 51.378 livres turques or et 33,37 1/2 piastres argent représentant le reliquat, à la date de la signature du Traité de Paix, de l'avance de 400.000 livres turques accordée le 5 mai 1915 par le Conseil d'Administration de la Dette publique ottomane au Gouvernement impérial ottoman a été transférée par la Reichsbank à la Banque de France le 25 janvier 1921 sous le dossier de la Commission des Réparations pour le compte collectif des Puissances Alliées et Associées.

Conformément à une résolution de la Conférence des Ambassadeurs prise pour tenir compte éventuellement de l'Article 254 du Traité de Sèvres, la Commission a décidé le 6 septembre 1921 de transférer ce dépôt au nom du Conseil d'Administration de la Dette publique ottomane.

§ 6. — D'après les déclarations du Gouvernement allemand, le seul transfert effectué par la Russie en exécution du Traité de Brest-Litovsk a été celui de 93.596 kilogs d'or représentant environ 320.000.000 roubles. Cet or a été transféré par l'Allemagne en décembre 1918 et déposé à la Banque de France pour le compte commun des Puissances Alliées et Associées en attendant qu'une décision fût prise à son égard.

Une demande du Gouvernement roumain tendant à obtenir la restitution par l'Allemagne de 2.673.000.000 mark, représentant la valeur de l'émission de billets de banque que les Allemands ont faite en Roumanie durant l'occupation, a été considérée comme ne tombant pas sous le coup de l'Article 259.

nement allemand au Gouvernement turc pour des fins diverses. De plus, des retraits s'élevant à 16.893.182,58 mark-or furent effectués par l'Administration de la Dette ottomane, entre septembre 1916 et novembre 1918.

IV

ARTICLE 260

« Sans qu'il soit porté atteinte à la renonciation, par l'Allemagne, en vertu du présent Traité, à des droits lui appartenant ou appartenant à ses nationaux, la Commission des Réparations pourra, dans un délai d'un an à compter de la mise en vigueur du présent Traité, exiger que l'Allemagne acquière tous droits ou intérêts de ressortissants allemands dans toute entreprise d'utilité publique ou dans toute concession en Russie, en Chine, en Autriche, en Hongrie, en Bulgarie, en Turquie, dans les possessions et dépendances de ces États, ou sur un territoire qui, ayant appartenu à l'Allemagne ou à ses alliés, doit être cédé ou administré par un mandataire en vertu du présent Traité ; le Gouvernement allemand devra, d'autre part, dans un délai de six mois à compter de la date de la demande, transférer à la Commission des Réparations la totalité de ces droits et intérêts et de tous les droits et intérêts que l'Allemagne peut elle-même posséder.

« L'Allemagne supportera la charge d'indemniser ses ressortissants ainsi dépossédés et la Commission des Réparations portera au crédit de l'Allemagne, à valoir sur les sommes dues au titre des réparations, les sommes correspondant à la valeur des droits et intérêts transférés, telle qu'elle sera fixée par la Commission des Réparations. Le Gouvernement allemand, dans un délai de six mois à dater de la mise en vigueur du présent Traité, devra communiquer à la Commission des Réparations la liste de tous les droits et intérêts en question, qu'ils soient acquis, éventuels, ou non encore exercés, et renoncera en faveur des Puissances Alliées et Associées, en son nom et en celui de ses ressortissants, à tous droits et intérêts susvisés qui n'auraient pas été mentionnés sur la liste ci-dessus ».

« Without prejudice to the renunciation of any rights by Germany on behalf of herself or of her nationals in the other provisions of the present Treaty, the Reparation Commission may within one year from the coming into force of the present Treaty demand that the German Government become possessed of any rights and interests of German nationals in any public utility undertaking or in any concession operating in Russia, China, Turkey, Austria, Hungary and Bulgaria, or in the possession or dependencies of these States or in any territory formerly belonging to Germany or her allies, to be ceded by Germany or her allies to any Power or to be administered by a Mandatory under the present Treaty, and may require that the German Government transfer, within six months of the date of demand, all such rights and interests the German Goverment may itself possess to the Reparation Commission.

« Germany shall be responsible for indemnifying her nationals so dispossessed and the Reparation Commission shall credit Germany, on account of sums due for reparation, with such sums in respect of the value of the transferred rights and interests as may be assessed by the Reparation Commission, and the German Government shall, within six months from the coming into force of the present Treaty, communicate to the Reparation Commission all such rights and interests, whether already granted, contingent or not yet exercised, and shall renounce on behalf of itself and its nationals in favour of the Allied and Associated Powers all such rights and interests which have not been so communicated ».

Le 23 février 1920, la Commission des Réparations décida de demander au Gouvernement allemand de lui fournir une liste des droits et intérêts visés à l'Article 260 ; elle lui notifia, en même temps, qu'il ne pouvait disposer de ces droits et intérêts tant que l'option que la Commission tenait de cet Article n'était pas exercée ou abandonnée.

La teneur des listes présentées par le Gouvernement allemand les 9 juillet, 30 août et 4 novembre 1920, en réponse à ces demandes, répondait à l'interprétation allemande de l'Article 260 qui donnait à celui-ci une portée beaucoup plus limitée que l'interprétation admise par la Commission. Celle-ci, pour sauvegarder ses droits, contesta l'interprétation allemande. L'affaire est remise à un arbitrage ainsi qu'il sera expliqué plus loin.

Avant l'expiration du terme fixé (10 janvier 1921), la Commission, le 7 janvier, en attendant l'indication des autres droits et intérêts dont le transfert aurait pu être demandé si les listes en avaient été reçues, invita le Gouvernement allemand à séquestrer tous les droits et intérêts mentionnés dans les listes déjà remises et à conserver ceux de ces droits que l'État allemand pourrait lui-même posséder. Le Gouvernement allemand fut également requis de prendre toutes mesures conservatoires à l'égard des droits et intérêts susceptibles d'être atteints par une interprétation plus large de l'Article 260.

Le 8 janvier 1921, la Kriegslastenkommission faisait savoir que le Gouvernement allemand marquait son accord de principe sur les termes de la lettre du 7 janvier.

Le 27 avril 1921, la Commission demanda au Gouvernement allemand de lui remettre une nouvelle liste conforme à son interprétation de l'Article 260 et réclama le transfert dans un délai compris entre le 1er juin et le 10 juillet (délai plus tard prolongé jusqu'au 31 août), de tous les droits et intérêts mentionnés dans les listes présentées.

Une première réception de titres eut lieu en septembre 1921 suivie de deux autres en avril et octobre 1922 ; la Commission a ainsi reçu la plus grande partie des droits et intérêts mentionnés dans les trois listes fournies jusqu'à présent par l'Allemagne.

Des négociations sont en cours au sujet des cas douteux ou contestés inclus dans ces trois listes,

Les valeurs transférées, au nombre de 1.395.233 (1), sont gardées par des banques britannique, française, italienne et belge. Des dispositions sont prises en ce moment pour réaliser le plus grand nombre possible de ces titres.

Il restait à régler les questions litigieuses d'interprétation. L'Article 260 ne faisant pas partie des clauses de Réparations du Traité, la Commission ne possédait pas le droit d'interpréter elle-même cet Article de façon à lier le Gouvernement allemand. Après consultation des Gouvernements alliés et d'accord avec le Gouvernement allemand, il fut décidé que toutes les questions litigieuses seraient soumises à l'arbitrage. L'application de l'Article 260 aux droits et intérêts que le Gouvernement allemand n'avait pas considérés comme tombant sous le coup de ce texte, dépend donc de la décision de l'arbitre sur les questions suivantes :

1. Les dispositions de l'Article 260 du Traité de Versailles sont-elles applicables aux territoires cédés en vertu d'autres Traités ?

2. Que faut-il entendre par l'expression « entreprise d'utilité publique » telle qu'elle est employée à l'Article 260 ?

3. Peut-on faire rentrer dans le mot « concession » tel qu'il a été employé dans l'Article 260, les mines telles que les mines de charbon, de fer ou autres minéraux et les gisements de pétrole ? La réponse à cette question dépend-elle de la législation du pays où se trouvent situés les mines ou les gisements ?

Peut-on faire rentrer également dans le mot « concession » le droit accordé par un Etat à un particulier ou à une compagnie d'exercer le monopole de production ou de

(1) Voir la liste à l'Appendice, VIII, page 314.

vente d'un produit tel que paraît être le cas de la régie des tabacs ottomans?

4. Y a-t-il concession dans le sens de l'Article 260, même au cas où une entreprise a déjà été fondée en vue de son exploitation, ou bien l'existence d'une pareille entreprise a-t-elle pour effet que cette entreprise est indissolublement liée à la concession qu'elle absorbe de telle sorte qu'il ne peut être question de cession en vertu de l'Article 260 que si l'entreprise a le caractère d'utilité publique?

Si la réponse à la première partie de cette question est affirmative, qu'y a-t-il à céder au cas où l'entreprise embrasse également des exploitations indépendantes de la concession?

5. L'Article 260 s'applique-t-il également à des concessions qui, d'après leur teneur ou d'après le droit de l'État concessionnaire sont incessibles, telles que, par exemple, les concessions de chemins de fer vicinaux accordées par le Gouvernement prussien? Si oui, comment s'effectuera la cession d'une concession incessible au cas où le Gouvernement allemand est sans influence sur la législation de l'État intéressé?

6. Les mots « concession » ou « entreprise d'utilité publique » comprennent-ils, au sens de l'Article 260, les biens mobiliers et immobiliers affectés à l'exploitation de la concession ou de l'entreprise?

7. L'Article 260 ne s'applique-t-il qu'aux entreprises d'utilité publique dont le siège social se trouve dans les territoires indiqués audit article, ou bien s'applique-t-il également à celles qui n'ont pas leur siège social dans ces territoires mais dans un autre pays, l'Allemagne par exemple, mais dont les établissements d'exploitation se trouvent dans lesdits territoires?

8. Qu'arriverait-il si, à côté de ces établissements d'exploitation, les entreprises en question en possédaient d'autres dans les territoires autres que ceux visés à l'Article 260 ?

9. Peut-on considérer comme rentrant dans le champ d'application de l'Article 260 les droits et intérêts que les Allemands possèdent dans la Société suisse des chemins de fer orientaux ou dans toute autre Société analogue dont l'objet principal, sinon exclusif, est la gestion d'un portefeuille d'actions des chemins de fer situés en Turquie ou en général d'un portefeuille de titres visés par l'Article 260 ?

10. Lorsqu'une Société allemande possède une concession ou une entreprise d'utilité publique, la cession visée par l'Article 260 doit-elle porter soit sur la concession ou l'entreprise d'utilité publique même, soit sur les actions de la Société ?

11. Dans le cas où l'application de l'Article 260 donnerait lieu non au transfert de la concession ou de l'entreprise elle-même, mais au transfert des actions et parts de la Société ou association exploitante ou concessionnaire, y a-t-il lieu de transférer aussi les bons et obligations ainsi que les créances gagées ou comportant un droit de contrôle sur la concession ou entreprise ?

12. Quelle est la date à prendre en considération pour déterminer quelles sont les concessions ou entreprises d'utilité publique visées par l'Article 260 ? Est-ce celle de la signature (28 juin 1919) ou celle de la ratification par l'Allemagne (16 juillet 1919) ou celle de la mise en vigueur (10 janvier 1920) du Traité de Versailles, ou toute autre date ?

M. Beichmann, Président de la Cour d'Appel de Trondhjem, a été choisi par la Commission, d'accord avec le

Gouvernement allemand, pour remplir les fonctions d'arbitre.

**

Il ne sera pas inutile d'ajouter quelques mots sur la question de la conversion de change. La dette en capital et les annuités à payer par l'Allemagne sont fixées en mark-or ; l'Allemagne s'acquitte en diverses monnaies alliées et en livraisons en nature ou en cessions de biens dont l'évaluation est tout d'abord faite en mark-papier ou en monnaies alliées. Pendant la période dont s'occupe le présent rapport, la Commission a eu en outre à réduire à une base-or commune le coût des armées d'occupation, le remboursement de ces frais étant effectué sur des sommes encaissées par la Commission des Réparations ou en son nom. Il a donc fallu adopter certains principes généraux de conversion en or, et le dollar des Etats-Unis étant au pair de l'or, a naturellement été choisi, d'accord avec le Gouvernement allemand, comme base de conversion. Les cours de New-York employés conformément aux règles suivantes sont les cours certifiés par la Federal Reserve Bank de New-York :

a) pour les payements en espèces, qu'ils soient effectués par l'Allemagne à la Commission des Réparations, ou par la Commission des Réparations aux Alliés, la conversion se fait à la moyenne des cours cotés à midi à New-York le jour du payement et les deux jours qui précèdent.

b) pour les livraisons en nature y compris les recettes provenant du Reparation Recovery Act britannique la conversion se fait à la moyenne des cours cotés à midi à New-York pendant le mois de la livraison.

Ces règles souffrent certaines exceptions dont les plus importantes sont les suivantes :

1) Des règles spéciales sont adoptées pour les navires et pour certaines livraisons en nature lorsque le mode de conversion a été indiqué dans les contrats de livraison.

2) En ce qui concerne les armées d'occupation, les dépenses, présentées en monnaies nationales, sont converties en mark-or par périodes trimestrielles, à la moyenne des cours cotés à midi à New-York pendant le trimestre.

Les mark-papier réquisitionnés par les armées d'occupation sont convertis en mark-or au cours officiel coté par la Federal Reserve Bank de New-York le jour de la réception.

En ce qui concerne les Commissions de Contrôle et la Haute Commission Interralliée des Territoires Rhénans au sujet desquelles se posent des problèmes un peu différents, la question n'a pas encore été définitivement réglée.

3) Le produit net en mark-papier des ventes effectuées par le Bureau de Liquidation du Matériel de Guerre ou en son nom est remis tous les quinze jours au Gouvernement allemand en échange de sommes équivalentes en livres sterling ou en francs calculées d'après la moyenne des cours cotés à New-York à midi, soit pendant la période du 13 au 27 du mois précédent, soit pendant celle du 28 du mois précédent au 12 du mois en cours. La conversion des livres sterling ou des francs versés par l'Allemagne est opérée d'après le même système de moyennes.

CHAPITRE V

RESTITUTIONS

On ne saurait, à la simple lecture de l'Article 238 du Traité de Versailles, se faire une idée, soit de l'importance de la portée de cet Article, soit de la complexité des questions qui en découlent :

L'Article 238 est conçu dans les termes suivants :

« En sus des payements ci-dessus prévus, l'Allemagne effectuera, en se conformant à la procédure établie par la Commission des Réparations, la restitution en espèces des espèces enlevées, saisies ou séquestrées, ainsi que la restitution des animaux, des objets de toute sorte et des valeurs enlevés, saisis ou séquestrés, dans les cas où il sera possible de les identifier sur le territoire de l'Allemagne ou sur celui de ses alliés.

Jusqu'à l'établissement de cette procédure, les restitutions devront continuer conformément aux stipulations de l'Armistice du 11 novembre 1918, de ses renouvellements et des Protocoles intervenus ».

« In addition to the payments mentioned above, Germany shall effect, in accordance with the procedure laid down by the Reparation Commission, restitution in cash of cash taken away, seized or sequestrated, and also restitution of animals, objects of every nature and securities taken away, seized or sequestrated, in the cases in which

it proves possible to identify them in territory belonging
to Germany or her allies.

. Until this procedure is laid down, restitution will continue in accordance with the provisions of the Armistice
of November 11 th, 1918, and its renewals and the Proto-
cols thereto ».

Ceux des Alliés qui avaient subi des pertes de ce genre
devaient évidemment, autant pour des raisons matérielles
de reconstitution rapide que pour des motifs de sentiment,
insister pour obtenir l'application rigoureuse de l'Article
238. Le texte de l'Article est particulièrement impératif :
la Commission des Réparations peut, aux termes de
l'Article 234, modifier les modalités de payement de la
dette de réparation pour tenir compte de la capacité de
payement de l'Allemagne; mais l'obligation de restituer
échappe à toute éventualité de ce genre, et aucune circons-
tance ne peut la modifier sous aucune forme.

Il faut noter d'autre part qu'en fixant selon l'Article 233
la dette de l'Allemagne, la Commission des Réparations
n'a pas tenu compte des dommages qui avaient déjà été
réparés par voie de restitution ou qu'on pouvait raisonnablement s'attendre à voir ainsi réparer. Aucun crédit
n'est donc donné à l'Allemagne à raison des opérations de
l'Article 238. De ce fait une interprétation trop large de
l'obligation de restituer pouvait causer un certain préjudice tant à l'Allemagne qu'à ceux des Alliés qui ne sont
que peu ou pas intéressés aux restitutions, et, en cherchant
à fixer la limite à assigner aux restitutions, la Commission des Réparations a vu se poser devant elle les problèmes d'interprétation et d'application les plus délicats.

*
* *

L'Article 238 confiait à la Commission des Réparations
la tâche d'établir la procédure suivant laquelle les resti-

tutions devraient être effectuées, et, jusqu'à l'adoption de cette procédure, il maintenait en vigueur celle adoptée au moment de l'Armistice, lorsque les Alliés avaient affirmé la nécessité de faire restituer par l'Allemagne, le plus tôt possible, d'une façon systématique, les biens enlevés dans les territoires occupés de France et de Belgique. C'est pourquoi le Protocole du 1er décembre 1918 prévoyait la restitution des documents, espèces, valeurs et objets d'art ; celui du 10 janvier 1919 (complété par celui du 2 février 1919), la restitution du matériel industriel et agricole et celui du 11 novembre 1918 (complété par celui du 25 mars 1919), la restitution du matériel fixe de chemin de fer.

Certaines catégories de biens n'étaient visées ni par les Protocoles d'Armistice, ni par les conventions subséquentes ; c'étaient : le cheptel vivant, le matériel roulant, la batellerie fluviale et le mobilier courant. D'autre part, les Protocoles d'Armistice ne visaient que les biens enlevés des territoires envahis de la France et de la Belgique seules. Enfin, ces Protocoles ne faisaient pas, entre les réparations et les restitutions, la même distinction que celle qu'a établie plus tard le Traité de Paix, et imposaient en conséquence à l'Allemagne certaines obligations que la Commission des Réparations a dû soumettre à un examen approfondi, afin de déterminer si elles rentraient ou non dans le cadre fixé par l'Article 238.

Voici indiquée brièvement, l'organisation de la restitution en exécution de l'Armistice :

En vue d'exécuter les différentes clauses d'Armistice relatives aux restitutions, la C. I. P. A. (Commission interalliée permanente d'armistice) a créé divers organes interalliés ou nationaux, fonctionnant sous son autorité et qui ont poursuivi les restitutions d'abord séparément, puis sous une direction de plus en plus unifiée.

Les organismes primitivement créés furent :

1. — La C. I. R. F. (Commission interalliée de récupération de matériel fixe de chemins de fer).

Organisme interallié belge, français, britannique et américain, ayant pour mission de s'occuper, en vertu du Protocole 666/T du 25 mars 1919, de la restitution et de la récupération du matériel fixe de chemins de fer allié, ainsi que de la récupération et de la réception du matériel fixe de chemins de fer allemand, que le Gouvernement allemand devait livrer en exécution de ce Protocole 666/T, pour la reconstitution des réseaux belge et français.

2. — La C. I. R. M. (Commission interalliée de récupération de matériel roulant de chemins de fer).

Organisme interallié belge, français, britannique et américain, destiné à réceptionner le matériel roulant (5.000 locomotives et 150.000 wagons), que l'Allemagne devait livrer en exécution du paragraphe VII de la Convention d'Armistice du 11 novembre 1918.

Bien que le matériel ainsi livré fût en majeure partie d'origine allemande, il comprenait une assez forte proportion (notamment environ 415 locomotives et 23.000 wagons) de matériel allié.

3. — Les Services de restitutions.

Organismes français et belge, chargés tout d'abord de la restitution par l'Allemagne du matériel industriel en exécution du Protocole du 2 février 1919. Ces derniers services furent en outre chargés, dans la suite, de la récupération du matériel agricole, par application de la Convention d'Armistice du 16 janvier, puis de celle des objets d'ameublement, objets d'art et valeurs, en exécution de la Convention de Spa du 1er décembre 1918.

Les Services allemands correspondants fonctionnaient à Francfort.

Voici le résumé des résultats obtenus par les Services d'Armistice :

Matériel industriel. — Le Protocole du 2 février 1919 et celui du 23 mars 1919, relatifs à la restitution du matériel industriel, avaient été soigneusement préparés et prévoyaient des mesures d'application efficaces qui avaient été discutées avec des représentants allemands. Ces Protocoles d'Armistice de restitution sont ceux qui ont le mieux réussi en pratique, et la restitution du matériel industriel fut ainsi poursuivie avec d'heureux résultats. A la date de la mise en vigueur du Protocole C de la Commission relatif au matériel industriel, les résultats suivants avaient été obtenus :

Restitué à la France . . . 224.000 T. dont 178.000 expédiées
Restitué à la Belgique. . . 89.000 T. dont 81.000 expédiées

Matériel agricole. — L'Allemagne a invoqué dès le début en ce qui concerne la recherche du matériel agricole, de très grandes difficultés.

L'identification était particulièrement délicate, le maté-

riel se trouvant disséminé sur toute l'étendue du territoire. D'autre part, en enlevant les instruments de travail
à une exploitation agricole on pouvait la gêner beaucoup
et même l'arrêter complètement, à un moment où la
disette des vivres commandait au contraire un travail
intensif de la terre. Tenant compte de ce que ces considérations pouvaient avoir de légitime, la France a bientôt
renoncé à la recherche en Allemagne du matériel agricole,
moyennant remplacement du matériel enlevé par un
matériel neuf fourni en substitution.

Dans une Convention intervenue entre le Gouvernement
français et le Gouvernement allemand et sanctionnée par
le Comité d'Organisation de la Commission des Réparations, le Gouvernement allemand s'est engagé à fournir,
en remplacement de tout le matériel agricole non encore
restitué, du matériel agricole neuf, pour une valeur de
20 millions de mark-papier.

Cette Convention forfaitaire fut examinée par la Commission des Réparations peu de temps après la création
de cette dernière, et la décision de l'accepter ne fut
prise qu'après mûre réflexion, et non sans quelques
difficultés. Il s'agissait, en effet, de modifier l'exécution
d'un article du Traité que la Commission était chargée
d'appliquer et il fallait examiner les répercussions qu'allait
avoir un tel arrangement. Le rendement de l'Article 238
dépendait des identifications qui seraient effectuées.
Évidemment, la substitution d'une quantité arrêtée une
fois pour toutes risquait de faire livrer par l'Allemagne
une quantité inférieure ou supérieure à celle résultant
de l'application du Traité : dans le premier cas, les
intérêts du pays allié intéressé eussent été lésés au profit
de l'Allemagne : dans le dernier cas la capacité de
l'Allemagne d'effectuer des payements au titre des ré-

parations eût été diminuée au préjudice de l'ensemble des Alliés.

Finalement, la Commission des Réparations, tenant compte des circonstances, décida que l'Arrangement intervenu entre la France et l'Allemagne pouvait être approuvé : elle admettait ainsi un principe qui était destiné à avoir une importance considérable, comme il sera expliqué plus loin.

Documents — Titres et valeurs — Objets d'art. — La restitution des *titres et valeurs* a été réalisée d'une manière relativement satisfaisante surtout au début des opérations.

En ce qui concerne le *mobilier et les objets d'art*, la restitution, sous le régime de l'Armistice, a donné peu de résultats, les Allemands s'appuyant sur l'insuffisance des textes de l'Armistice en cette matière. Ainsi il n'a pas été possible de faire prendre par les Allemands les mêmes mesures d'application que pour le matériel industriel, notamment d'imposer à chaque détenteur l'obligation de déclarer les meubles et objets d'art enlevés, ce qui était particulièrement indispensable pour cette catégorie de biens facilement dissimulables. Comme les Allemands n'ont rien déclaré de leur propre initiative, il en est résulté que, sous le régime de l'Armistice, rien ne s'est opposé à la dissimulation, au trafic et à l'exportation de cette sorte de biens, faciles à cacher, à négocier et à transporter.

Animaux domestiques. — Les Conventions d'Armistice ne contenaient aucune disposition visant les animaux domestiques. Cependant, dès avant la mise en vigueur du Traité, les Gouvernements français et belge se sont mis d'accord avec le Gouvernement allemand pour commencer par anticipation les livraisons de bétail prévues par le § 6 de l'Annexe IV, et ont installé à cet effet à Wiesbaden des Commissions de récupération de cheptel. Ce sont ces Commissions qui, par la suite, ont été chargées des restitutions.

Matériel de chemins de fer. — La restitution du *matériel fixe de chemins de fer*, prévue par le Protocole spécial du 25 mars 1919 666/T qui exige de la part des Allemands, non seulement des restitutions, mais aussi des réparations, a été activement poursuivie par la Commission interalliée qui en était chargée, mais sans que ces prescriptions aient été toutes réalisées sous le régime de l'Armistice. La restitution du *matériel roulant de chemins de fer* n'a pas été poursuivie spécialement sous le régime de l'Armistice. Une partie (environ 23.000 wagons et 415 locomotives) du matériel d'origine française ou belge, pris par les Allemands, a été comprise dans le total de 150.000 wagons et 5.000 locomotives livrés par les Allemands, en exécution du Protocole du 16 janvier. Mais sous le régime de l'Armistice la plus grande partie du matériel d'origine alliée est demeurée en Allemagne.

De ces résultats, qui se réfèrent uniquement à la France et à la Belgique, n'ont pas bénéficié les autres Puissances alliées, lesquelles, comme il a été dit, n'étaient pas visées par les Protocoles d'Armistice.

*
* *

Abordons maintenant l'exécution du Traité et l'établissement de la procédure prévue par l'Article 238.

Dès la signature du Traité de Paix, le Comité d'Organisation de la Commission des Réparations et les Services alliés de restitutions se sont occupés de préparer un Protocole complet de restitutions, qui permît l'exécution intégrale des restitutions prévues par l'Article 238, en évitant l'insuffisance des textes d'Armistice et en profitant de l'expérience acquise pendant le régime d'Armistice. Ce Protocole, discuté primitivement au Comité d'Organisation de la Commission des Réparations, fut repris et étudié par la Commission elle-même aussitôt après sa constitution.

Il fut décidé tout d'abord de créer à Wiesbaden un organisme, dit Office de la Commission des Réparations à Wiesbaden, composé de représentants de la Commission des Réparations ayant pour mission de préparer, en contact avec les Services alliés d'exécution et les Services allemands, la procédure prévue par l'Article 238. Il fut décidé également que, pour l'exécution même des restitutions en Allemagne il ne serait pas créé un Service interallié, mais que les Services existants qui, pour la plupart, depuis la disparition de la C. I. P. A., étaient devenus des Services nationaux, assureraient, sous les ordres de leur Gouvernement, mais conformément aux décisions de l'O. C. R. W. et sous sa surveillance générale en ce qui concerne les principes de la restitution, l'exécution de l'Article 238. Puis, considérant que certaines restitutions particulières présentaient plus de difficultés que d'autres, la Commission des Réparations jugea préférable de rédiger d'abord un Protocole général, applicable à toutes les restitutions, et de faire ensuite progressivement des protocoles complémentaires pour la restitution de chaque catégorie de biens, sans attendre l'élaboration de tous les protocoles particuliers, pour passer à l'exécution de ceux dont la rédaction pouvait être rapidement faite.

Un Protocole général « A » de restitutions fut donc préparé, dont les dispositions et les principes généraux devaient être appliqués non seulement aux catégories de biens visées par l'Armistice et aux territoires envahis de la France et de la Belgique, mais aussi à toutes les catégories d'objets enlevés et à tous les territoires envahis.

Préalablement à la rédaction définitive de ce Protocole, la Commission des Réparations eut à trancher certaines questions délicates et à poser des principes généraux en ce qui concerne : la définition de la restitution, la définition de l'identification, l'obligation de remise en place, l'obligation de remise en état, l'organisation des Services d'exécution, le payement de leurs frais.

En fait, la responsabilité de l'Allemagne pour les restitutions, pour les pays alliés qui n'ont pas bénéficié des dispositions des Protocoles d'Armistice, prend date du jour de la signature du Traité de Paix et non pas du jour de la notification des Protocoles.

*
* *

Après avoir permis aux Allemands de présenter leurs observations par écrit et verbalement, et après avoir examiné leurs objections, la Commission des Réparations arrêta définitivement le texte du Protocole « A », qui fut notifié à l'Allemagne le 1er septembre 1920. Ce document est reproduit dans la présente publication à l'Appendice IX (1).

A de brefs intervalles furent ensuite établis des proto-

(1) Voir page 362.

coles particuliers pour chaque catégorie importante de restitutions, à savoir :

Le Protocole B, visant le cheptel vivant.
—   C, — le matériel industriel et le matériel de chemins de fer.
—   D, — les espèces, les valeurs mobilières, les objets d'art, le mobilier.
—   E, — la batellerie fluviale.

La lecture du Protocole « A » suffira pour indiquer clairement les principes qui furent adoptés par la Commission des Réparations pour définir les obligations allemandes en matière de restitutions. Laissant de côté certains points d'une importance relativement secondaire, il suffit de dire qu'aux termes du Protocole :

a) Il est nécessaire pour qu'un objet soit à restituer, qu'il ait été identifié sur le territoire de l'Allemagne ou sur celui de ses alliés ;

b) L'Allemagne est tenue d'effectuer la restitution à l'endroit même où le bien a été enlevé ;

c) Tous les frais relatifs à ces opérations sont à la charge de l'Allemagne ; ils ne donnent lieu à aucune inscription à son crédit au Compte « Réparations ». Parmi ces frais sont compris ceux afférents au personnel des divers Services nationaux établis en Allemagne.

Au cours de l'exécution de ces Protocoles, la question qui a donné lieu aux plus grandes difficultés est celle de la remise en état du matériel à restituer, les autorités allemandes ayant contesté à plusieurs reprises que l'obligation de remise en état découlât du texte de l'Article 238. Cependant, une partie des questions en discussion à ce sujet a pu être réglée par des arrangements pratiques intervenus entre les Gouvernements alliés intéressés et le Gouvernement allemand, et on peut espérer que des solutions de même nature interviendront pour celles qui demeurent encore en suspens.

En ce qui concerne l'organisation, l'Article 238 étant applicable non pas seulement à la Belgique et à la France, mais également à tous les pays, l'Italie, l'Etat Serbe-Croate-Slovène, la Roumanie et la Pologne créèrent à leur tour des Services nationaux analogues aux Services belge et français. Pendant la période dont traite le présent chapitre, les intérêts de la Grande-Bretagne ont été confiés au Service belge. Tous ces Services ont pour mission d'appliquer les divers Protocoles pour ce qui a trait aux objets enlevés aux ressortissants de leurs pays.

Comme les Services français et belge, la plupart de ces Services s'occupent des questions relatives à la mise en exécution de l'Annexe IV pour les livraisons en nature, en même temps que des restitutions. Les Services belge et français s'occupent de plus de la liquidation des opéra- de la C. I. R. M. et de la C. I. R. F.

Ainsi que l'a décidé la Commission des Réparations, ils fonctionnent tous sous les ordres de leurs Gouvernements respectifs, mais en ce qui concerne les principes de la restitution, ils agissent conformément aux décisions de la Commission des Réparations et sous la surveillance de ses Organes — plus particulièrement l'O. C. R. W. à l'origine.

D'une façon générale, les Services nationaux traitaient directement avec les Allemands, et l'Office de la Commission des Réparations n'intervenait que lorsqu'un Service national lui signalait des difficultés survenues entre lui et les Allemands. En outre, étant donné que les frais du personnel des Services nationaux étaient à la charge de l'Allemagne, — qui versait mensuellement les sommes nécessaires à l'Office de la Commission des Réparations, ce dernier avait aussi pour mission de contrôler ces frais, et, dans le cas où ils auraient dépassé les besoins normaux des Services, d'en aviser la Commission.

L'importance du travail de l'Office de la Commission des Réparations à Wiesbaden diminua progressivement, surtout lorsque l'application intégrale de l'Article 238 commença d'être remplacée par des accords forfaitaires conclus entre l'Allemagne et certains pays alliés et analogues à l'accord franco-allemand relatif au matériel agricole auquel il a déjà été fait allusion. Aussi, au mois de juin 1922, la Commission des Réparations décida-t-elle de mettre fin à l'existence de cet Office, confiant le travail restant à exécuter à son Service des Restitutions et Réparations en Nature à Paris, ce qui avait, entre autres avantages, celui d'assurer un contact plus efficace entre les Services nationaux et la Commission des Réparations. Dans cette nouvelle organisation, des représentants du Service des Restitutions et Réparations en Nature se rendent périodiquement à Wiesbaden pour rencontrer les représentants du Service allemand des restitutions. Au cours de ces réunions, sont examinées toutes les questions en litige entre les différents Services nationaux et les Allemands.

Les Services allemands correspondant aux Services nationaux sont presque tous installés à Francfort, mais, pour ces réunions périodiques, les hauts fonctionnaires allemands s'occupant des restitutions à Berlin, se rendent à Wiesbaden.

Il est évident que l'Allemagne devait, à mesure que le temps s'écoulait, éprouver une répugnance croissante à effectuer les recherches dans les usines et chez les particuliers. De leur côté, les ressortissants alliés ne pouvaient pas maintenir au même degré qu'au moment de l'Armistice, sauf le cas où il s'agissait de souvenirs de famille, leur désir de rentrer en possession de leurs biens : ceux qui n'avaient pas eu la chance de les retrouver rapidement avaient pu et même dû se procurer des objets équivalents. Aussi, le Gouvernement allemand, tenant beaucoup à se dégager d'une obligation gênante, devait-il à un moment donné acquis à l'idée du forfait de substitution, et fit accepter cette idée par les Gouvernements alliés, désireux de leur côté d'en finir avec une lutte de jour en jour plus difficile.

De son côté la Commission des Réparations qui, au début, avait eu quelques scrupules à donner son approbation à une telle procédure, avait chaudement recommandé ce moyen d'épuiser l'application de l'Article 238.

A l'heure actuelle, la France a conclu un accord qui couvre toutes les catégories d'objets à restituer, à l'exception des objets d'art et des espèces.

La Belgique a conclu des accords qui liquident toutes les obligations allemandes sauf celles concernant les espèces et la batellerie fluviale.

Des pourparlers se poursuivent entre l'Allemagne et les autres pays. Il y a tout lieu de croire que d'ici peu l'application des Protocoles établis en vertu de l'Article 238 sera terminée et remplacée par des livraisons forfaitaires. Il n'est pas nécessaire de souligner les avantages de cette procédure. Du côté allemand, elle évite les inconvénients qu'entraînent la recherche, l'identification, le transport d'objets éparpillés par toute l'Allemagne, et permet de réaliser des économies importantes. Du côté allié, les livraisons effectuées ainsi par l'Allemagne, sont assimilées à d'autres livraisons effectuées à titre de « Réparations », avec cette seule différence qu'elles ne comportent pas inscription de crédit au profit de l'Allemagne, et il sera possible de réduire considérablement les Services nationaux de restitutions à Wiesbaden (1).

(1) Le résultat, au 1er septembre 1922, des Conventions d'Armistice, des protocoles de la Commission et des accords forfaitaires, est exposé plus loin à l'Appendice X. (Voir tableau B) à la fin du tome I.

CHAPITRE VI

MARINE MARCHANDE

La question de la cession par l'Allemagne des navires de commerce et de bateaux de pêche est traitée dans la Partie VIII, Annexe III (excepté le § 6) (1) du Traité de Versailles. Les principales obligations imposées à l'Allemagne par ces textes consistaient à céder aux Puissances Alliées et Associées la propriété de tous les bateaux de commerce allemands de 1.600 tonnes brutes et davantage, la propriété de la moitié du tonnage des navires de 1.000 à 1.600 tonnes brutes et la propriété du quart du tonnage des chalutiers à vapeur et des autres bateaux de pêche.

L'Allemagne devait, en outre, faire construire dans les chantiers allemands, pour le compte des Puissances Alliées et Associées, pendant chacune des cinq années à courir à partir du 10 avril 1920, des bateaux de commerce pour un tonnage brut ne dépassant pas 200.000 tonnes.

La Commission a chargé son Service maritime, dont le siège était à Londres, de surveiller l'exécution de ces dispositions. Le 31 août 1921, la majeure partie de la

(1) Pour les unités de batellerie fluviale (§ 6 de l'Annexe III), voir chapitre IX page 250.

tâche se trouvant achevée, le Conseil du Service maritime a été dissous et le Service transporté à Paris avec un personnel considérablement réduit. Il y a fonctionné sous l'autorité de deux co-directeurs relevant directement de la Commission jusqu'au 10 mai 1922, date à laquelle les quelques fonctions qui lui restaient ont été attribuées au Service des Restitutions et Réparations en Nature.

On peut diviser les fonctions du Service maritime en trois groupes principaux : fonctions exécutives, fonctions juridiques, fonctions financières. Elles sont traitées séparément dans les trois sections suivantes.

I. — FONCTIONS EXÉCUTIVES

Antérieurement au 10 janvier 1920 et en exécution des Conventions d'Armistice, 348 navires jaugeant ensemble 1 million 3/4 de tonnes brutes avaient été livrés aux Alliés. Le Service maritime s'est d'abord efforcé de poursuivre la livraison du solde des navires susceptibles d'être rapidement mis en service. Il fallait, pour cela, identifier les navires qui devaient certainement être livrés. Pour procéder à cette identification, on disposait de trois groupes de documents ; le registre du Lloyd, les listes présentées par le Gouvernement allemand à la Conférence de Spa de février 1919 et les listes présentées par la Délégation allemande en mars 1920. Ces listes ont été étudiées en liaison avec la Délégation allemande et à la fin de mai 1920 la situation de chacun des navires qui y figuraient avait été établie. Une étude spéciale a été nécessaire pour savoir si certaines catégories de navires, qui sont indiquées plus loin, devaient être livrées.

Le Traité porte que 5o o/o seulement des navires de 1.000 à 1.600 tonnes brutes doivent être livrés; mais il n'indique pas par qui les unités à livrer devaient être choisies. La Commission des Réparations a décidé que le choix devait être fait par entente avec le Gouvernement allemand.

La liste des navires à livrer ne pouvait évidemment pas être définitivement établie avant que le chiffre total du tonnage à livrer eût été fixé. La détermination de ce chiffre était rendue difficile par le fait que pour plusieurs groupes de navires il n'était pas possible de dire *a priori* s'ils devaient être compris dans le total du tonnage brut à livrer. Toutefois, en réservant certaines classes douteuses, on aboutit à la fin de mai 1920 à un accord qui stipulait la livraison immédiate de 38 navires de 1.000 à 1.600 tonnes brutes. Plus tard, en avril 1921, une décision étant dans l'intervalle intervenue sur un grand nombre de cas douteux, il a été possible de se mettre d'accord sur la livraison de 67 navires de 1.000 à 1.600 tonnes jaugeant ensemble environ 85.000 tonnes brutes.

Une autre difficulté s'est présentée du fait que les pro_priétaires allemands avaient rejaugé et modifié un grand nombre de leurs navires, afin de donner à ceux-ci un tonnage brut moins élevé que celui qui figurait primitivement au registre : certains navires se trouvaient ainsi ramenés au-dessous de 1.600 tonnes brutes et un certain nombre d'autres au-dessous de 1.000 tonnes brutes. Le Gouvernement allemand a reconnu que, dans la majeure partie des cas, la modification avait été faite en vue d'échapper à l'obligation de livrer imposée par le Traité, et il a fini par accepter le rétablissement du tonnage original pour 27 de ces navires. Le résultat du rejaugeage a été admis au contraire dans 11 cas où la bonne foi a paru devoir être retenue.

La livraison des navires qui se trouvaient prêts à être livrés a été encore retardée du fait de l'examen d'un mémoire présenté au Service maritime par la Délégation allemande dès son arrivée à Londres en mars 1920. Dans ce mémoire, l'Allemagne demandait à être dégagée de l'obligation de livrer d'autres navires que ceux qui avaient déjà été livrés en soutenant que de nouvelles livraisons seraient fatales à sa vie économique. La Délégation allemande a été entendue par la Commission des Réparations le 26 mars 1920 au sujet de ce mémoire et le 30 mars la Commission a décidé « qu'il n'avait pas été donné de raisons suffisantes pour justifier une modification, dans le sens demandé par la Délégation allemande, des termes de l'Annexe III ». Le Gouvernement allemand a fait alors savoir qu'il se proposait de présenter d'autres preuves à l'appui de son mémoire. Mais la Commission a déclaré le 26 avril « qu'elle refusait de prendre en considération toute demande ultérieure avant qu'une quantité satisfaisante de tonnage eût été livrée ». Le Gouvernement allemand ayant néanmoins présenté un nouveau mémoire en mai 1920, la Commission décida qu'elle ne pourrait l'examiner avant que la livraison des bateaux de commerce se poursuivît sur le pied de dix unités par semaine comme l'avait demandé le Service maritime. La remise de la majeure partie des navires à livrer ayant été effectuée, la Délégation allemande a été, à la suite de nouvelles observations, entendue par la Commission des Réparations le 23 novembre 1920. Après étude attentive de la question, la Commission a décidé de faire savoir au Gouvernement allemand qu'elle ne se reconnaissait pas le droit de supprimer certaines des livraisons stipulées par le Traité, et qu'au surplus, sur la question de fait, la Commission ne jugeait pas qu'il y eût des motifs suffisants pour faire droit

à la demande de l'Allemagne. Copie du mémoire allemand et de la décision de la Commission a été adressée à
titre de renseignement aux Puissances Alliées et Associées.
La question a été examinée de nouveau dans la suite à la
Conférence des experts à Bruxelles, et ceux-ci ont suggéré qu'il serait possible de faire des concessions en ce qui
concernait le tonnage neuf à construire dans les deux
premières années.

La Délégation allemande a également soulevé la question
du lieu où la livraison devait être faite, question au sujet
de laquelle le Traité ne contient pas de stipulation précise. Après de laborieuses négociations, un accord fut
conclu le 30 mars 1920. Le Gouvernement allemand
s'engageait à livrer au Firth of Forth les navires se trouvant dans les ports allemands ; toutes dépenses faites par
lui pour cette livraison et reconnues raisonnables par
le Service maritime devant lui être remboursées en
espèces par les Puissances alliées recevant les navires.

Pour surveiller la remise des navires prêts à être livrés,
ainsi que l'achèvement des navires à livrer qui étaient en
construction, le Service maritime a créé en avril 1920 un
Comité restreint d'inspection interallié siégeant à Hambourg et lui a adjoint des techniciens pour s'occuper de
la livraison des bateaux de pêche. Ce Comité a terminé ses
travaux en mai 1921.

Le mouvement des livraisons est donné sous forme de
tableau dans l'Appendice XVIII (1).

La majeure partie des navires restant à livrer le
10 janvier 1920 se composait de vapeurs se trouvant dans
les ports allemands. Ces navires ont été livrés conformé·
ment à l'Accord précité du 30 mars 1920.

____

(1) Voir page 423.

D'autre part, 32 vapeurs et 66 voiliers à livrer se trouvaient dans des ports de l'Amérique Centrale et de l'Amérique du Sud et 12 voiliers se trouvaient dans des ports d'Europe : des accords spéciaux étaient nécessaires pour la livraison de ces bâtiments.

Les vapeurs de l'Amérique Centrale et de l'Amérique du Sud étaient tous en fort mauvais état et avaient pour la plupart besoin de réparations de longue durée. Un accord avait été conclu avec le Gouvernement allemand pendant la période d'Armistice aux termes duquel ce Gouvernement était autorisé à ramener en Allemagne et à réparer dans des chantiers allemands, avant leur remise aux Alliés, ceux de ces navires qui ne pouvaient être réparés sur place. Les Puissances Alliées et Associées se chargèrent d'envoyer les remorqueurs nécessaires pour amener ces navires en Europe et acceptèrent de supporter les frais du remorquage, qui étaient considérés comme des avances recouvrables sur le Gouvernement allemand. Tous les vapeurs sont actuellement réparés et ont été remis à la Commission excepté une unité qui s'est perdue en revenant en Europe.

En ce qui concerne les voiliers de l'Amérique Centrale et de l'Amérique du Sud, un accord est intervenu sur la base des mêmes principes. Cet accord stipulait que le Gouvernement allemand, par l'intermédiaire des propriétaires des navires, réparerait et ramènerait dans un port d'Europe, à ses propres frais, tous ceux de ces navires pour lesquels il jugerait cette opération praticable et rémunératrice. A leur arrivée en Europe, les navires devaient être remis à la Commission des Réparations dans le port d'arrivée (à la condition que ledit port ne fût pas allemand) après réparation des avaries de mer subies pendant la traversée. 45 sur les 65 navires de cette catégorie ont été ainsi livrés dans des ports européens. Le Service maritime a été d'accord avec les propriétaires allemands pour penser qu'il ne serait pas rémunérateur de ramener en Europe les vingt autres navires. Ces unités ont donc été prises telles quelles par les Puissances alliées auxquelles elles étaient attribuées en propriété définitive.

Sur les 12 voiliers se trouvant dans des ports européens, il a été reconnu après enquête que six seulement étaient disponibles. Ces six unités ont été prises telles quelles. Les autres avaient été vendues ou séquestrées en pays neutres; l'une d'elles, qui avait été séquestrée en Hollande, a été ultérieurement livrée.

*
* *

Après que les dispositions générales pour la remise des navires prêts à être livrés eurent été prises, la première tâche importante du Service maritime fut de préparer la livraison des navires en construction.

Il fut reconnu qu'il y avait en construction en Allemagne au 10 janvier 1920, 59 navires représentant 410.000 tonnes brutes environ, sur lesquels 45 unités (représentant 325.000 tonnes brutes environ) étaient en construction pour le compte de l'Allemagne. La Délégation allemande soutenait que l'Allemagne était tenue seulement de livrer ces navires dans l'état où ils se trouvaient au 10 janvier 1920. Elle offrait toutefois d'achever certains d'entre eux pour les remettre à la Commission des Réparations à condition que la Commission ne réclamât pas la livraison des autres unités en construction. L'acceptation de cette offre telle qu'elle était faite, aurait eu pour effet de laisser à l'Allemagne une proportion excessive du tonnage. Toutefois, en raison de l'omission dans le Traité de Versailles de toute obligation précise pour le Gouvernement allemand de terminer les navires en construction, des négociations furent engagées avec la Délégation allemande. On aboutit avec beaucoup de difficultés à un accord aux termes duquel les 45 navires dont il s'agissait devaient tous être achevés par le Gouvernement allemand dans les conditions suivantes : 24 vapeurs d'un total d'environ 225.000 tonnes brutes (y compris non seulement tous les navires à passagers, mais aussi les cargos qui étaient tout près d'être achevés) pour le compte des Alliés et les 21 navires restants, soit environ 100.000 tonnes brutes pour le compte de l'Allemagne. Tous les navires dont la construction était avancée de plus de 30 o/o étaient compris dans la part des Alliés. L'accord stipulait que, pour tenir compte du fait que le Gouvernement allemand achèverait les navires qui constituaient la part des Alliés, le montant du tonnage à mettre en chantier au cours de la première année en exécution du § 5 de l'Annexe III serait diminué de 73.500 tonnes brutes. Tous les navires qui devaient être achevés pour être remis à la Commission des Réparations aux termes de l'accord précité ont été livrés à l'heure actuelle, à l'exception du vapeur « Munchen », navire à passagers de fort tonnage, qui sera probablement achevé et prêt à être livré en février 1923.

Outre les 45 navires dont il vient d'être question, il y avait en construction 14 vapeurs (représentant 85.000 tonnes brutes environ) dont la situation était douteuse. Il fut reconnu, après enquête, que 11 de ces unités n'avaient pas à être livrées. Parmi les 3 unités restantes, l'une ayant un tonnage de 1.000 à 1.600 tonnes brutes a été comprise dans le total du tonnage de cette catégorie, pour le calcul de la moitié à livrer. Les deux autres navires représentant 5.600 tonnes brutes environ, ont été achevés et remis à la

Commission. En conséquence de ces accords supplémentaires, le montant du tonnage à construire dans la première année en exécution du § 5 de l'Annexe III a été diminué d'une nouvelle quantité de 2.240 tonnes, en sus de la diminution de 73.500 tonnes brutes indiquée plus haut, ce qui portait la réduction totale à 75.740 tonnes brutes.

Outre les navires en construction en Allemagne, il y avait en construction à Dantzig 6 vapeurs représentant environ 94.000 tonnes brutes. La situation de ces unités est examinée à la Section juridique du présent chapitre.

En ce qui concerne les bateaux de pêche, on a tenu compte d'une suggestion émise le 13 août 1919 à Versailles par les représentants de l'Allemagne. Cette suggestion consistait à modifier sur ce point, de la manière suivante, l'application de l'Annexe III : au lieu d'exiger que l'Allemagne livrât effectivement 25 o/o des bateaux de pêche existants, ainsi que le prescrivait le Traité, on l'autoriserait à ne livrer en bateaux existants qu'un quart de cette quantité, et à parfaire la différence par la remise d'unités neuves qu'elle construirait suivant le type demandé par les Gouvernements alliés. On soutenait que grâce à cet arrangement, on éviterait de gêner sérieusement l'Allemagne dans ses approvisionnements de poissons, tout en donnant aux Alliés l'avantage de recevoir des unités neuves construites suivant leurs propres spécifications. Des Comités interalliés se sont rendus en Allemagne à la fin de 1919 et au début de 1920 pour examiner s'il était possible d'accepter ces suggestions. Il fut d'abord constaté qu'il existait 46 unités du type chalutier à vapeur qui avaient été construites et employées pour le dragage des mines et le service de patrouille et auxquelles on faisait subir une transformation pour en faire des bateaux de pêche. Le Comité fit savoir que ces navires auraient probablement plus de valeur pour les Alliés que des chalutiers du type ordinaire.

Après des négociations prolongées entre le Service maritime et le Gouvernement allemand en mars et mai 1920, on aboutit à un accord aux termes duquel 40 de ces navires appartenant à l'Etat devaient être restaurés et livrés immédiatement. Quant au restant du tonnage des bateaux de pêche à livrer, quel qu'en fût le type, il devait être fourni au choix de la Commission des Réparations soit tonneau par tonneau, sous forme de bateaux de pêche à vapeur neufs à construire d'après les spécifications des Alliés, soit sous forme de chalutiers, bateaux à moteur, machines et équipements, etc..., de valeur équivalente.

Le total du tonnage de bateaux de pêche à livrer a été fixé, d'accord avec la Délégation allemande, à un chiffre un peu supérieur à 24.000 tonnes brutes. Cinq vieux chalutiers jadis britanniques qui avaient été déclarés de bonne prise par les Tribunaux de Prises allemands, avaient été livrés au cours de la période d'Armistice. Les 40 chalutiers allemands appartenant à l'Etat, jaugeant ensemble 10.000 tonnes environ, étaient tous livrés au mois de juillet 1920. Deux petits bateaux de pêche à moteur ont en outre été remis depuis lors. Des machines à faire les filets, des moteurs de bateaux de pêche, etc., sont actuellement en cours de fabrication au compte du Gouvernement allemand pour être livrés à l'Italie, à la place de chalutiers à vapeur neufs.

*
* *

Le § 5 de l'Annexe III au Traité de Versailles stipulait que la Commission des Réparations devait notifier au Gouvernement allemand : 1° avant le 10 avril 1920, le montant du tonnage à mettre en chantier en Allemagne dans chacune des deux années qui suivraient, pour le compte des Gouvernements alliés et associés, et : 2° avant le 10 janvier 1922, le montant à mettre en chantier dans chacune des trois années qui suivraient les deux années ci-dessus mentionnées. En mars 1920, la Commission des Réparations a dûment notifié au Gouvernement allemand que le chiffre maximum de 200.000 tonnes brutes serait exigé pour chacune des deux premières années. Ainsi qu'il a été signalé, le chiffre de la première année a été ultérieurement diminué de 75.740 tonnes, à la suite des négociations relatives aux navires en construction.

La Commission des Réparations n'ayant pas reçu des divers Gouvernements alliés les commandes détaillées qui lui auraient permis de donner au Gouvernement allemand les plans, spécifications, etc... des navires à mettre en chantier au cours de la première année, aucune demande de tonnage n'a pu être faite pour cette période. En ce qui concerne l'année 10 avril 1921-9 avril 1922, le Gouvernement allemand a été invité à prendre les dispositions nécessaires pour assurer la construction (qui est actuellement en cours) sur les chantiers allemands, de deux vapeurs « mixtes », à la fois navires à passagers et cargos, jaugeant ensemble 25.000 tonnes brutes environ, destinés à la France.

En ce qui concerne les trois années à courir à partir du 10 avril 1922, les Puissances alliées ont notifié à la Commission des Réparations des demandes de mise en chantier de 40.000 tonnes brutes pour chacune de ces trois années, et le Gouvernement allemand en a été avisé.

Des négociations relatives à l'élaboration des plans et spécifications pour 62.800 tonnes brutes de vapeurs, — soit 15.700 tonnes pour chacune des quatre années à courir à partir du 10 avril 1921 — étaient encore en cours entre les experts italiens et allemands au moment de la rédaction du présent rapport.

*
* *

Au fur et à mesure de leur livraison, les navires ont été attribués en gérance temporaire à diverses Puissances, en attendant la répartition définitive de la totalité du tonnage cédé. Les attributions en gérance temporaire pendant la période d'Armistice avaient été faites principalement pour des considérations de convenance et suivant la position géographique du navire à l'époque de la livraison. Les navires livrés postérieurement à la ratification du Traité de Paix ont été, autant que possible, donnés en gérance temporaire aux Puissances à qui il semblait le plus probable qu'ils dussent être attribués en propriété définitive.

L'élaboration d'un plan de répartition du tonnage ex-ennemi soulevait entre les Puissances alliées certaines questions très complexes qu'il fallait résoudre. Celles des Puissances alliées qui avaient éprouvé les plus grosses pertes maritimes se sont néanmoins trouvées d'accord d'une façon générale sur les grandes lignes de ce programme plusieurs mois avant qu'il pût être élaboré en détail. Dans ces conditions, il a été possible, avant la fin de 1920, d'évaluer avec assez d'exactitude la proportion qui devait en définitive revenir à chaque Puissance, et de répartir, à titre provisoire, une grande partie des navires livrés. Le plan de répartition ultérieurement adopté par la Commission (en juillet 1921) peut se résumer de la façon suivante :

Les pertes brutes de chacune des Puissances Alliées et Associées ont été divisées en quatre catégories :

I. — Vapeurs de commerce filant 12 nœuds ou davantage (bateaux-citernes non compris).

II. — Vapeurs de commerce filant moins de 12 nœuds et bateaux-citernes de toutes vitesses.

III. — Voiliers.

IV. — Bateaux de pêche.

Tous les navires à livrer par l'Allemagne ainsi que les navires d'un tonnage supérieur à 2.000 tonnes brutes remis par l'Autriche-Hongrie ont été classés de la même manière.

Du montant brut des pertes de guerre subies par chaque Puissance alliée pour chaque catégorie de navires marchands, on déduit le tonnage des navires ennemis de la même catégorie capturés, saisis ou retenus par ladite Puissance et existant encore au 10 janvier 1920 ; on a obtenu ainsi le montant net des pertes. Les navires à livrer de chaque catégorie ont ensuite été répartis entre les Puissances proportionnellement aux pertes nettes de ces Puissances dans la même catégorie. Dans le cas où le total du tonnage des navires capturés, saisis ou retenus par une Puissance alliée ou associée et existant au 10 janvier 1920, a dépassé celui de ses pertes de guerre, cette Puissance n'a eu droit, d'après le plan de répartition, à aucune part du tonnage cédé.

Le projet de répartition stipulait en outre que le tonnage cédé serait divisé suivant le degré d'achèvement des

navires en quatre classes appelées « zones ». Les diverses
Puissances prendraient leurs parts respectives dans
chaque « zone » au fur et à mesure que les navires qui
s'y trouvaient compris seraient en état d'être livrés. Cette
disposition a permis d'adopter le plan de répartition à un
moment où plusieurs navires livrables n'avaient pas été
remis et où la question de savoir si certains navires devaient être livrés n'était pas encore réglée.

A la suite d'accords intervenus entre les Puissances intéressées, la France et l'Italie ont reçu de la Grande-Bretagne, par voie de transfert, un certain nombre de navires
en état d'être livrés en sus de la part qui leur avait été
attribuée par la Commission. Par contre, ces deux
Puissances ont fait abandon de leur droit à recevoir une
part des navires qui devaient se trouver en état d'être
livrés à une date ultérieure, lesdits navires étant attribués à la Grande-Bretagne en propriété définitive. En
outre, en vertu de l'Accord interallié de Spa, la Belgique
a reçu des autres Puissances Alliées et Associées, par voie
de transfert, 86.000 tonnes brutes de tonnage ex-allemand
en plus de la part qui lui avait été attribuée par la Commission.

Les pertes des diverses Puissances pour chaque catégorie sont indiquées à l'Appendice XIII (1); le tonnage attribué en propriété définitive à ces Puissances par la Commission des Réparations est donné à l'Appendice XIV (2)
et le tonnage restant entre les mains de chaque Puissance,
après exécution des accords maritimes interalliés figure à
l'Appendice XV (3). La liste nominative des navires cédés

(1) Voir page 414.
(2) Voir page tableau C à la fin du tome II.
(3) Voir page tableau D à la fin du tome II.

avec diverses indications relatives à leurs dimensions,
âge, dates de livraison et d'attribution, se trouve à l'Appendice XI (1).

II. — FONCTIONS JURIDIQUES

La nature et la forme des titres de propriété à fournir
par le Gouvernement allemand pour chaque navire à
livrer en exécution du § 4 (a) de l'Annexe III ont été arrêtées d'accord entre la Délégation allemande et le Service maritime en mai 1920. Bien qu'aucun de ces titres
n'ait été remis par l'Allemagne avant septembre 1920
les titres relatifs à tous les navires livrés ont été finalement reçus ; des actes de transfert de la propriété des
navires de la Commission des Réparations à la Puissance
à laquelle lesdits navires ont été attribués en propriété
définitive ont été établis pour tous les navires livrés.

*
* *

En avril 1920, un avis publié dans la presse invita les
intéressés à présenter leurs réclamations fondées sur leurs
droits et intérêts légitimes en vertu du § 20 de l'Annexe II
à la Partie VIII du Traité relativement aux navires à
céder aux termes de l'Annexe III. Ce paragraphe, comme
on le verra, est conçu en termes larges :

« § 20 : La Commission, en fixant ou acceptant les
payements qui s'effectueront par remise de biens ou
droits déterminés, tiendra compte de tous droits et in-

(1) Voir page 373.

térêts légitimes des Puissances Alliées et Associées ou
neutres et de leurs ressortissants dans lesdits. »

« § 20 : The Commission, in fixing or accepting payment
in specified properties or rights, shall have due regard
for any legal or equitable interests of the Allied and
Associated Powers or of neutral Powers or of their
nationals therein. »

Les très nombreuses réclamations reçues en réponse à
l'avis ci-dessus ont été soigneusement étudiées par le Service maritime aidé des conseils d'un juriste expert en
questions maritimes. Certaines des réclamations les plus
importantes ont exigé un examen spécial de la Commission des Réparations.

La très grande majorité des réclamations reçues était
fondée sur la possession d'actions, d'obligations ou de
titres analogues de Compagnies de navigation allemandes
ou de Compagnies possédant des actions de Compagnies
de navigation allemandes. Dans les cas de ce genre, les
demandeurs ont été informés que leurs intérêts ne pouvaient être considérés comme un droit ou intérêt légitime dans le ou les navires visés.

Dans de nombreux cas, des ressortissants alliés ou
neutres se sont réclamés d'un droit de co-propriété sur
certains navires cédés. Mais l'examen des lois maritimes
allemandes a fait apparaître que, ou bien en fait le bénéficiaire réel de la réclamation était un Allemand qui n'était
pas justifié à présenter une telle réclamation, ou bien les
demandeurs avaient été déchus de leurs intérêts en vertu
de la loi allemande antérieurement au transfert des navires à la Commission des Réparations. Il a été plus difficile de régler les cas où les navires cédés appartenaient
pour la majeure partie à des personnes antérieurement de

nationalité allemande, mais ayant acquis la nationalité danoise à la suite du Plébiscite du Slesvig, ou par l'exercice de la faculté d'option accordée par l'Article 113 du Traité. Toutefois, le Gouvernement allemand, ayant remis à la Commission des Réparations des titres de propriété transférant lesdits navires libres de tous droits, hypothèques, et autres charges quelconques, le Service maritime a maintenu le point de vue qu'il appartenait au Gouvernement allemand d'indemniser ces habitants du Slesvig de l'expropriation de leurs biens.

Il résulte des informations que l'on possède que les quelques réclamations reçues relativement à des hypothèques ou droits analogues sur des navires cédés, ou bien avaient été réglées ou bien étaient en cours de règlement par le Gouvernement allemand.

Les Gouvernements danois et norvégien ont présenté des réclamations relatives à des navires déclarés de bonne prise par les Tribunaux de Prises allemands. Ils ont été informés que la Commission des Réparations ne pouvait que reconnaître la validité des jugements du Tribunal des Prises allemand et que tous les autres droits et intérêts étaient éteints à la suite de ces jugements.

*
* *

Des questions délicates se sont posées lorsqu'on a eu à décider si l'Allemagne pouvait être astreinte à livrer un certain nombre de navires qui, bien que figurant sur le registre allemand au 10 janvier 1920, paraissaient avoir été transférés à des neutres, ou dont la nationalité des propriétaires pouvait avoir été modifiée en quelque manière par le Traité de Paix.

Les pouvoirs de la Commission en la matière sont définis par le § 7 de l'Annexe III :

« § 7 : L'Allemagne s'engage à prendre toutes les mesures que la Commission des Réparations peut lui indiquer en vue d'obtenir le plein droit de propriété sur tous les navires qui peuvent avoir été transférés pendant la guerre ou être en voie de transfert sous pavillons neutres, sans le consentement des Gouvernements alliés et associés. »

« § 7 : Germany agrees to take any measures that may be indicated to her by the Reparation Commission for obtaining the full title to the property in all ships which have during the war been transferred or are in process of transfer, to neutral flags, without the consent of the Allied and Associated Governments. »

. Ces pouvoirs sont assez larges dans leur formule ; la difficulté n'apparaît que lorsqu'on passe à l'application.

La question s'est posée d'une manière aiguë pour la première fois au sujet de certains vapeurs d'une valeur considérable qui avaient été vendus à la Hollande, mais qui rentraient sans conteste dans la catégorie des navires à transférer aux Gouvernements alliés et associés en vertu du § 3 de l'Annexe III. L'Allemagne allégua l'impossibilité où elle était de les livrer et elle aggrava la situation en laissant un des bateaux s'échapper du port allemand où il se trouvait, sans avoir ses papiers en règle. Il était facile de dire ou de stipuler que l'Allemagne aurait à prendre toutes les mesures qui pourraient lui être indiquées mais quelles mesures efficaces pouvait-on indiquer ? On pouvait inviter l'Allemagne à racheter les navires ; mais un rachat forcé implique pour l'autre partie une revente forcée. Ni l'Allemagne ni les Puissances alliées n'avaient le moyen de contraindre l'acheteur à revendre.

Elles pouvaient s'arranger pour rendre la situation de ces navires difficile en annonçant qu'ils seraient saisis s'ils entraient dans les eaux allemandes ou alliées. Toutefois, une telle mesure aurait soulevé des incidents diplomatiques d'un caractère plus ou moins grave, et l'on pouvait se demander si un tribunal quelconque aurait eu le pouvoir de priver de leur bien les nouveaux propriétaires hollandais.

En fin de compte, la Commission a été contrainte de décider qu'aucune mesure ne serait prise pour obtenir la cession, en vertu du § 7, des navires transférés pendant la guerre sous pavillons neutres, à condition qu'il y eût eu véritablement transfert de la propriété des navires à des propriétaires neutres, que les formalités de la loi allemande et de celle de l'Etat neutre eussent été remplies, que les navires eussent été rayés du registre allemand et que le titre des propriétaires neutres eût été reconnu par leur propre Gouvernement. En application de cette décision, la livraison de 19 anciens navires allemands ainsi transférés n'a pas été exigée.

On jugea de même inutile d'insister pour obtenir la livraison par l'Allemagne de cinq navires vendus à une Compagnie argentine, bien que, en dépit d'un examen prolongé et approfondi des faits, il eût été impossible de fixer exactement la date réelle de leur cession à un armateur neutre.

En ce qui concerne *6* navires que les Allemands déclarent être légalement passés en 1918 sous le pavillon espagnol, il convient pour se prononcer définitivement d'attendre que le fait ait été confirmé par le Gouvernement espagnol.

L'Article 113 du Traité réserve à certaines personnes résidant dans la zone sud de plébiscite du Slesvig (conservée par l'Allemagne) la faculté d'opter pour le Danemark pendant une période de deux années à partir de la fixation de la frontière. Si elles décident ainsi de changer de nationalité, elles ont le droit d'emporter leurs biens mobiliers. Dans ces conditions, et pour éviter que des réparations fussent réclamées à des ressortissants neutres, il y avait de grosses difficultés à déterminer les droits à attribuer aux co-propriétaires de navires, jouissant de la faculté d'opter pour une nationalité autre que la nationalité allemande ou ayant déjà acquis une telle nationalité. Après que la question de la propriété de ces navires eût fait l'objet d'une enquête approfondie on régla l'affaire par une transaction avec le Gouvernement allemand. L'accord transactionnel portait que onze navires (26.000 tonnes brutes) seraient livrés, et que la livraison de six autres navires (12.000 tonnes brutes, ne serait pas demandée. En outre, dans le calcul du total du tonnage des navires allemands de 1.000 à 1.600 tonnes brutes devant servir à la fixation du tonnage à livrer, les navires de cette catégorie inscrits dans cette zone étaient comptés pour 75 o/o de leur tonnage total.

On fit également une enquête approfondie sur la question de la propriété des navires inscrits dans la zone nord de plébiscite du Slesvig (restituée au Danemark). En raison des intérêts non allemands existant dans certains de ces navires, on s'arrêta à une transaction avec le Gouvernement allemand ; il fut entendu que trois navires (9.000 tonnes brutes) seraient livrés et que l'on ne réclamerait pas la livraison de deux autres navires (7.000 tonnes brutes).

Par application des dispositions de la Section XI de la Partie III du Traité, il a été décidé que les navires inscrits à Dantzig n'auraient pas à être livrés s'ils appartenaient à d'anciens ressortissants allemands résidant dans la Ville libre et n'ayant pas repris la nationalité allemande. Quatre navires terminés représentant 5.000 tonnes brutes environ, et remplissant cette condition, ont en conséquence été conservés par leurs propriétaires. Au 10 janvier 1920, il y avait en chantier à Dantzig six navires (94.000 tonnes brutes) que l'on construisait pour le compte de ressortissants allemands ; deux d'entre eux destinés au transport des passagers avaient chacun un déplacement de 35.000 tonnes brutes environ. Par un accord spécial conclu avec le Gouvernement allemand, il fut stipulé que l'un de ces navires de 35.000 tonnes, le « Columbus » serait terminé et livré, mais que l'on ne demanderait pas l'achèvement et la remise de l'autre unité. La livraison des quatre autres navires non terminés de plus faible tonnage, n'a pas été réclamée en raison de la situation de leurs propriétaires.

La Commission a décidé de ne pas demander la livraison des navires qui appartenaient à des habitants de Memel ne recouvrant pas la nationalité allemande. En conséquence, un navire livré par l'Allemagne pendant l'Armistice a été restitué à ses propriétaires. Un second navire ex-allemand est resté sous le pavillon de Memel et il a été tenu compte du tonnage d'un navire de faible déplacement appartenant à un Allemand, pour la fixation du tonnage à livrer des navires de 1.000 à 1.600 tonnes brutes.

Certaines Puissances neutres ont demandé aux Puissances alliées la révision des décisions du Tribunal des Prises allemand en vertu des droits que leur conférait l'Article 440 (1) du Traité de Versailles. Les Gouvernements

(1) « L'Allemagne accepte et reconnaît comme valables et obligatoires toutes décisions et tous ordres concernant les navires allemands

alliés principalement intéressés ont toutefois fait connaître à la Commission des Réparations qu'ils ne sauraient approuver la proposition tendant à faire examiner par les Puissances Alliées et Associées les décisions et ordres rendus par les juridictions de prises allemandes et contestés par certains Gouvernements neutres, et que, conformément à la règle du droit des gens, ces décisions avaient autorité de chose jugée. ... navires neutres de plus de 1.000 tonnes

et les marchandises allemandes, ainsi que toutes décisions et ordres relatifs au payement des frais et rendus par l'une quelconque des juridictions de prises des Puissances Alliées et Associées et s'engage à ne présenter au nom de ses nationaux aucune réclamation relativement à ces décisions ou ordres.

« Les Puissances Alliées et Associées se réservent le droit d'examiner dans telles conditions qu'elles détermineront, les décisions et ordres des juridictions allemandes en matière de prises, que ces décisions et ordres affectent les droits de propriété des ressortissants desdites Puissances ou ceux des ressortissants neutres. L'Allemagne s'engage à fournir des copies de tous les documents constituant le dossier des affaires, y compris les décisions et ordres rendus, ainsi qu'à accepter et exécuter les recommandations présentées après ledit examen des affaires. »

« Germany accepts and recognises as valid and binding all decrees and orders concerning German ships and goods and all orders relating to the payment of costs made by any Prize Court of any of the Allied or Associated Powers, and undertakes not to put forward any claim arising out of such decrees or orders on behalf of any German national.

« The Allied and Associated Powers reserve the right to examine in such manner as they may determine all decisions and orders of German Prize Courts, whether affecting the property rights of nationals of those Powers or of neutral Powers. Germany agrees to furnish copies of all the documents constituting the record of the cases, including the decisions and orders made, and to accept and give effect to the recommendations made, after such examination of the cases. »

de jauge brute déclarés de bonne prise se sont donc trouvés compris dans le champ d'application de l'Annexe III, et la livraison de 7 de ces navires représentant environ 10.000 tonnes brutes a été réclamée. En outre, il fut décidé par analogie de considérer comme ayant été livrés, en vertu de l'Annexe III, 5 vapeurs et 5 vieux chalutiers (anciennement britanniques) également déclarés de bonne prise et qui avaient été restitués par l'Allemagne pendant l'Armistice.

III. — FONCTIONS FINANCIÈRES

Le Service maritime a eu à examiner les demandes de compensation pour pertes maritimes formulées par les Puissances Alliées et Associées, conformément au § 9° de l'Annexe I au Traité de Paix. La réclamation de l'Empire britannique étant la plus élevée et embrassant tous les cas possibles de dommages maritimes, il convenait de l'examiner la première. Cet examen préliminaire et la comparaison entre la réclamation britannique et celles des autres Puissances alliées, révélèrent la nécessité de décisions à prendre par la Commission elle-même sur plusieurs importantes questions de principe. Pour assurer l'application, en matière de réclamations maritimes, des principes généraux suivis dans les réclamations présentées pour les autres catégories de dommages visées à l'Annexe I, les réclamations maritimes ont de plus été soumises à l'examen du Service des Évaluations. La Commission n'a pris les décisions nécessaires sur les questions de principe dont il est parlé plus longuement par ailleurs (1), qu'après avoir donné toute son attention aux observations sur les demandes alliées présentées par la Délégation maritime allemande oralement ou par écrit.

*
* *

L'évaluation des bateaux de commerce livrés par l'Allemagne antérieurement au 1er mai 1921 a donné lieu à des discussions difficiles. En janvier 1921, le Gouvernement allemand soumit un mémoire demandant que soit portée à son crédit une somme de 7,3 milliards de mark-or pour la livraison d'environ 4.625.000 tonnes brutes de navires. Une très grande publicité a été donnée par les Allemands à leur réclamation (qui fait ressortir à environ £ 100 la valeur de la tonne brute) et cela même à une époque relativement récente ; aussi ne saurait-on répéter avec trop de force que cette prétention était si peu fondée que les représentants de l'Allemagne, après avoir discuté la question avec le Service maritime, ont été contraints de retirer leur mémoire sans réserves. Plus d'un million de tonnes comprises dans ce mémoire ne pouvaient à aucun titre être considérées comme donnant lieu à un crédit. La seule explication fournie de cette erreur a été que la liste en question avait été établie un an avant d'être présentée. Au point de vue de l'évaluation, le chiffre de £ 100 la tonne ne se discute même pas. Il convient de relever également la tentative faite fréquemment par les autorités allemandes de tirer argument des

(1) Voir page 81.

valeurs attribuées aux navires détruits au cours de la guerre. L'observation des Allemands sur ce point était sans objet; elle se référait en effet, non à une évaluation des pertes dont il s'agit faite par la Commission, évaluation qui a été seulement l'un des éléments du total de la dette des réparations, mais à des chiffres qui figuraient dans les mémoires des Gouvernements alliés et n'avaient ainsi que le caractère de réclamations. En outre, quelque méthode qu'on ait pu employer pour l'évaluation d'un navire torpillé au cours de la guerre, c'est-à-dire à un moment où les navires atteignaient par suite d'actes du Gouvernement allemand une valeur sans précédent à cause de la pénurie de tonnage, il ne saurait exister de rapport nécessaire entre cette évaluation et celle de navires reçus après la guerre, à un moment où le volume des transports mondiaux se trouvait fatalement réduit, et où, grâce aux efforts prodigieux des pays alliés, les pertes de guerre avaient été remplacées dans une telle mesure que le tonnage mondial dépassait de plusieurs millions de tonnes le tonnage existant au moment de l'ouverture des hostilités.

Après avoir retiré son mémoire, le Gouvernement allemand en présenta un autre au mois de mai. Dans ce nouveau document, il demandait à être crédité pour une quantité d'environ 3 millions et demi de tonnes; or, sur cette quantité, 3/5 environ avaient en fait été reconnus par le Service maritime comme livrés; le reste se composait de navires retenus par diverses Puissances Alliées et Associées au cours de la guerre et ultérieurement déclarés de bonne prise ou de navires dont ces Puissances s'étaient attribué la propriété de toute autre manière. L'estimation allemande rectifiée de la valeur de ces trois millions et demi de tonnes était de 5.628.000.000 de mark-or. Les Allemands étaient arrivés à ce chiffre en estimant les navires à leur valeur de 1914 et en appliquant au résultat obtenu un certain coefficient pour tenir compte de l'augmentation de valeur des navires entre 1914 et le 10 janvier 1920. Le Service maritime estima que la méthode était mauvaise en principe et il démontra, au surplus, que les chiffres dont on s'était servi pour l'appliquer étaient inexacts.

Le chiffre du tonnage était toujours grossi. Il comprenait tous les navires « retenus » par diverses Puissances et ayant fait à ce moment, ou dans la suite, l'objet de mesures d'expropriation de la part des Puissances qui les détenaient. Ces navires n'avaient été livrés par le Gouvernement allemand, ni à la Commission des Réparations ni aux Puissances Alliées et Associées, considérées collectivement. Une part importante (1) d'entre eux se trouvait entre les mains du Gouvernement des Etats-Unis, qui n'avait pas ratifié le Traité de Versailles et n'était pas représenté officiellement à la Commission. La Commission ne pouvait évidemment pas considérer ce tonnage comme ayant été transféré en vertu de l'Annexe III et comme donnant, par suite, lieu à inscription au crédit du compte réparations de l'Allemagne.

Le chiffre du tonnage reconnu par la Commission comme effectivement livré antérieurement au 1er mai 1921, a été fixé à 2.187.000 tonnes brutes.

---

(1) Le tonnage capturé, saisi ou détenu par les Alliés se montait le 10 janvier 1920 à 1.755.000 tonnes (déduction faite des unités coulées pendant la guerre). De cette quantité, les Etats-Unis avaient 579.000 tonnes, la Grande-Bretagne 411.000, le Brésil 224.000, le Portugal 156.000 et l'Italie 150.000.

L'évaluation d'une masse de navires de cette importance présentait évidemment des difficultés extraordinaires. Plusieurs bases d'évaluation différentes furent suggérées et étudiées en détail. La valeur définitivement fixée à 750.000.000 de mark-or non compris les frais de livraison, de remise en état et de réparation, avait pour base les prix réels du marché au 10 janvier 1920 pour les navires remis aux Gouvernements alliés pendant la période d'armistice, et à la date de la livraison matérielle pour les navires remis à des dates ultérieures.

Ce chiffre de 750 millions de mark-or, après une étude et après une comparaison avec d'autres chiffres, obtenus en se servant de bases différentes, a été adopté par la Commission comme chiffre global représentant avec toute l'exactitude que les circonstances permettaient, la valeur juste et équitable des navires livrés. La méthode qui a été suivie pour le déterminer est la même que celle qui a été employée pour l'évaluation des dommages de guerre. Les Délégués se sont prononcés en s'inspirant du principe suivant lequel il suffit que des arbitres soient convaincus de la justice de la sentence qu'ils rendent sans que les raisons pour lesquelles chacun d'eux est arrivé à cette conviction soient nécessairement les mêmes.

La Commission a fixé également à environ 10 millions 1/4 de mark-or la valeur brute des 200.000 tonnes brutes environ de navires livrés par l'Allemagne entre le 1er mai et le 31 octobre 1921.

Ainsi qu'il a été expliqué ci-dessus, il n'était accordé aucun crédit à l'Allemagne pour les navires « détenus », mais en ce qui concerne certaines unités « détenues », les déclarations de bonne prise dont elles avaient été l'objet

furent annulées par des décisions prises en février 1922
par le « Judicial Committee of the Privy Council » qui
constitue la juridiction britannique compétente la plus
élevée. A la suite de cette décision, il a été entendu,
d'accord avec le Gouvernement allemand, que deux
navires qui faisaient l'objet de cet arrêt seraient considérés
comme ayant été livrés conformément à l'Annexe III du
Traité et que leur valeur serait portée au crédit de
l'Allemagne à titre de payement en espèces au compte
réparations pour l'année en cours (1). Les conditions dans
lesquelles se trouvent ces deux navires sont particulières
et l'accord conclu en ce qui les concerne ne préjuge pas
le règlement de la situation d'autres navires dont la déclaration de bonne prise a été ou pourra encore être
annulée. Le Gouvernement allemand a, en fait, réclamé
une inscription à son crédit dans les comptes réparations pour la livraison de huit autres navires qui
sont touchés par une décision analogue du Conseil Privé,
bien que cinq desdits navires aient été coulés pendant
la guerre.

Les sommes à inscrire au crédit de l'Allemagne pour
les navires visés au § 5 de l'Annexe III du Traité et
pour le matériel de pêche en cours de fabrication en
remplacement de chalutiers à vapeur, ont été fixées
par des accords intervenus entre les Gouvernements
alliés intéressés et le Gouvernement allemand. Ces
accords ont reçu l'approbation de la Commission des
Réparations.

Les explications données ci-dessus concernent le mode
de calcul de la valeur des navires livrés en vue de l'inscription à faire au crédit de l'Allemagne. La valeur à

(1) 1922.

porter de ce chef au débit du compte des Puissances aurait dû normalement être la même. Mais un article de l'Accord interallié de Spa rendait nécessaire une évaluation entièrement distincte.

Le premier paragraphe de l'Article 6 de l'Accord de Spa est rédigé comme suit :

Article 6 : « 1. L'Allemagne ayant, par l'Annexe III de « la Partie VIII (réparations) du Traité de Versailles, et « l'Autriche et la Hongrie ayant, par des dispositions « correspondantes des Traités de Saint-Germain et de « Trianon, reconnu le droit des Puissances Alliées et « Associées au remplacement, tonne par tonne et caté- « gorie pour catégorie, de tous les navires de commerce « et bateaux de pêche perdus ou endommagés par faits de « guerre, et étant donné la grande difficulté de fixer une « valeur équitable pour les navires livrés sans avoir tout « d'abord procédé à une vente réelle de la majorité de ces « navires, il est convenu ce qui suit :

« La vente des navires attribués à l'Empire britannique « sera effectuée avant le 1er mai 1921 par la Commission « des Réparations sur le marché britannique et ces « navires ne seront adjugés qu'à des ressortissants bri- « tanniques.

« Le montant des sommes qui seront à porter au cré- « dit de la Puissance ex-ennemie et au débit de l'Empire « britannique relativement aux navires de commerce et aux « bateaux de pêche qui lui seront attribués ou ultérieure- « ment transférés en vertu d'arrangements interalliés « sera, sous réserve des règlements de compte rendus « nécessaires par les réparations ou les dépenses de « livraison, le montant du prix réel réalisé par lesdites « ventes.

« En ce qui concerne les autres Puissances, le montant « des sommes à porter à leur débit relativement aux « navires de commerce et aux bateaux de pêche qui leur « sont attribués, ou leur seront ultérieurement transférés « en vertu d'arrangements interalliés, sera la moyenne « des prix sous réserve de règlements de compte comme

« ci-dessus, réalisés par la vente de navires similaires de
« chaque classe sur le marché britannique. »

La disposition ci-dessus prévoit sans doute une seule et
même évaluation pour la fixation du crédit à donner à
l'Allemagne et du débit à passer aux Alliés et détermine
comment cette évaluation sera faite. La Commission des
Réparations a estimé toutefois que l'évaluation des
livraisons effectuées par l'Allemagne était une fonction
judiciaire qui lui était spécialement attribuée, et que,
en dehors d'un accord que l'Allemagne n'a pas donné
puisqu'elle n'a pas accédé à l'Arrangement de Spa, il n'appartenait pas aux Puissances alliées de fixer, par entente
entre elles seules, la valeur de ces livraisons à un chiffre
qui soit opposable à l'Allemagne.

Mais dans les rapports des Alliés entre eux, la question
était au fond une question de répartition, question qui,
aux termes de l'Article 237 du Traité, rentre dans les
attributions des Gouvernements et non dans celles de la
Commission. C'est ainsi que la Commission des Réparations a été amenée à déterminer, pour la livraison des
navires, des valeurs différentes selon qu'on considère le
crédit à porter au compte de l'Allemagne ou le débit à
inscrire au compte des diverses Puissances alliées.

Ajoutons que la différence entre ces deux évaluations
empêcherait naturellement les comptes de la Commission
de s'équilibrer. Une disposition de l'Accord financier
interallié du 11 mars 1922 a déterminé comment cette
difficulté serait résolue (1).

(1)   ARTICLE 12

Au cas où il y aurait une différence entre les sommes dont
l'Allemagne serait créditée et celles dont les Puissances alliées
seraient débitées, en conséquence d'un accord interallié relatif aux

Pour l'exécution de la tâche dont la chargeait l'Accord de Spa, la Commission a eu la bonne fortune d'obtenir le concours de Lord Inchcape qui s'est acquitté de ce travail sans aucune espèce de rémunération personnelle, sous le contrôle général du Service maritime.

Lord Inchcape a commencé les ventes en septembre 1920. A la fin de l'année il avait vendu 120 navires environ ; dans les sept premiers mois de 1921 il en vendit 210 autres, et en janvier 1922 il vendit le dernier des 418 navires qu'il était chargé de liquider. La vente des 1.850.000 tonnes brutes auxquelles s'élève le tonnage des navires dont il s'agit a produit plus de 20.000.000 de livres sterling. Le résultat de ces opérations est particulièrement remarquable si l'on tient compte de l'état de dépression sans précédent où se trouvait le marché maritime. Les dépenses d'administration de Lord Inchcape pour toutes ces ventes ont été de moins d'un septième pour cent du prix total réalisé.

livraisons en nature, inscrites au compte de l'Article 235, l'équilibre sera rétabli par la répartition des obligations des séries C effectuée de la manière suivante :

On supposera que l'Allemagne a été créditée de ces livraisons au prix dont la Puissance intéressée a été débitée en vertu dudit accord et que le chiffre définitif total des obligations C a été fixé en conséquence.

Les obligations C seront réparties entre les Puissances conformément à l'Arrangement financier de Spa. Mais la Puissance intéressée sera tenue d'annuler, sur le montant d'obligations C qu'elle aura reçu, une valeur nominale égale à la différence entre la somme dont elle a été débitée et celle dont l'Allemagne aura été créditée.

La Belgique ne devant, conformément à l'Arrangement financier de Spa, être débitée d'aucune somme au titre des navires de mer qui lui ont été alloués ou transférés, les dispositions ci-dessus ne s'appliquent pas à cette Puissance en ce qui concerne lesdits navires.

On voit par l'exposé ci-dessus que presque tout le travail d'administration et la majeure partie du travail de comptabilité se rapportant à la cession des bateaux de commerce par l'Allemagne, se trouvent achevés à l'heure actuelle. La seule question importante qui ne soit pas encore réglée — la fixation de la somme à porter au crédit de l'Allemagne pour les navires récemment livrés — recevra probablement sous peu une solution, et l'on espère que les comptes définitifs relatifs à tous les navires effectivement livrés seront prêts pour la fin de janvier 1923.

NAVIRES AUSTRO-HONGROIS

L'Annexe III à la Section I, Partie VIII du Traité de Saint-Germain, et les dispositions correspondantes du Traité de Trianon, stipulent la cession par les Gouvernements autrichien et hongrois, de la propriété de tous navires et bateaux de commerce et de pêche appartenant aux ressortissants de l'ancien Empire d'Autriche-Hongrie. Tous ces navires ont été réquisitionnés par les Puissances Alliées et Associées pendant la période d'Armistice; le § 2 de l'Annexe III qui ordonne la remise matérielle de ces navires avait donc reçu entière exécution au moment de la ratification du Traité.

Le § 4 de la même Annexe ordonnait, toutefois, la remise par les Gouvernements ex-ennemis à la Commission des Réparations, pour chacun des navires cédés, des titres de propriété établissant le transfert régulier à ladite Commission de la pleine propriété de ces navires. Le Gouvernement autrichien a représenté en mars 1921 qu'il n'était en état de transférer la propriété d'aucun de ces navires, attendu que ni les navires, ni leurs anciens propriétaires ne se trouvaient plus sous sa juridiction et que les registres officiels, etc... se rapportant à ces navires avaient été conservés dans les ports qui étaient situés sur les territoires cédés à l'Italie ou à l'État Serbe-Croate-Slovène.

A la suite d'une enquête sur la situation des navires au point de vue du droit de propriété, la Commission est arrivée à la conclusion que les seules catégories de navires pour lesquels on pouvait raisonnablement demander au Gouvernement autrichien de fournir des titres de propriété, étaient les suivantes :

1º 15 navires ayant appartenu à l'ancienne marine austro-hongroise, énumérés à l'Article 137 du Traité de Saint-Germain et à l'Article 121 du Traité de Trianon.

2º Les navires condamnés dans les Cours de Prises austro-hongroises pendant la guerre et qui sont, par conséquent, devenus propriété de l'État austro-hongrois.

3º Les navires appartenant à des ressortissants autrichiens ou hongrois ou à des Compagnies ayant leur siège sur le territoire des nouveaux États autrichien ou hongrois.

En ce qui concerne l'Autriche, des enquêtes faites auprès des Gouvernements autrichien, italien et serbe-croate-slovène ont montré qu'il n'existait, à la date de la ratification du Traité de Saint-Germain, aucun navire susceptible de rentrer dans la seconde ou dans la troisième des catégories indiquées ci-dessus.

En ce qui concerne la première catégorie, il convient d'observer que l'Article 137 énumère en tout 32 navires, mais l'enquête faite fit apparaître que l'un de ceux-ci avait été coulé avant la ratification du Traité et que, sur les autres, 16 appartenaient en fait à des Compagnies de navigation privées ayant leur siège sur les territoires nouvellement acquis par l'Italie ou par l'Etat Serbe-Croate-Slovène.

Le Gouvernement autrichien a dûment remis les titres de propriété dans la mesure des intérêts qu'il possédait sur les 15 autres unités.

De même que le Gouvernement autrichien, le Gouvernement hongrois se déclara incapable de remettre à la Commission des Réparations les titres de propriété des navires transférés. L'argument du Gouvernement autrichien d'après lequel celui-ci ne pouvait consulter les registres officiels, etc... n'avait pas, dans le cas de la Hongrie, la même force. D'après les renseignements obtenus, le Gouvernement hongrois pouvait en effet se procurer les titres de propriété de navires d'un tonnage total de 57.000 tonnes brutes environ (Appendice XVI) (1) qui, au moment de la ratification du Traité, étaient la propriété de Compagnies ayant leur siège à Budapest. Le Gouvernement hongrois argua surtout des difficultés financières dans lesquelles il se trouvait et du fait que la réquisition de ces titres nécessiterait une émission spéciale de billets de banque. Cependant, à la suite de longues conversations, le Gouvernement hongrois accepta en principe de remettre à la Commission des titres de propriété pour ces navires ainsi que pour la part qu'il possédait dans les 15 unités navales austro-hongroises indiquées à l'Article 121 du Traité de Trianon. (Appendice XVII)(2). Ces titres n'ont pas encore été remis.

La Commission des Réparations a décidé que les Gouvernements autrichien et hongrois ne seront crédités que de la valeur de la partie de l'ancien tonnage austro-hongrois

(1) **Voir page** 420.
2) **Voir page** 422.

dont la propriété sera effectivement transférée en exécution du § 4 de l'Annexe III. Il y a donc lieu de penser que seule peut être portée au crédit de l'Autriche, au Compte «Réparations», la valeur de la portion que possède ce Gouvernement dans les 15 unités ayant appartenu à l'ancienne marine austro-hongroise, et dont il est parlé ci-dessus. La valeur de ces navires n'a pas encore été fixée.

Le Gouvernement hongrois recevra probablement un crédit, non seulement pour la valeur des intérêts qu'il possédait dans ces 15 unités, mais encore pour la valeur des 57.000 tonnes brutes de navires, autrefois propriété de compagnies de Budapest et dont on a déjà fait mention. Il n'a pas encore été possible de procéder à l'évaluation définitive de ces derniers navires.

Tous ces navires ont été alloués à l'Italie. Leur valeur est estimée à environ 300.000 livres sterling.

Ainsi qu'il a été dit dans les paragraphes relatifs aux navires cédés par l'Allemagne, les anciens navires de commerce austro-hongrois d'un tonnage supérieur à 2.000 tonnes brutes ont été compris dans la « masse commune » du tonnage ex-ennemi réparti entre les diverses Puissances Alliées et Associées. Sur les 585.000 tonnes environ d'anciens navires austro-hongrois qui ont été comprises dans la « masse », la Grande-Bretagne a reçu 345.000 tonnes, la France 61.000 tonnes et l'Italie le reste. Il existait toutefois certains accords interalliés stipulant la rétrocession à l'Italie et à l'Etat Serbe-Croate-Slovène, par la France et la Grande-Bretagne, de l'ancien tonnage austro-hongrois attribué à ces deux pays. Un accord qui a été ratifié par la Commission des Réparations, en ce qui la concerne, est également intervenu entre les Gouvernements italien et serbe-croate-slovène réglant la répartition entre ces deux Puissances de la totalité de l'ancien tonnage austro-hongrois.

Ces accords ont eu pour effet de mettre l'Italie en possession d'environ 504.000 tonnes brutes et la Yougo-Slavie, d'environ 81.000 tonnes brutes du tonnage compris dans « la masse commune ». En outre, l'Italie a reçu 42.000 T. B. et la Yougo-Slavie 37.000 T. B. de navires de moins de 2.000 T. B. En résumé, sur les 664.000 T. B. cédées par l'Autriche et la Hongrie, en exécution des clauses de réparations maritimes des Traités de Saint-Germain et de Trianon, l'Italie a reçu 546.000 T. B. et la Yougo-Slavie 118.000 T. B. Ne sont pas compris dans ces chiffres les bateaux jaugeant moins de 40 T. B. cédés à l'Italie et à la Yougo-Slavie.

CHAPITRE VII

CHARBONS ET PRODUITS DÉRIVÉS

CHARBONS (1)

Les pouvoirs de la Commission des Réparations en ce qui concerne le charbon à livrer par l'Allemagne au titre des Réparations, sont définis à l'Annexe V à la Partie VIII du Traité de Versailles, reproduite dans l'Appendice XIX (2).

En outre, par décision du 14 novembre 1919 du Conseil Suprême, la Commission de Gouvernement et de Plébiscite de la Haute-Silésie fut invitée à se mettre d'accord avec le Comité d'Organisation de la Commission des Réparations, ou avec la Commission des Réparations elle-même pour toutes les questions relatives à la répartition du charbon de la Haute-Silésie.

La Commission des Réparations était ainsi à même d'exercer un contrôle sur la répartition. Ce contrôle était justifié par le fait que la Haute-Silésie entrait pour une partie importante dans l'approvisionnement de l'Allemagne et par l'obligation qu'avait la Commission des Ré-

(1) Le présent exposé s'arrête au mois de janvier 1922.
(2) Voir page 424.

parations, en fixant les quantités que l'Allemagne devait livrer, de prendre en considération les besoins industriels allemands.

* *

La situation charbonnière de l'Europe après la guerre avait déjà, dans le courant de l'année 1919, fait l'objet de nombreuses études menées par la Commission Européenne des Charbons, organisme créé par le Conseil Suprême Économique. Il en était ressorti clairement que l'Europe allait se trouver pendant une assez longue période en face d'une pénurie de combustible.

Le problème que la Commission des Réparations se trouvait appelée à résoudre était ainsi extrêmement délicat. D'un côté les pays bénéficiaires de l'Annexe V avaient besoin de recevoir la plus grande quantité possible de charbon afin de hâter la reprise de leur vie industrielle, tandis que d'autre part, la Commission des Réparations devait, conformément au § 10 de l'Annexe V, tenir compte des besoins industriels allemands.

Enfin, la participation de la Commission des Réparations à la répartition du charbon de la Haute-Silésie, qui est une des sources naturelles de charbon des pays de l'Europe Centrale, tels que la Pologne, l'Autriche et la Hongrie, lui a imposé le devoir d'assurer également à ces pays, qui n'étaient pas bénéficiaires de l'Annexe V, des quantités suffisantes pour assurer leur vie économique à une époque où se faisait sentir très fortement la pénurie de charbon.

* *

Pour suivre dans ses détails l'œuvre de la Commission des Réparations il y a lieu de remonter aux premières négociations qui ont été engagées dès l'Armistice.

Le 25 décembre 1918, un Protocole fut signé à Luxembourg en vue d'assurer la fourniture du charbon et du coke aux industries métallurgiques de la Lorraine.

Après la signature du Traité de Versailles, mais avant son entrée en vigueur, le Comité d'Organisation de la Commission des Réparations entra en négociations avec les Allemands pour obtenir la livraison de certaines quantités de charbon à fournir par anticipation, et sans attendre la ratification du Traité de Paix. Ces négociations aboutirent à l'établissement d'un Protocole signé à Versailles le 29 août 1919. Les quantités à livrer étaient fixées à un minimum de 1.660.000 tonnes par mois et devaient être augmentées proportionnellement à l'augmentation de la production en Allemagne au-dessus de 9.000.000 de tonnes de charbon. Ce protocole prévoyait des livraisons jusqu'au 30 avril 1920 et devait rester en vigueur jusqu'à ce que la Commission des Réparations eût statué sur les règles à appliquer ultérieurement. Il était également décidé que les livraisons de charbon et de coke à faire en exécution du Protocole de Luxembourg, rentraient à dater du 1er septembre 1919, dans l'ensemble des livraisons anticipées et devaient être portées au Compte « Réparations ».

Le 31 août 1919, le Comité d'Organisation, en exécution du § 10 de l'Annexe V (préavis de 120 jours à donner pour les livraisons à faire à partir du 1er janvier 1920) et sous réserve de confirmation par la Commission des Réparations, notifia à la Délégation allemande le programme des livraisons à effectuer pendant le mois de janvier 1920.

La Délégation allemande présenta des réserves basées sur le fait que la Commission des Réparations n'était pas encore officiellement constituée, mais les livraisons anticipées commencèrent effectivement à la date du 1er septembre 1919.

Il parut bientôt évident que le Comité d'Organisation aurait avantage à installer un bureau dans la principale région charbonnière allemande, afin de régler sur place, dans la mesure du possible, les nombreuses difficultés, dont beaucoup étaient de caractère technique, que devait soulever l'exécution des livraisons de charbon. Le Comité d'Organisation constitua donc au mois d'octobre une Commission des Charbons à Essen. La Commission tint sa première réunion à Essen le 10 novembre 1919 ; les Délégués allemands protestèrent contre sa création, sa constitution et son mandat, et refusèrent de la reconnaître officiellement

*
* *

A la même époque, une Commission des Charbons siégeant à Mährisch-Ostrau fut constituée pour s'occuper des questions concernant les bassins de la Haute-Silésie et de Teschen (août 1919). Cette Commission, créée par la Commission Européenne des Charbons, fut ensuite (septembre 1919) chargée par le Comité d'Organisation d'étudier la répartition du charbon dans les pays de l'Europe Centrale.

Les études faites aboutirent à un projet de décision qui fut approuvé le 14 novembre 1919 par le Conseil Suprême. D'après ce projet, et jusqu'à ce qu'une décision définitive fût prise d'accord entre la Commission des Réparations et la Commission de Gouvernement et de Plébiscite de la Haute-Silésie, la production de la Haute-Silésie devait être répartie de la manière suivante : la Haute-Silésie recevrait la quantité que la Commission de Gouvernement et de Plébiscite jugerait nécessaire, il était alloué ensuite 200.000 tonnes par mois à l'Autriche, 250.000 tonnes par mois à la Pologne, et le reste de la production revena à l'Allemagne.

*
* *

Telle est la situation devant laquelle s'est trouvée la Commission des Réparations à l'époque de sa constitution officielle.

La Commission se préoccupa, dès le début, de la question des livraisons de charbon et, à la séance du 26 janvier 1920, il fut décidé de notifier au Gouvernement allemand que la Commission maintenait provisoirement en vigueur le Protocole du 29 août 1919. Il fut décidé également de confirmer provisoirement à la Commission d'Essen les pouvoirs qu'elle avait reçus du Comité d'Organisation et de demander au Gouvernement allemand de la reconnaître officiellement.

Le 9 février 1920, la Commission des Réparations décida de notifier à l'Allemagne que les livraisons faites par anticipation depuis le 1er septembre 1919 jusqu'à la mise en vigueur du Traité, devaient être décomptées de la manière suivante : 1.500.000 tonnes au titre du Protocole de Luxembourg et 1.000.000 de tonnes au titre des livraisons anticipées proprement dites ; elle notifia également que, sous réserve d'une décision ultérieure en ce qui concerne l'imputation sur les livraisons définitives, des livraisons effectuées au titre du Protocole de Luxembourg, le million de tonnes restant devait être décompté sur les livraisons définitives de la période allant jusqu'au 1er mai 1920 à raison d'environ 300.000 tonnes par mois. En même temps, la Commission des Réparations, conformément au

Protocole du 29 août 1919, fixait au chiffre de 2.234.000 tonnes les quantités restant à livrer mensuellement pour la période envisagée.

Postérieurement, à la date du 3 septembre 1920, il fut décidé que les livraisons faites au titre du Protocole de Luxembourg devaient également être décomptées sur les livraisons définitives à partir du 11 janvier 1920, étant réparties sur les mois de janvier, février, etc..., de façon à ce que le chiffre affecté à chacun de ces mois, augmenté du total des livraisons réellement effectuées et du décompte du million de tonnes prévu ci-dessus, atteignît le total fixé aux programmes de livraisons notifiés à l'Allemagne pour les mois correspondants.

Le 6 février 1920, la Commission des Réparations décida de notifier au Gouvernement allemand que, en application de la décision du 14 novembre 1919 du Conseil Suprême, relative à la répartition du charbon de la Haute-Silésie, elle avait décidé d'allouer à l'Italie au titre des Réparations 20.000 tonnes de charbon par mois sur la part laissée à la disposition de l'Allemagne en Haute-Silésie ; à la date du 27 février 1920, cette quantité fut portée à 40.000 tonnes.

*
* *

A la séance du 27 février 1920, les pouvoirs définitifs des deux Commissions d'Essen et de Mährisch-Ostrau furent déterminés et ces organismes prirent la dénomination de « Bureau des Charbons d'Essen » et de « Bureau des Charbons de l'Europe Centrale » ; une liaison étroite fut établie entre eux.

Pendant cette période, la Commission de Gouvernement et de Plébiscite de Haute-Silésie qui venait de se constituer notifia au Gouvernement allemand qu'à partir du 15 mars 1920 elle aurait à assumer la répartition du charbon extrait en Haute-Silésie.

A la suite de négociations, il fut établi un programme des livraisons à effectuer par l'Allemagne pendant le mois d'avril 1920; les quantités à livrer furent fixées, en application des clauses du Traité, à 1.440.000 tonnes, y compris 100.000 tonnes à prélever par l'Italie en Haute-Silésie. Ce programme fut approuvé le 31 mars 1920 par la Commission des Réparations et notifié au Gouvernement allemand. Le 3 mai 1920, un programme valable pour les mois de mai, juin et juillet 1920 fut envoyé à l'Allemagne. D'après ce programme, les livraisons à faire étaient fixées à 1.925.000 tonnes pour mai, 2.062.000 tonnes pour juin et 2.175.000 tonnes pour juillet 1920. Le 14 juin 1920, le programme des livraisons à faire par l'Allemagne aux Alliés pendant le mois d'août 1920 fut notifié; la quantité en était fixée à 2.175.000 tonnes.

Dès ses débuts, la Commission des Réparations avait estimé qu'il y aurait intérêt à régler le plus rapidement possible les questions de principe soulevées par l'application de l'Annexe V à la Partie VIII : question du prix f. o. b. et question du droit de transport par les Puissances Alliées et Associées à partir des ports de chargement du Rhin. Ces questions avaient été soulevées lors des premières négociations avec les Allemands (août 1919); la Délégation allemande déclarait d'une part que, pour les livraisons exécutées par mer via Rotterdam, Amsterdam et autres ports non allemands, elle demandait le prix f. o. b. (§ 6-b de l'Annexe V) et d'autre part que, puisque l'Allemagne devait assurer le transport jusqu'à la frontière des pays réceptionnaires, il lui incombait d'affréter les bateaux pour les transports sur le Rhin.

Le Service juridique de la Commission des Réparations à la date du 25 février 1920, émit sur la question du prix f. o. b. un avis de majorité et un avis de minorité. Pour bien comprendre la question en litige, il faut lire les deux textes du § 6 de l'Annexe V, qui ne sont pas conçus dans des termes identiques :

« Les prix à payer pour les livraisons de charbon effectuées en vertu desdites options seront les suivants :

« a) *Fourniture par voie de fer ou par eau.* — Le prix sera le prix allemand sur carreau de la mine payé par les ressortissants allemands plus le fret jusqu'aux frontières française, belge, italienne ou luxembourgeoise, étant entendu que le prix sur le carreau de la mine n'excèdera pas le prix, sur le carreau de la mine, du charbon anglais pour l'exportation. Dans le cas du charbon de soute belge, le prix ne dépassera pas celui du charbon de soute hollandais.

« Les tarifs de transport par voie de fer ou par eau ne dépasseront pas les tarifs les plus bas appliqués aux transports de même nature en Allemagne.

« b) *Fourniture par voie de mer.* — Le prix sera soit le prix d'exportation allemand f. o. b. dans les ports allemands, soit le prix d'exportation anglais f. o. b. dans les ports anglais et dans tous les cas le plus bas des deux. »

« The prices to be paid for coal delivered under these options shall be as follows :

« (a) For overland delivery, including delivery by barge,

the German pithead price to German nationals, plus the freight to French, Belgian, Italian or Luxemburg frontiers, provided that the pithead price does not exceed the pithead price of British coal for export. In the case of Belgian bunker coal, the price shall not exceed the Dutch bunker price.

« Railroad and barge tariffs shall not be higher than the lowest similar rates paid in Germany.

« (b) For sea delivery, the German export price f. o. b. German ports, or the British export price f. o. b. British ports, whichever may be lower. »

L'avis de la majorité était que dans le cas où le charbon était livré dans un port allemand, sur navire, il y avait certainement « fourniture par voie de mer ». Par contre si le charbon, chargé à Ruhrort sur des chalands était acheminé par mer sur les mêmes chalands de Ruhrort à Dunkerque, ou bien s'il était transbordé à Rotterdam sur d'autres chalands, qui, par canaux, étaient dirigés sur Gand, Anvers, Givet, etc... il y avait fourniture « par voie de fer ou par eau ». Enfin pour le charbon chargé à Ruhrort et transporté à Rotterdam pour y être transbordé sur des bateaux de mer, la fourniture devrait être considérée comme faite soit par « voie de fer ou par eau » soit « par voie de mer » selon que la partie principale du voyage à effectuer par le charbon était intérieure ou maritime. A cet effet des limites géographiques devaient être fixées.

L'avis de minorité estimait que le critérium à suivre pour déterminer si une fourniture devait être considérée comme faite « par voie de fer ou par eau » ou comme faite « par voie de mer » était la voie par laquelle le charbon arrivait au pays auquel il était destiné.

A la séance du 13 mars 1920 de la Commission des Réparations, les représentants allemands exposèrent le

point de vue de leur Gouvernement d'après lequel pour
toutes les fournitures faites franco bord dans des ports
de mer belges, hollandais ou allemands, pour la réexpé-
dition par voie de mer, le prix d'exportation prévu au
§ 6 (b) devait être appliqué.

La question fut plusieurs fois reprise par la Commission
des Réparations, mais l'unanimité demandée par le Traité
pour une décision d'interprétation ne put pas être obtenue
et, à la séance du 8 février 1921, la Commission des Réparations décida que chaque Délégué exposerait la question
à son Gouvernement, en signalant l'urgence qu'il y
avait à la régler afin de permettre l'évaluation du charbon
livré par l'Allemagne.

Les Gouvernements alliés n'arrivèrent pas non plus à
un accord sur la question d'interprétation. Celle-ci a été
par la suite réglée pour la France par les Accords de Wiesbaden du 7 octobre 1921 approuvés par les Gouvernements
alliés dans une clause de l'Arrangement financier du
11 mars 1922. Cet Arrangement règle également la question pour l'Italie en ce qui concerne les rapports interalliés.

De même la question relative à la liberté d'affrètement
sur le Rhin fit l'objet de nombreuses négociations avec
les Allemands sans qu'un accord pût intervenir. Les
Allemands ont toujours soutenu qu'ils ne demandaient
pas le monopole des transports pour les bateaux allemands, mais le monopole des affrètements. Cette question fut également réglée en ce qui concerne la France par
l'Accord de Wiesbaden du 7 octobre.

Dans le but de favoriser le relèvement des pays de
l'Europe Centrale, la Commission des Réparations décida
le 29 avril 1920, d'allouer à la Hongrie, sur sa demande,
30.000 tonnes de charbon de la Haute-Silésie destinées

aux travaux agricoles. Ce charbon devait être prélevé sur la quantité que l'Italie n'aurait pu enlever. Au mois de novembre 1920, 15.000 tonnes furent à nouveau allouées à la Hongrie et 25.000 tonnes au mois de décembre 1920. A partir du mois de février 1921, une allocation mensuelle de 20.000 tonnes fut faite par la Commission des Réparations et une allocation supplémentaire de 50.000 tonnes fut consentie au mois de mars.

Les livraisons de charbon furent interrompues au mois de mai en raison des troubles survenus en Haute-Silésie à la suite du plébiscite ; elles furent reprises en septembre 1921.

Des allocations extraordinaires furent également faites en faveur de l'Autriche pendant l'hiver 1920-21.

*
* *

Le 29 mai 1920, la Commission des Réparations décida de porter à 450.000 tonnes la quantité de charbon qui était allouée à la Pologne, en provenance de la Haute-Silésie, à condition que la Pologne fournît les moyens de transport pour 100.000 tonnes. Cette décision fut prise comme prétexte par le Gouvernement allemand pour réduire les expéditions de charbon faites aux Alliés en provenance du Bassin de la Ruhr, expéditions qui étaient déjà fortement déficitaires. La Commission des Réparations, appliquant les dispositions du § 17 de l'Annexe II à la Partie VIII du Traité de Versailles, notifia formellement le 30 juin 1920, aux Puissances Alliées et Associées, le manquement de l'Allemagne à remplir ses obligations en ce qui concernait les livraisons de charbon.

*
**

Les Puissances Alliées et Associées saisies de ce manquement rencontrèrent les Allemands à Spa au cours d'une conférence qui se tint au début du mois de juillet 1920.

Cette conférence aboutit au Protocole signé le 16 juillet 1920 à Spa, en vertu duquel l'Allemagne s'engageait à mettre à la disposition des Alliés, pendant six mois, à partir du 1er août 1920, une quantité mensuelle de 2 millions de tonnes de charbon. Par contre, les Puissances alliées s'engageaient :

a) A payer en espèces une prime de 5 mark-or par tonne de charbon livrée par fer ou par voie d'eau intérieure ; cette prime devait être affectée à l'acquisition de denrées alimentaires pour les mineurs allemands et était allouée en contre-partie de la faculté reconnue aux Alliés de se faire livrer des charbons classés et qualifiés.

b) A consentir à l'Allemagne, pendant une période de 6 mois, une avance dont le montant était égal à la différence entre le prix intérieur allemand et le prix d'exportation f. o. b. anglais dans les ports anglais, cette avance devant jouir d'une priorité absolue sur toutes les autres créances des Alliés vis-à-vis de l'Allemagne.

Le Protocole prévoyait en outre :

1° L'installation à Berlin, d'une Délégation permanente de la Commission des Réparations ayant pour but de s'assurer que les livraisons de charbon prévues au Protocole étaient exécutées.

2° La constitution d'une Commission, au sein de laquelle l'Allemagne était représentée, et qui aurait pour objet de préparer un accord à soumettre pour approbation à la Commission des Réparations, sur la répartition du charbon de la Haute-Silésie.

3° La constitution à Essen d'une Commission, dans laquelle les Allemands étaient représentés, ayant pour mandat de rechercher par quels moyens les conditions de vie des mineurs, au point de vue de la nourriture et de l'habillement, pouvaient être améliorées en vue d'une meilleure exploitation des mines.

Une clause visant les sanctions à prendre dans le cas où, au 15 novembre 1920, les livraisons des mois d'août, de septembre et d'octobre n'auraient pas atteint 6 millions de tonnes, ne fut pas acceptée par les Allemands. Ceux-ci signèrent le Protocole avec une réserve en ce qui concerne l'article qui contenait cette clause.

Le même jour, deux documents, l'un relatif à la participation de la France, de la Grande-Bretagne, de l'Italie et de la Belgique aux avances à faire et l'autre relatif à l'interprétation à donner à certains paragraphes du Protocole de Spa, furent signés par les Alliés.

La Commission des Réparations, dans sa séance du 16 juillet 1920 à Spa, ratifia la partie du Protocole fixant les quantités à livrer, prit acte de la décision intervenue entre les Puissances Alliées et Associées au sujet des avances à faire et approuva la disposition stipulant que le remboursement devait avoir lieu par priorité absolue. Ultérieurement, à la suite de l'Accord franco-britannique de Boulogne du 27 juillet 1920, la Commission des Réparations, à la demande des Hautes Parties Contractantes, accepta d'assurer l'exécution des Arrangements de Spa, en ce qui concerne les livraisons de charbon à effectuer par l'Allemagne et les avances à faire par les Puissances alliées en contre-partie de ces livraisons.

A la date du 30 juillet 1920, la Commission des Répa-

rations procéda à la constitution de la Délégation perma-
manente à Berlin prévue par le Protocole de Spa et
en confia la présidence au Délégué de la France. Le
13 août 1920, elle constitua les deux autres Commissions
prévues par le Protocole de Spa : celle chargée de préparer un accord pour la répartition du charbon de la
Haute-Silésie eut comme siège Berlin ; celle chargée de
rechercher les moyens d'améliorer les conditions de vie
des mineurs siégea à Essen et fut appelée « Comité d'Enquête d'Essen ».

Le 24 août 1920, la Commission des Réparations décida,
en ce qui concerne les avances à faire en exécution du
Protocole de Spa :

1° Que les questions relatives au paiement de la prime
de 5 mark-or étaient de la compétence exclusive des
pays réceptionnaires de charbon.

2° Que pour le premier mois de livraison une avance
provisoire de 60 millions de mark-or serait faite par les
pays intéressés sous réserve des ajustements nécessaires
dès que les chiffres exacts seraient connus.

En exécution de cette deuxième décision, le 30 août
1920, une convention fut signée avec le Président de la
Kriegslastenkommission réglant les modalités de paiement
de la première avance et la remise de bons que le Gouvernement allemand devait donner en échange de cette
avance.

Etant donné les difficultés soulevées à la fin de chaque
mois par la détermination exacte de l'avance à faire, une
Convention fut passée le 27 octobre 1920 entre la Commission des Réparations et la Kriegslastenkommission : il
y était convenu de fixer le montant de l'avance au chiffre
de 40 mark-or pour chaque tonne de charbon livrée par
fer ou par voie d'eau intérieure. Il fut en outre convenu

que le coke serait évalué en charbon dans le rapport de 3 tonnes de coke pour 4 tonnes de charbon et les briquettes de lignite dans le rapport de 7 tonnes de briquettes pour 4 tonnes de charbon.

La question se posa de savoir si le Luxembourg, comme pays réceptionnaire, devait participer également aux avances. Une Convention passée entre les Gouvernements luxembourgeois et allemand et approuvée le 26 novembre 1920 par la Commission des Réparations, régla la question. Le Gouvernement luxembourgeois s'engagea à participer aux avances à raison de 4 o/o de leur montant total. Ces avances devaient être effectuées directement par le Luxembourg au Gouvernement allemand et leur remboursement était réglé directement entre le Gouvernement allemand et le Gouvernement du Luxembourg.

Les livraisons prévues au Protocole de Spa furent exécutées jusqu'au mois d'octobre 1920 ; à partir de cette époque elles faiblirent et à la fin des 6 mois on put constater un déficit d'environ 664.000 tonnes.

Le montant total des avances consenties à l'Allemagne pour les 6 mois fut de 360.791.378,64 mark-or.

Leur remboursement fut réglé par une Convention signée à Paris le 28 décembre 1920. Dans cette Convention il était établi que, en échange des avances reçues, le Gouvernement allemand remettrait à la Commission des Réparations, pour être répartis entre les Gouvernements alliés, au prorata de leurs versements, des bons du Trésor, remboursables le 1er mai 1921, pour un montant égal aux avances reçues augmentées des intérêts à 6 o/o l'an, à partir du jour où les avances avaient été mises à la disposition du Gouvernement allemand. Il était établi également ment qu'à la date du 1er mai 1921, chacune des Puissances ayant participé aux avances se rembourserait du montant des avances consenties par elle et non remboursées en espèces par l'Allemagne, par imputation sur la valeur des versements en nature qu'elle aurait reçus de l'Allemagne à cette date au titre des Annexes III, IV et V. En conséquence, les fournitures ainsi appliquées au remboursement des avances n'ont pas été portées au crédit de l'Allemagne au titre des « réparations » bien qu'on en ait tenu compte lorsqu'on s'est occupé d'estimer dans quelle mesure l'Allemagne s'était acquittée de l'obligation que lui imposait l'Article 235, de payer 20.000.000.000 de mark-or avant le 1er mai 1921.

* *
*

Pendant la période d'exécution du Protocole de Spa, les Commissions spéciales créées en vertu dudit Protocole achevèrent leurs travaux.

Le Comité d'Enquête d'Essen tint sa dernière séance le 20 octobre 1920. Un protocole fut signé par les deux Délégations ; les conclusions des experts réunies dans un rapport en date du 24 septembre 1920 furent entérinées et il fut reconnu qu'il n'y avait lieu de procéder à des enquêtes supplémentaires ni dans la Ruhr, ni dans les autres régions et que la Délégation allemande n'avait aucune proposition nouvelle à formuler. Les experts alliés et allemands furent d'accord pour reconnaître la nécessité de fournir à chaque personne constituant la population minière de toute l'Allemagne, un supplément de vivres équivalant à 950 calories. Les experts alliés et allemands faisaient ressortir, en outre, la nécessité d'améliorer les conditions de l'habillement de la population minière.

Le rapport du 24 septembre 1920 des experts et le Protocole du 20 octobre 1920 furent communiqués à la Kriegslastenkommission en invitant celle-ci à faire connaître les mesures adoptées par le Gouvernement allemand pour améliorer les conditions de vie des mineurs, et copie de tout le dossier fut transmise aux Gouvernements signataires du Protocole de Spa.

Par décision de la Commission des Réparations, la Délégation permanente de la Commission des Réparations à Berlin fut dissoute à la fin du mois de janvier 1921 (expiration du Protocole de Spa).

***

La Commission de Répartition du charbon de la Haute-Silésie présenta, au mois de novembre 1920, son rapport relatif à un projet de répartition.

Entre temps, le Conseil des Ambassadeurs, le 28 juillet 1920, avait pris une décision au sujet du partage du district de Teschen entre la Tchéco-Slovaquie et la Pologne. D'après cette décision, une convention devait intervenir entre la Pologne et la Tchéco-Slovaquie à l'effet de régler les fournitures réciproques de charbon et de naphte.

En outre, sous réserve des dispositions des Articles 224 du Traité de Saint-Germain et 207 du Traité de Trianon, une entente devait avoir lieu entre les principales Puissances Alliées et Associées et la Tchéco-Slovaquie pour la répartition du charbon de Teschen. En attendant la conclusion de cette convention, la Tchéco-Slovaquie devait satisfaire à toutes les demandes que la Commission des Réparations, agissant au nom des principales Puissances Alliées et Associées, présenterait en faveur d'une Puissance qui recevait du charbon de ce district en 1913.

Etant donné la liaison étroite qui existait entre la répartition du charbon de Teschen et celle du charbon de la Haute-Silésie, il n'était pas possible d'envisager la répartition de l'un indépendamment de l'autre. Aussi, dès que la Commission de Répartition du charbon de la Haute-Silésie eût présenté son rapport, la Commission des Réparations fit-elle élaborer un plan général de répartition de la production de ces deux bassins. Ce plan fut soumis à la Commission des Réparations au cours de sa séance du 21 décembre 1920. La Commission des Réparations décida de convoquer à Paris, en séance extraordinaire, la Commission de Répartition afin de lui faire prendre connaissance des modifications introduites dans le projet de répartition proposé par elle, et le 27 décembre, la Commission de Répartition, à la majorité, approuva le nouveau plan de répartition (le Délégué de l'Allemagne et celui de la Haute-Silésie votèrent contre ce projet). A la séance du 29 décembre 1920, la Commission des Réparations approuva la partie du projet relative à la répartition du charbon de la Haute-Silésie. Mais l'imminence du plébiscite dont la date avait été fixée au mois de février 1921, fit perdre à la question beaucoup de son importance, puisqu'après le partage la Commission des Réparations n'avait plus aucun pouvoir pour intervenir dans la répartition.

*
* *

Pendant la période d'exécution du Protocole de Spa, des études furent faites pour déterminer la quantité de charbon qui devait être livrée, chaque mois, à la France, par priorité, en compensation de la diminution de production des mines sinistrées du Nord et du Pas-de-Calais. Le résultat de ces études fut l'établissement d'une méthode approuvée par la Commission des Réparations à sa séance du 22 octobre 1920.

1° On détermina les mines dont la production devait entrer en ligne de compte.

2° Il fut décidé que la « production moyenne mensuelle » en 1913 serait la moyenne mensuelle de la production brute des différentes mines considérées.

3° Pour les mois postérieurs au mois de janvier 1920, on décida de considérer la production brute réalisée, étant entendu que si le chiffre d'un mois se trouvait être en diminution sur celui du mois précédent, ce serait le chiffre du mois précédent qui serait retenu. Par contre si la production de l'un des mois arrivait à dépasser la production moyenne de 1913, ce serait la production de 1913 qui devrait être considérée comme production du mois.

4° Il fut décidé que la consommation des mines serait, pour 1913, la moyenne mensuelle réelle de consommation en 1913 et, pour les mois postérieurs à janvier 1920, la consommation réelle des mines pendant le mois envisagé. La consommation comprendrait seulement la quantité réelle de charbon employée pour l'exploitation de la mine.

5° Il fut décidé de ne pas tenir compte, en fixant la priorité de la France (différence entre la production nette en 1913 et la production nette pour un mois considéré), des quantités excédant 1.666.666 tonnes pour la période comprise entre le 10 janvier 1920 et le 9 janvier 1925, et excédant 666.666 tonnes pour la période du 10 janvier 1925 au 9 janvier 1930, puisque de telles quantités dépasseraient les limites annuelles prévues par le Traité.

Le tableau contenu dans l'Appendice XX (1) montre la diminution progressive des quantités demandées de ce chef.

(1) Voir page 429.

La question du délai de préavis de 120 jours, qui était toujours restée en suspens, fut également résolue à la suite de négociations au cours desquelles les Délégués allemands renoncèrent d'une façon définitive au préavis de 120 jours pour les livraisons à effectuer à partir du 1ᵉʳ février 1921, c'est-à-dire après l'expiration du régime institué par le Protocole de Spa.

Les livraisons prévues au Protocole de Spa se terminaient à la fin du mois de janvier 1921. En conséquence, dès le mois de novembre 1920, des pourparlers furent engagés avec les Allemands pour établir le programme des livraisons à partir du 1ᵉʳ février 1921. Le résultat de ces pourparlers fut l'établissement d'un programme de livraison de 2.200.000 tonnes pour chacun des mois de février et de mars 1921 ; ce programme fut ensuite réadopté pour chaque mois jusqu'à janvier 1922.

En matière de transport, la Commission des Réparations a été appelée à donner une interprétation formelle du Traité pour établir à qui incombait le payement des frais de transport par chemin de fer à travers les pays intermédiaires. Il y a lieu de faire ressortir qu'au commencement, dans le but de rendre les livraisons plus faciles, les pays réceptionnaires, outre l'aide en matériel roulant qu'ils fournirent, payèrent également les frais de transport à travers les pays intermédiaires (la Belgique à travers la Hollande — l'Italie à travers la Suisse, l'Autriche et la Tchéco-Slovaquie — la France à travers la Belgique).

La Commission des Réparations, dans sa séance du 18 janvier 1921, interprétant formellement le Traité de Versailles, mit à la charge de l'Allemagne le payement des frais de transport à travers les pays intermédiaires étant entendu que les itinéraires les plus courts ou les plus économiques devaient être utilisés de préférence aux autres et devaient être utilisés à leur puissance de rendement maxima, compte tenu de l'état du trafic sur l'ensemble des voies ferrées pouvant assurer ce transport.

*
* *

Le Gouvernement allemand s'étant plaint que quelques pays réceptionnaires exportaient du charbon reçu au titre des réparations, la Commission des Réparations dut se prononcer. Le 5 février 1921, elle fit savoir à la Kriegslastenkommission que la destination définitive du charbon livré concernait seulement le pays réceptionnaire et qu'en conséquence ce pays pouvait disposer librement de ce charbon.

*
* *

Le 25 avril 1921, la Commission fit savoir à l'Allemagne :

1° Qu'elle considérait comme « première année des livraisons » la période comprise entre le 11 janvier 1920 et le 31 janvier 1921 (échéance du Protocole de Spa).

2° Qu'elle considérait, en outre, comme différée la livraison de la différence entre les quantités demandées et celles effectivement livrées pendant ladite période, se réservant de fixer les modalités qui devaient régler la livraison du solde.

A la suite de cette décision, les Gouvernements français, belge et italien firent connaître à la Commission des Réparations, dans le courant du mois de mai 1921, qu'ils demandaient, pour la seconde année de livraison, que l'option fût exercée pour toute la quantité de charbon qui revenait à chacun d'eux d'après les dispositions de l'Annexe V à la Partie VIII du Traité de Versailles. La question fut examinée par la Commission des Réparations à sa séance du 8 juillet 1921 et le 13 juillet une lettre fut envoyée à la Kriegslastenkommission pour lui notifier :

1° que les Gouvernements français, belge et italien demandaient pour la deuxième année commençant le 1ᵉʳ février 1921, la livraison de la quantité totale de charbon formant l'objet de leur option ;

2° que la Commission des Réparations fixait à 4.000.000 de tonnes la quantité à livrer au Luxembourg pendant la même période ;

3° que la Commission des Réparations décidait que la quantité réelle à livrer par l'Allemagne devait être conforme aux programmes déjà notifiés ou qui seraient notifiés à l'avenir et que la livraison de la différence entre la quantité spécifiée dans les programmes et celle demandée était pour le moment différée.

La Commission des Réparations tenait en outre, à faire ressortir que, faisant cette notification pour éviter toute forclusion, elle n'entendait en rien préjuger de ses droits ni même les interpréter.

Le 28 juillet 1921, la Kriegslastenkommission ayant signalé que le Gouvernement allemand ne se considérait pas comme tenu d'effectuer des fournitures de charbon au-delà des périodes prévues dans l'Annexe V à la Partie VIII, la Commission des Réparations, en conformité des dispositions de cette Annexe, confirma à la Kriegslastenkommission le 25 août 1921, que l'ajournement ou l'annulation de l'obligation de livrer la différence entre les quantités résultant de l'exercice de l'option et celles indiquées dans les programmes de livraison notifiés à la Kriegslastenkommission, ou la différence entre les quantités demandées et celles réellement livrées, rentrait uniquement dans la compétence de la Commission des Réparations.

Cependant en Haute-Silésie, à la suite du plébiscite, des troubles survinrent au commencement du mois de mai 1921 ; ils eurent pour conséquence de suspendre tous envois de charbon à l'Allemagne. En raison de ce fait, il fut décidé de considérer le programme mensuel comme divisé en trois tranches correspondant à l'ordre de priorité à donner aux expéditions dans le cas où les circonstances particulières du moment empêcheraient d'exécuter complètement le programme. Cette décision fut communiquée le 4 juin 1921 à la Kriegslastenkommission et la première urgence pour le mois de juin fut fixée à 1.600.000 tonnes. Cet arrangement continua de mois en mois dans l'espoir que la question de Haute-Silésie serait réglée à bref délai ; il dura jusqu'en janvier 1922. A partir du mois de septembre 1921, la quantité, dite de première urgence, fut portée à 1.700.000 tonnes.

Entre temps, la Commission des Réparations notifiait à la Kriegslastenkommission que le Gouvernement allemand pouvait exporter 20.000 tonnes de coke pendant le mois de juillet 1921 à condition que les expéditions pour les Alliés atteignissent 1.600.000 tonnes en juin. Toutefois les livraisons effectuées ne dépassèrent jamais et n'atteignirent même pas la quantité représentant la première urgence, et malgré cela des exportations vers l'Autriche et vers la Suisse furent effectuées par l'Allemagne. En considération de cette transgression de ses décisions, la Commission des Réparations dans sa séance du 9 décembre, décida de notifier à l'Allemagne qu'en dehors des exportations vers la Hollande, pour lesquelles il existait certaines circonstances spéciales et qui avaient été approuvées le 7 octobre 1920, toute exportation de coke et de charbon était interdite à l'Allemagne à moins d'autorisation préalable de la Commission des Réparations (1).

En raison des déficits dans les livraisons, particulièrement dans celles de coke, la Délégation française demanda au mois de décembre 1921 à la Commission des Réparations de constater le manquement de l'Allemagne et de le notifier aux Gouvernements alliés et associés en application des dispositions du § 17 de l'Annexe II.

En même temps la Kriegslastenkommission informait la Commission des Réparations des mesures prises par le Gouvernement allemand pour assurer une augmentation immédiate des livraisons de coke. Ces mesures ayant produit l'effet escompté, la Commission des Réparations, dans sa séance du 30 décembre 1921, décida de notifier à la Kriegslastenkommission qu'elle prenait acte des mesures adoptées par le Gouvernement allemand et comptait que ce Gouvernement continuerait à assurer la livraison, non seulement des quantités indiquées aux programmes, mais aussi des quantités supplémentaires destinées à combler le déficit survenu en décembre. La Commission des Réparations espérait, en

(1) Ultérieurement, lors de l'établissement du programme pour les mois de février, mars et avril 1922, en considération de l'engagement pris par les Représentants du Gouvernement allemand d'assurer la livraison de la quantité fixée à 5.750.000 tonnes, cette interdiction fut levée jusqu'au 30 avril 1922.

conséquence, qu'elle ne serait pas mise dans la nécessité de statuer sur la question de la notification aux Gouvernements alliés d'un manquement de l'Allemagne. A la suite de cette décision, le Gouvernement allemand s'engagea à livrer pendant le mois de janvier 1922, en plus de la quantité inscrite au programme de première urgence, la quantité de coke inscrite dans le programme de deuxième urgence, à savoir : 90.000 tonnes, à condition que les moyens de transport nécessaires pour cette livraison fussent fournis par les Alliés.

Telle était la situation à la fin de la seconde année des livraisons.

PRODUITS DÉRIVÉS

Sulfate d'ammoniaque.— Aussitôt après la signature du Traité de Paix, des pourparlers furent engagés avec la Délégation allemande pour la livraison des produits dérivés visés au § 8 de l'Annexe V. Ces livraisons n'ayant pas été exécutées, les négociations furent reprises après la ratification du Traité de Paix et aboutirent à l'établissement d'un Protocole approuvé le 1ᵉʳ mars 1920 par la Commission des Réparations et aux termes duquel les livraisons devaient commencer 30 jours après la mise en vigueur du Traité et être effectuées en principe à raison de 2.500 tonnes par mois. Les livraisons commencèrent effectivement au mois de mai 1920 et n'ont pas donné lieu à des remarques spéciales.

Benzol. — Les négociations engagées pendant le mois d'août 1919 avec la Délégation allemande pour les livraisons de benzol se prolongèrent, après la constitution de la Commission des Réparations, pendant toute l'année 1920, sans qu'un accord intervînt sur les quantités à livrer. Un protocole réglant ces livraisons fut approuvé par la Commission des Réparations dans sa séance du 14 décembre 1920 ;. les Allemands ayant fait des réserves au sujet des quantités à livrer, la Commission des Réparations notifia formellement au Gouvernement allemand, le 22 juin 1921, que les stipulations du Traité devaient être intégralement exécutées et que les livraisons devaient se faire sur la base des 35.000 tonnes par an prévues au Traité. Le protocole fixait comme date de commencement des livraisons le 1er février 1921. Elles commencèrent effectivement à cette époque et furent ensuite presque régulières.

Goudron. — De même, les négociations pour l'établissement d'un protocole réglant les livraisons de goudron se prolongèrent pendant l'année 1920 ainsi que pendant presque toute l'année 1921. Ce fut seulement au mois de novembre 1921 qu'un accord put se faire entre les experts français et allemands sur les caractéristiques des produits à livrer, et le 25 novembre 1921 la Commission des Réparations approuva le protocole.

RÉSULTATS

Ainsi qu'il a été indiqué ci-dessus, à l'exception des trois premiers mois d'exécution du Protocole de Spa, les livraisons de charbon ont toujours été déficitaires par rapport aux quantités indiquées dans les programmes notifiés. Il y a lieu de faire ressortir à ce point de vue que la Commission des Réparations, usant des pouvoirs que lui confère le § 10 de l'Annexe V à la Partie VIII du Traité, a toujours, pour tenir compte de tous les éléments de la situation, sensiblement réduit les quantités inscrites au Traité.

En effet, pour la première année de livraisons (11 janvier 1920-31 janvier 1921) les quantités prévues au Traité se montaient à 41.108.161 tonnes ; les quantités demandées par la Commission des Réparations ont été seulement de 26.809.350 tonnes et les quantités livrées, compte tenu des livraisons effectuées depuis le 1er septembre 1919, s'élevèrent à 19.476.480 tonnes. Les livraisons furent donc inférieures de 21.631.681 tonnes à la quantité totale prévue au Traité et de 7.332.870 tonnes à la quantité demandée.

Pour les livraisons de la seconde année (1er février 1921-31 janvier 1922), la situation n'a pas été très différente. La quantité prévue au Traité était de 37.541.971,4 tonnes ; celle notifiée dans les programmes s'élevait à 26.400.000 tonnes et celle réellement livrée se montait à 18.077.980 tonnes, soit une livraison inférieure de 19.463.991,4 tonnes ; à la quantité spécifiée dans le Traité et de 8.322.020 tonnes à la quantité demandée (voir appendice XXI) (1).

Les livraisons de produits dérivés, ainsi qu'il a été indiqué ci-dessus, n'ont pas donné lieu à remarques spéciales.

A la date du 31 janvier 1922, 52.449 tonnes de sulfate d'ammoniaque avaient été reçues contre 52.500 tonnes qui auraient dû être livrées.

A la même date les livraisons de benzol se montaient à 32.279 tonnes contre 35.000 tonnes qui auraient dû être livrées.

(1) Voir page 430.

CHAPITRE VIII

MATIÈRES COLORANTES ET PRODUITS PHARMACEUTIQUES

En raison de la nature même des produits, la valeur des livraisons de matières colorantes et produits pharmaceutiques n'atteint pas un chiffre élevé par rapport à certaines autres livraisons ; néanmoins l'Annexe VI est assez importante pour qu'il ait paru utile d'en faire l'objet d'un chapitre séparé.

Le texte complet de l'Annexe VI est reproduit à l'Appendice XXII (1).

I. — Matières Colorantes

En ce qui concerne les matières colorantes cette Annexe vise :

1° A mettre à la disposition des Puissances Alliées et Associées les matières colorantes immédiatement nécessaires à leurs industries (§ 1er).

2° A leur fournir ces matières colorantes d'une manière continue jusqu'au 1er janvier 1925 (§ 2).

Dès la signature du Traité, le Comité d'Organisation s'occupa de l'Annexe VI en raison des besoins urgents

(1) Voir page 432.

des Pays alliés. Tenant compte du caractère nettement technique de ces questions, le Comité décida d'en confier l'étude à un Sous-Comité composé d'experts au courant de l'industrie des colorants au point de vue de la production et de la consommation. Les Etats-Unis, la Grande-Bretagne, la France, l'Italie et la Belgique nommèrent des représentants à ce Sous-Comité. De son côté, l'Allemagne chargea de ces questions un Comité d'experts composé des représentants des principales usines allemandes de matières colorantes et présidé par M. Carl von Weinberg. Tous accords intervenus entre ces comités d'experts devaient cependant être soumis à la ratification du Comité d'Organisation et plus tard de la Commission des Réparations.

Les experts alliés se réunirent pour la première fois avec les experts allemands à Versailles, le 8 août 1919.

A cette réunion on se mit d'accord pour arrêter, au 15 août 1919, les inventaires des stocks possédés par les usines allemandes.

Selon les inventaires remis par l'Allemagne, les stocks de colorants et produits intermédiaires s'élevaient à cette date à : 21.522.723 kgs dont 50 % c'est-à-dire 10.761.361 kgs étaient soumis à l'option de la Commission des Réparations (voir Appendice XXIII) (1).

L'option sur ces stocks n'aurait théoriquement pu être exercée qu'après la mise en vigueur du Traité ; cependant, tenant compte des besoins urgents de la France, de l'Italie et de la Belgique, il fut décidé, d'accord avec l'Allemagne, au cours d'une réunion tenue dans ce but à Londres par les Alliés le 15 septembre 1919, d'autoriser un prélèvement immédiat de 5.200

(1) Voir page 435.

tonnes sur les stocks du 15 août. Cet accord fut ratifié par le Comité d'Organisation le 17 septembre ; les détails relatifs aux livraisons furent fixés avec les experts allemands au début d'octobre et un protocole fut définitivement signé le 3 novembre.

Ces 5.200 tonnes furent mises à la disposition des Puissances Alliées et Associées suivant la répartition suivante :

États-Unis......	1.500 tonnes à concurrence de	20,44 %	de la quantité	
Grande-Bretagne.	1.500 »	»	20,44 %	totale
France..........	1.000 »	»	15 %	de chaque produit
Italie..........	700 »	»	10 %	soumise
Belgique........	500 »	»	5 %	à l'option

Les premières livraisons sur les 5.200 tonnes commencèrent le 22 novembre 1919. Le Comité des experts alliés étudia alors la répartition des reliquats de leur part des stocks du 15 août.

Après de longues discussions, le Comité admit qu'il était nécessaire de diviser les colorants en groupes, et de baser les pourcentages dans chaque groupe sur les statistiques allemandes d'exportation en 1913, les chiffres obtenus devant être légèrement modifiés pour tenir compte des circonstances nouvelles et notamment de la production indigène (voir le tableau de répartition Appendice XXIV (1). Les commandes sur les stocks du 15 août furent transmises jusqu'au 1er septembre 1920. Les livraisons totales sur ces stocks s'élèvent à 9.889. 650 kgs.

Le paragraphe 2 de l'Annexe VI donnait à la Commission une option pour la livraison pendant chaque

____

(1) Voir page 436.

période de six mois « de toutes matières colorantes et produits chimiques pharmaceutiques à concurrence de 25 o/o de la production allemande pendant la période des six mois précédents ». L'option débutait à la mise en vigueur du Traité, c'est-à-dire le 10 janvier 1920.

A une conférence tenue en janvier 1920, les exports allemands proposèrent que les Alliés établissent un programme de leurs besoins réels pour trois mois, programme à exécuter par l'Allemagne, et que l'option de la Commission des Réparations fût exercée sur la production de chaque mois. Cette proposition fut acceptée et un protocole provisoire d'exécution fut signé le 3o janvier 1920. Depuis cette date, l'Allemagne fait connaître chaque mois à la Commission des Réparations la production du mois précédent pour toutes les matières colorantes, ainsi que les prix les plus bas auxquels ces produits ont été livrés à d'autres acheteurs. En pratique, les prix indiqués sont toujours ceux du marché intérieur allemand. Les listes mensuelles de production sont communiquées aux Gouvernements intéressés, et ceux-ci disposent d'un certain délai pour passer les commandes à concurrence des pourcentages qui leur sont attribués. Ces pourcentages ont été établis sur la base employée pour la répartition des reliquats des stocks du 15 août 1919 ; ils ont dû être modifiés à plusieurs reprises, par suite des demandes imprévues du Japon, puis de la renonciation provisoire du Japon et ensuite des États-Unis (Voir Appendice XXV (1), la répartition avant le retrait des États-Unis, et Appendice XXVI (2) la répartition actuelle).

(1) Voir page 437.
(2) Voir page 438.

Une fois le délai expiré, les « reliquats » non prélevés sont offerts aux différents pays sans tenir compte des pourcentages ; c'est également sur ces reliquats que sont prélevées les livraisons aux pays qui n'ont pas de pourcentage (Royaume des Serbes, Croates et Slovènes et Grèce). Cette méthode permet de prélever sur les 25 o/o de la production allemande tout ce qui peut servir à l'un ou à l'autre des pays alliés ou associés, tout en permettant à chacun d'avoir au moins un pourcentage raisonnable.

L'établissement des programmes trimestriels des besoins des pays alliés, base de l'accord qui devait se substituer à l'Accord provisoire du 30 janvier 1920, présentait de sérieuses difficultés. Aussi, le Protocole du 30 janvier 1920 fut-il renouvelé le 28 avril 1920, puis une seconde fois, sous forme légèrement modifiée, le 31 mai 1920. L'Appendice XXVII (1) reproduit ce dernier texte.

Cependant, les usines allemandes continuant à fabriquer en grosses quantités les colorants de fabrication simple, que produisaient également les usines américaines, britanniques, françaises et italiennes, des quantités importantes restaient à la disposition de la Commission. Afin de ne pas troubler les marchés en mettant en vente ces grosses quantités, la Commission négocia la vente de ces soldes, à l'Association des usines allemandes de matières colorantes (Interessengemeinschaft) ; le 3 février 1921, fut signé un accord par lequel l'Interessengemeinschaft rachetait ces soldes à 75 o/o de la valeur portée aux listes mensuelles de production. Ce contrat avait trait à tous les soldes des 25 o/o de la production de février à mai 1920.

_____

(1) Voir page 439.

La somme payée à la Commission des Réparations s'éleva à 44.384.400 mark-papier (soit 3.026.100 mark-or).

Différentes circonstances, et notamment les difficultés inhérentes à l'établissement d'un programme précis, empêchèrent la préparation du nouvel accord dont on avait prévu, en janvier 1920 la substitution aux accords existants. Or, pour beaucoup de types de colorants, les 25 o/o de la production allemande ne suffisaient pas aux pays alliés, et beaucoup de produits demandés n'étaient même pas fabriqués. La Commission chercha donc à combler cette lacune. Il fallait avant tout permettre aux organismes alliés de répartition de satisfaire leur clientèle, quelle que soit la quantité demandée, et à un prix raisonnable. Plusieurs conférences eurent lieu avec les experts allemands en juillet 1921. Il parut utile d'intéresser les usines allemandes à la bonne marche de l'accord à intervenir, et, dans ce but, de leur faire une concession sur les prix des quantités dépassant celles dont la livraison était prévue aux protocoles antérieurs. C'est ainsi que fut signé, après de laborieuses négociations, l'Accord additionnel du 19 août 1921 (Appendice XXVIII) (1).

Cet accord permettait aux organismes alliés de répartition de commander trimestriellement toutes les quantités nécessaires à leurs industries, de façon à disposer toujours de réserves suffisantes pour faire face aux demandes. L'accord n'oblige le syndicat allemand à exécuter les commandes que « dans la mesure du possible » et ne fixe pas d'avance le prix des livraisons. En pratique il a été constaté que le syndicat n'a déclaré que très exceptionnellement qu'il lui était impossible de fabriquer un produit commandé, et qu'à part quelques exceptions,

(1) Voir page 441.

les prix facturés ont été raisonnables. D'ailleurs, l'Accord additionnel a été appliqué par les Pays Alliés et Associés dans une très large mesure. La progression des commandes en Compte Réparation depuis le trimestre juillet-septembre 1921, qui a précédé l'entrée en vigueur de l'Accord additionnel, ressort des chiffres suivants :

	Tonnes commandées
Juillet-Septembre 1921	496
Octobre-Décembre 1921	1178
Janvier-Mars 1922	1198
Avril-Juin 1922	1549
Juillet-Septembre 1922	2061
Octobre-Décembre 1922	2433

L'Accord additionnel fut amendé le 12 juin 1922, principalement dans le but de faciliter le calcul des prix. Actuellement toute commande passée en vertu de l'amendement du 12 juin 1922 est payable moitié au prix le plus bas pratiqué envers tout acheteur par les usines allemandes (en ·pratique prix du marché allemand), et moitié au prix le plus bas pratiqué par ces usines dans le pays allié destinataire. L'amendement du 12 juin 1922 que reproduit l'Appendice XXIX (1) fut prolongé *sine die* le 15 décembre 1922.

Pour être complet, il convient de citer encore deux accords moins importants relatifs aux livraisons de matières colorantes en Compte Réparation. En premier lieu, une convention entre les usines allemandes et les porteurs français de contrats d'avant-guerre pour les matières colorantes prévoit que le paiement des produits fournis au titre de ces contrats sera fait par inscription au crédit du

(1) Voir page 446.

Compte Réparation de l'Allemagne. Cette convention fut soumise par les Gouvernements français et allemand à la Commission des Réparations qui en prit acte. En second lieu, la Commission des Réparations prit acte d'un accord belgo-allemand suivant lequel la Belgique pouvait commander en Compte Réparation, au prix du marché libre, toutes les matières colorantes qu'elle ne pourrait trouver au moment voulu dans sa part des 25 o/o de la production journalière, et qui n'auraient pas été prévues dans les commandes trimestrielles.

Une difficulté d'interprétation s'est présentée à propos des produits intermédiaires. Les textes français et anglais du paragraphe 5 de l'Annexe VI rappelés ci-dessous ne sont, en effet, pas identiques :

« Les matières colorantes et produits chimiques pharmaceutiques visés à la présente Annexe comprennent toutes les matières colorantes et tous les produits chimiques pharmaceutiques synthétiques, ainsi que tous les produits intermédiaires et autres employés *dans les industries correspondantes* et fabriqués pour la vente. »

« The above expression « dyestuffs and chemical drugs » includes all synthetic dyes and drugs and intermediate or other products *in connection with dyeing* so far as they are manufactured for sale ».

Il ne ressort pas du texte anglais que l'option de la Commission s'étend aux produits intermédiaires servant à la fabrication des matières colorantes. Le droit d'interprétation appartenait à la Commission, mais celle-ci n'eut pas à en faire usage ; en effet, les experts alliés estimèrent qu'il valait mieux encourager les producteurs alliés de colorants à fabriquer eux-mêmes leurs produits intermédiaires. Toutes réserves faites sur l'interprétation du Traité, la Commission limita provisoirement son option aux produits intermédiaires employés dans la teinture et l'impression. D'autre part, un grand nombre de produits intermédiaires servant à la fois à la fabrication et aux opérations de teinture ou d'impression, l'option fut limitée aux quantités consommées avant la guerre par les pays alliés pour la teinture et l'impression afin d'éviter que ces produits ne soient employés pour la fabrication (voir 2e alinéa du Protocole du 31 mai 1920). Cependant, l'Allemagne fabriquait de nouveaux produits, et d'autres produits étaient de plus en plus employés (Naphtol AS, etc..). Il fallut donc modifier ces clauses, et actuellement le régime des intermédiaires est le suivant : ces produits ont été divisés en deux groupes, ceux qui servent surtout à la fabrication et ceux qui servent surtout à la teinture ou à l'impression. Pour le premier groupe, les commandes au plus bas prix pratiqué par les usines allemandes peuvent être passées sans limitation de quantité, à condition que les produits ne soient employés que pour la teinture et l'impression et ne soient pas réexportés ; pour le second groupe, l'option s'exerce, aux prix prévus par le Traité, à concurrence des 25 o/o de la production allemande ; les quantités dépassant les 25 o/o peuvent être commandées au prix le plus bas pratiqué par l'Allemagne dans le pays qui passe la commande.

Peu après la mise en vigueur du Traité, la Commission des Réparations avait organisé le Bureau des Matières Colorantes et Produits Pharmaceutiques qui travaille en liaison avec le Comité des experts alliés. De son côté l'Allemagne créa, à Francfort, un service chargé des questions relatives aux matières colorantes (Zentrale der Farbstoff Fabriken, dirigée par M. Muehlen) et à côté duquel subsiste le Comité des experts allemands. La Commission ne cédant, en règle générale, les colorants qu'aux Gouvernements alliés ou aux organismes expressément désignés par les Gouvernements à cet effet, la France et l'Italie créèrent chacune une "Union des Producteurs et Consommateurs de Matières Colorantes" pour recevoir et répartir les colorants de réparation. La Grande Bretagne désigna d'abord la "Central Importing Agency" puis la "British Dyestuffs Corporation". Le Gouvernement belge prend et répartit lui-même les produits colorants. Les Etats-Unis mandatèrent la "Textile Alliance Inc. of New York", mais dénoncèrent ce mandat le 14 décembre 1921, sans remplacer la Textile Alliance. Néanmoins, en considération des demandes de l'industrie américaine, et, en l'absence d'objection de la part du Gouvernement des Etats-Unis, la Commission décida de continuer à livrer à la Textile Alliance l'ancienne part du Gouvernement des Etats-Unis. Le 29 novembre 1922, la Textile Alliance faisait savoir qu'elle renonçait au droit de commander des colorants de réparation, et la part des Etats-Unis fut répartie entre la Grande-Bretagne, la France, l'Italie et la Belgique.

La Centrale de Francfort établit tous les mois un relevé indiquant, pour chaque produit fabriqué en Allemagne pendant le mois précédent, les 25 o/o de la production et le prix le plus bas pratiqué. Ces listes sont immédiatement communiquées par le Bureau des Matières Colorantes aux différents Gouvernements qui disposent d'un délai de 30 jours pour transmettre à la Centrale de Francfort leurs commandes à concurrence de leurs pourcentages. Passé ces 30 jours, le Bureau des Matières Colorantes établit une nouvelle liste indiquant les quantités encore disponibles ; cette liste est immédiatement communiquée aux Gouvernements alliés qui disposent d'un nouveau délai de 30 jours pour transmettre au Bureau des Matières Colorantes leurs commandes sur ces "reliquats". Les reliquats sont répartis une première fois proportionnellement aux commandes reçues le dixième jour, puis distribués au fur et à mesure des demandes, sans tenir compte des pourcentages. Les quantités non commandées dans le délai total de 60 jours restent à la disposition de l'Allemagne. Les commandes sur les 25 o/o de la production journalière allemande doivent être exécutées par l'Allemagne dans les 3 semaines, sauf cas de force majeure. Chaque expédition est accompagnée d'une facture. Le montant de la facture est alors inscrit au crédit du Compte Réparation de l'Allemagne et au débit du Compte Réparation du pays réceptionnaire, après avoir été converti en mark-or. En ce qui concerne les États-Unis, qui n'ont pas de Compte Réparation, les paiements étaient faits comptant en dollars à la Commission par l'organisme réceptionnaire. Il en a été de même pour les colorants vendus directement à la Textile Alliance.

Certains pays alliés avaient subi des inconvénients du fait de réexportations de matières colorantes de réparation faites par d'autres pays alliés, et avaient demandé à la Commission de prendre des mesures tendant à mettre fin à cet état de choses. La position de la Commission à cet égard fut définie dans une lettre adressée aux délégations de tous les pays intéressés et dont les deux extraits suivants donnent l'essentiel :

« *Matières colorantes reçues postérieurement au 9 août 1921.* — Il est expressément entendu que ces matières colorantes sont commandées en vue des besoins intérieurs et ne doivent pas être réexportées dans des pays qui reçoivent des matières colorantes par l'intermédiaire de la Commission des Réparations. En les livrant à ceux de leurs nationaux qui doivent les employer, les pays réceptionnaires

devront porter cette condition à la connaissance des
acheteurs d'une façon telle que l'observation en soit absolument assurée... »

« *Matières colorantes livrées antérieurement à août
1921.* — La Commission désirerait, s'il est possible, que la
réexportation de ces matières colorantes fût soumise aux
mêmes restrictions que celles qui ont été adoptées pour
les matières livrées depuis le mois d'août... »

En ce qui concerne les colorants commandés en vertu
de l'Accord additionnel du 19 août 1921 ou de son amendement, la question de réexportation avait été résolue
par l'Article 4 de l'Accord additionnel (Appendice
XXVIII) (1).

L'Appendice XXX (2) donne les détails des fournitures
de colorants faites par la Commission aux différents pays
alliés jusqu'au 31 décembre 1922.

II. — Produits pharmaceutiques

Ainsi qu'il l'avait fait pour les matières colorantes, le
Comité d'Organisation confia à un Sous-Comité d'experts
l'étude des questions relatives aux produits pharmaceutiques. Ce Sous-Comité, auquel les Etats-Unis, la Grande-
Bretagne, la France, l'Italie et la Belgique se firent
représenter, se réunit pour la première fois le 12 septembre 1919. Les experts allemands assistèrent à cette
séance, et proposèrent, au nom du Gouvernement allemand, d'arrêter au 20 septembre 1919 les inventaires
des stocks de produits pharmaceutiques synthétiques, ce

(1) Voir page 442.
(2) Voir page 448.

qui fut accepté ; il fut également décidé que l'Allemagne
ferait des propositions de prix. Aucun engagement ne fut
pris au sujet de l'exercice de l'option ; en effet, si les
experts français et belge insistaient pour que cette option
fût levée immédiatement, à cause de la pénurie de produits pharmaceutiques dans leurs pays, de leur côté, les
experts américain et britannique estimaient qu'il fallait
rester sur le terrain juridique du Traité ; selon cette
thèse, l'option ne pouvait être levée que par la Commission des Réparations elle-même, c'est-à-dire après l'entrée
en vigueur du Traité.

L'Allemagne fit connaître le 9 décembre 1919 le résultat
de l'inventaire du stock, et les experts alliés se réunirent
du 5 au 10 janvier 1920 pour examiner les inventaires. Il
fut constaté que ces inventaires n'étaient pas complets ;
certaines quantités indiquées étaient évidemment inférieures à la réalité, et de nombreux produits tombant
sous les clauses du Traité ne figuraient pas à l'inventaire.

Ces observations furent discutées avec les experts allemands le 30 janvier 1920, et à la suite des explications
fournies, il fut décidé d'accepter en bloc les inventaires
allemands, sous réserve de la déclaration par l'Allemagne
des stocks de quelques produits omis sur les premières
listes, et notamment de la codéine et de la cocaïne.
Cependant, comme il n'était pas prouvé que les brevets
pour la fabrication synthétique de la codéine et de la
cocaïne fussent exploités, il fut décidé que la moitié seulement des stocks de ces deux produits devait être déclarée. L'on se mit également d'accord sur la définition
suivante des produits pharmaceutiques synthétiques :
« Tous les produits organiques qui ne sont pas naturels,
ou qui ne sont pas obtenus par simple extraction d'un
produit naturel, et qui sont employés en thérapeutique ».

Dès la mise en vigueur du Traité, le Bureau des Matières Colorantes et Produits Pharmaceutiques de la Commission des Réparations s'occupa des produits pharmaceutiques dans des conditions identiques à celles indiquées ci-dessus pour les matières colorantes. L'Allemagne, de son côté, créa à Francfort la « Centrale pour la répartition des Produits Pharmaceutiques » (Verteilungszentrale Pharmazeutischer Produkte).

Le 9 avril 1920, l'accord se fit sur la répartition des stocks sur la base des importations d'avant-guerre. Le 12 avril 1920, les experts alliés et allemands paraphèrent le protocole de livraison des 50 o/o des stocks, qui fut signé par la Commission des Réparations et le Gouvernement allemand.

Les détails d'organisation des livraisons sont analogues à ceux exposés pour les matières colorantes.

La répartition des stocks fut plusieurs fois modifiée par suite de la renonciation des Etats-Unis et de la Grande-Bretagne, et d'une demande de participation du Japon. Finalement, des pourcentages furent attribués à la France, à l'Italie et à la Belgique, le Japon recevant certaines petites quantités déterminées.

L'option sur les stocks fut officiellement exercée le 28 août 1920. Le total des livraisons sur les stocks s'élève à 93.776 kgs.

Il fut décidé, d'accord avec l'Allemagne, d'exercer l'option sur la production journalière d'une façon un peu différente de celle prévue dans le Traité. En effet, il fut entendu que l'Allemagne remettrait chaque mois à la Commission des Réparations une liste des quantités fabriquées pendant le mois précédent, et que les commandes sur les 25 o/o de cette production pourraient être transmises immédiatement. Le Protocole du 19 octobre 1920 règle actuellement ces livraisons (Appendice XXXI) (1).

La répartition de ces quantités entre les différents Alliés donna lieu à de longues discussions et à des modifications causées par la renonciation provisoire des Etats-Unis et de la Grande-Bretagne. Le Japon reçut pendant quelques mois des quantités fixes, le solde étant réparti entre la France, l'Italie et la Belgique suivant la répartition indiquée à l'Appendice XXXII (2). La Roumanie, l'Etat Serbe-Croate-Slovène et la Grèce reçoivent des produits pharmaceutiques sur les quantités dont les autres pays ne prennent pas livraison ; ces quantités sont dans l'ensemble relativement importantes, à cause du développement de l'industrie pharmaceutique en France et en Italie.

Les usines allemandes de sels de quinine ayant depuis la guerre une production très faible, et ces produits étant demandés avec insistance notamment par la Roumanie, le Royaume des Serbes-Croates-Slovènes et la Grèce, plusieurs accords spéciaux intervinrent pour la livraison d'une quantité totale de plus de 56 tonnes de divers sels de quinine.

L'Appendice XXXIII (3) montre les livraisons de produits pharmaceutiques effectuées aux différents pays jusqu'au 31 décembre 1922.

(1) Voir page 450.
(2) Voir page 452.
(3) Voir page 453.

CHAPITRE IX

AUTRES LIVRAISONS EN NATURE

L'Annexe IV à la Partie VIII et le § 19 de l'Annexe II réglementent d'une façon générale les livraisons en nature. L'Annexe III (§ 6) contient des dispositions spéciales concernant la livraison des unités de batellerie fluviale ; le reste de l'Annexe III (navires marchands), l'Annexe V (charbon) et l'Annexe VI (matières colorantes et produits chimiques et pharmaceutiques) ont été étudiées dans des chapitres séparés. On présentera dans le présent chapitre, tout d'abord un exposé succint des conditions dans lesquelles ont été effectuées les livraisons au titre de l'Annexe IV et de l'Annexe II et ensuite un exposé analogue pour les livraisons spéciales prévues à l'Annexe III.

Les livraisons au titre des Annexes II et IV peuvent être considérées comme rentrant dans deux grandes catégories ; articles spéciaux livrés suivant spécifications et marchandises courantes (par exemple, les animaux, le bois et les objets commandés en grande série). C'est à l'occasion de l'exécution ou de la non-exécution des commandes faisant l'objet de spécifications que se sont présentées les plus grandes difficultés de procédure et que la manière de faire de la Commission des Réparations a peu à peu évolué. Nous commençons donc ce chapitre par un exposé de ces difficultés et de l'évolution qui en est résultée en pratique. Nous donnerons ensuite le résumé des livraisons banales, en premier lieu, au titre des Annexes II et IV, puis au titre de l'Annexe III.

L'Annexe IV pose d'abord (§ 1) le principe général que l'Allemagne appliquera « ses ressources économiques « directement à la restauration matérielle des régions en- « vahies des Puissances Alliées et Associées, dans la me- « sure où ces Puissances le détermineront » ; elle déter- mine ensuite (§ 2) la manière dont les commandes devront être présentées, fixe (§ 3) les délais pour passer les com- mandes, et définit (§ 4) les pouvoirs de la Commission en ce qui concerne les demandes à adresser à l'Allemagne pour satisfaire aux commandes alliées et (§ 5) en ce qui concerne la détermination du prix auquel les livraisons devront être portées au crédit du Gouvernement alle- mand.

La Commission doit donner aux représentants du Gou- vernement allemand la faculté de se faire entendre dans un délai déterminé sur sa capacité de fournir les objets demandés.

Aux termes du § 2, les Puissances Alliées et Associées devaient saisir la Commission de listes donnant :

a) Les animaux, machines, équipements, tours et tous articles similaires d'un caractère commercial qui ont été saisis, usés ou détruits par l'Allemagne, ou détruits en conséquence directe des opérations militaires, et que ces Gouvernements désirent, pour la satisfaction de besoins immédiats et urgents, voir être remplacés par des ani- maux ou articles de même nature, existant sur le terri- toire allemand à la date de la mise en vigueur du présent Traité.

b) Les matériaux de reconstruction (pierre, briques, briques réfractaires, tuiles, bois de charpentes, verres à vitres, acier, chaux, ciment, etc...) machines, appareils de chauffage, meubles et tous articles d'un caractère commercial que lesdits Gouvernements désirent voir être produits et fabriqués en Allemagne et livrés à eux pour la restauration des régions envahies ».

Les Puissances Alliées intéressées ayant présenté leurs listes dans le délai prescrit, la Commission avait à les examiner et, en tenant compte « des nécessités intérieures de « l'Allemagne, autant que cela est nécessaire au maintien « de sa vie sociale et économique ; en faisant état des « prix et des dates auxquels les articles semblables peu- « vent être obtenus dans les Pays Alliés et Associés et les « comparant à ceux applicables aux articles allemands ; « en faisant état, enfin, de l'intérêt général qu'ont les Gou- « vernements alliés et associés à ce que la vie industrielle « de l'Allemagne ne soit pas désorganisée au point de « compromettre ses capacités d'accomplir les autres « actes de réparation exigés d'elle », elle avait à décider dans quelle mesure les articles mentionnés dans les listes pouvaient être effectivement exigés de l'Allemagne. La commande d'un article une fois notifiée à l'Allemagne par la Commission, le Gouvernement allemand a l'obligation de le livrer et le Gouvernement intéressé celle de l'accepter sous réserve qu'il sera conforme aux spécifications données et ne sera pas, de l'avis de la Commission, impropre à l'emploi requis pour l'œuvre des réparations.

D'autre part, le § 19 de l'Annexe II du texte primitif du Traité dispose que :

« Les payements, qui doivent être effectués en or ou ses équivalents en acompte sur les réclamations vérifiées des Puissances Alliées et Associées peuvent à tout moment être acceptés par la Commission sous forme de biens mobiliers et immobiliers, de marchandises, entreprises, droits et concessions en territoires allemands ou en dehors de ces territoires, de navires, obligations, actions ou valeurs de toute nature ou monnaies de l'Allemagne ou d'autres États ; leur valeur de remplacement par rapport à l'or étant fixée à un taux juste et loyal par la Commission elle-même ».

« Payments required to be made in gold or its equivalent on account of the proved claims of the Allied and Associated Powers may at any time be accepted by the Commission in the form of chattels, properties, commodities, businesses, rights, concessions, within or without German territory, ships, bonds, shares, or securities of any kind, or currencies of Germany or other States, the value of such substitutes for gold being fixed at a fair and just amount by the Commission itself ».

Pour qu'il puisse y avoir lieu à application de ce texte, il faut donc que l'Allemagne offre de remettre en paiement certains droits, biens ou marchandises. En fait, ce texte est resté pratiquement sans application jusqu'au moment où, en mai 1921, les Puissances Alliées et Associées ont fait usage du droit que leur confère le § 22 d'amender l'Annexe II par une décision unanime des Gouvernements représentés à la Commission. Elles ont dans ces conditions, ajouté au § 19 un paragraphe nouveau (appelé § 19 *bis*) ainsi conçu :

« L'Allemagne devra, sur demande et immédiatement,
« fournir les matériaux et la main-d'œuvre que chacune
« des Puissances alliées réclamerait avec l'approbation
« préalable de la Commission des Réparations, en vue de
« la restauration des régions dévastées ou en vue de per-
« mettre à ladite Puissance de procéder à la restauration
« ou au développement de sa vie industrielle ou écono-
« mique. La valeur de ces matériaux et de cette main-
« d'œuvre sera fixée par un expert désigné par l'Alle-

« magne et par un expert désigné par la Puissance in-
« téressée et, à défaut d'accord, par un arbitre nommé
« par la Commission des Réparations ».

« Germany shall on demand provide such material and
« labour as any of the Allied Powers may, with the prior
« approval of the Reparation Commission, require to-
« wards the restoration of the devastated areas of that
« Power, or to enable any Allied Power to proceed to
« the restoration or development of its industrial or eco-
« nomic life. The value of such material and labour shall
« be determined by a valuer appointed by Germany, and
« a valuer appointed by the Power concerned, and in de-
« fault of agreement by a referee nominated by the Re-
« paration Commission ».

On remarquera que, par suite de cette addition, les livraisons aux régions non dévastées deviennent une obligation pour l'Allemagne.

Le Traité stipule que les listes relatives aux articles
mentionnés dans le § 2 a) de l'Annexe IV seront fournies
dans les soixante jours qui suivront la mise en vigueur du
Traité et que les listes relatives aux articles mentionnés
dans le § 2 b) seront fournies le 31 décembre 1919, dernier
délai. La Commission a dû proroger ces délais dont le
second s'est trouvé *ipso facto* nul et non avenu, le Traité
n'ayant pas été ratifié avant le mois de janvier 1920. Les
délais ont été tout d'abord prorogés au 30 avril et au
15 mai 1920. De nouvelles listes ayant été présentées,
la Commission des Réparations a finalement fixé au
15 août 1920 la date extrême après laquelle aucune
demande ne serait plus reçue, mais elle a fait par la suite
une nouvelle concession aux Gouvernements grec et roumain qui, par suite de la situation géographique de leur
pays, ont eu des difficultés plus grandes que les autres

Puissances pour présenter leurs listes, et elle a prolongé pour eux le délai jusqu'en février 1921.

Les listes, telles qu'elles ont été établies, comprenaient le matériel le plus varié depuis des objets isolés jusqu'à des installations industrielles complètes et à des livraisons organisées suivant un programme d'ensemble, bois, semences, bétail, alevins, gibier etc... La valeur des fournitures demandées dans les listes présentées en mars et avril 1920 peut être fixée approximativement à 10 milliards de mark-or se répartissant en chiffres ronds par pays et catégories de fournitures de la façon suivante :

	Grande-Bretagne	France	Italie	Belgique	Etat S. H. S.
Bois, textiles, papier . .	7	4.000	350	210	7
Semences.	—	550	40	13	—
Matériaux de construction, produits métallurgiques.	—	500	400	70	35
Equipement industriel .	13	800	170	150	50
Bétail.	—	300	8	120	—
Divers	—	400	100	300	50
	20	6.550	1.068	863	142

La valeur des fournitures portées sur les listes présentées à une date ultérieure s'élève approximativement à 500 millions de mark-or.

Un examen préliminaire a amené la Commission à supprimer certaines matières premières nécessaires à l'Allemagne ; ensuite, pour gagner du temps, la Commission, sans avoir poussé à fond l'examen des diverses demandes,

a ainsi transmis les listes immédiatement à l'Allemagne
pour lui faire connaître l'étendue générale de ses obligations et lui donner la faculté de soumettre des offres en
prenant les listes pour base. Les premières demandes de
la Grande-Bretagne, de la France, de l'Italie, de la Belgique et de l'État S. H. S. ont été transmises au mois d'avril
1920 ; les demandes supplémentaires des mêmes pays au
mois de septembre 1920, et les demandes de la Grèce
et de la Roumanie au mois de février 1921. Les commandes alliées devaient être étudiées et les opérations
effectuées d'une manière se rapprochant autant que possible des usages commerciaux.

Malgré plusieurs rappels de la Commission, le Gouvernement allemand n'a présenté, avant le mois de septembre 1920, aucune proposition de livraison basée sur
les listes remises aux mois d'avril et mai.

A la fin de 1920, il avait offert du matériel pour une
valeur estimée à 550 millions de mark-or parmi lesquels
on trouvait pour 275 millions de camions automobiles
et pour 105 millions de mobilier pour usage domestique.
Cette dernière offre était sans utilité pratique pour les régions dévastées, étant donné qu'à cette époque ni les ha-
bitations, ni les usines n'étaient encore reconstruites.

Les premières offres de matériaux de construction (1)
furent faites au cours du dernier trimestre de l'année 1920
pour une valeur d'environ 11 millions de mark-or ; elles
portaient sur des tuiles et du carton bitumé. Au début
de 1921 vinrent des offres de livraisons de ciment pour
100 millions de mark-or échelonnées sur plusieurs années
et prévoyant une rétrocession de 65 o/o de charbon en
poids. Aucune offre de briques n'a été formulée.

(1) Pour la première offre de bois (août 1920) voir page 239.

En présence de ces résultats décevants, la Commission tenta de venir en aide au Gouvernement allemand et de lui faciliter les manifestations de bonne volonté en établissant, dans les listes, d'accord avec les Gouvernements intéressés, un ordre de priorité, qui fut communiqué à l'Allemagne le 1er décembre 1920 et en outre, en attirant l'attention des services allemands, chaque fois que l'occasion s'en présentait, sur certaines catégories de fournitures spécialement destinées à servir les besoins urgents des régions dévastées.

Comme indication que des mesures dans cet ordre d'idées étaient nécessaires, il y a lieu de signaler qu'il a été porté à la connaissance de la Commission des Réparations fin 1920 (ce que celle-ci a vérifié par la suite) qu'un département du service allemand des listes, avait retenu, sans les transmettre à la Commission des Réparations plus de 10.000 propositions de machines-outils conformes aux stipulations alliées.

Si les résultats ont été peu satisfaisants pour les articles de fabrication courante, ils ont été pratiquement nuls pour les fournitures à livrer sur spécifications et qui exigeaient une entente technique entre acheteurs et vendeurs.

Une amélioration n'a été constatée qu'à partir du mois de mars 1921 lorsque le Gouvernement allemand a admis l'extension à ces fournitures de la procédure en vigueur depuis fin 1919 pour le matériel de reconstruction des houillères françaises sinistrées ; il a donc été convenu que pour la fourniture de tout le matériel spécifié ou d'articles de catalogues, le Gouvernement allemand indiquerait à la Commission un certain nombre de maisons qui s'engageaient à effectuer des livraisons au compte des réparations, et que les intéressés ayant subi des dommages du fait de la dévastation seraient invités à se mettre en rapport avec ces maisons, et à conclure avec elles des contrats commerciaux portant non seulement sur les *conditions* techniques de la livraison, mais encore sur les délais et les prix. La Commission des Réparations s'est d'ailleurs réservé le droit, s'il y a des raisons spéciales de s'adresser à une maison non indiquée par le Gouvernement allemand, de demander l'autorisation pour la partie alliée intéressée d'entrer en rapport avec cette maison et le Gouvernement allemand s'est engagé à accorder toujours cette autorisation, sauf dans des cas exceptionnels et pour des raisons dûment justifiées.

Cette procédure a été appliquée dans une large mesure, et, entre le mois de février 1921 et la fin de 1922, 386 lettres reçues d'Allemagne ont proposé des relations directes du genre indiqué ci-dessus. Sur ce nombre, 192 se rapportaient à des demandes belges, 131 à des demandes françaises, 43 à des demandes serbes, 16 à des demandes italiennes et 4 à des demandes anglaises.

Cette procédure a eu des résultats pratiques assez difficiles à évaluer (d'autant plus qu'elle s'est fondue dans une procédure plus générale dont elle a, en fait, facilité l'adoption, et qui sera expliquée par la suite). Dès lors le premier pas était fait pour se rapprocher davantage des méthodes commerciales et réduire au minimum l'intervention gouvernementale. Avant de montrer le cours de cette évolution, il n'est pas inutile d'indiquer avec plus de détails les difficultés pratiques auxquelles a donné lieu sous sa forme première le système établi par le Traité.

Si l'on réfléchit qu'un système de livraisons en nature implique que des demandes de fournitures pour des milliards de mark-or doivent être envoyées aux différents

Gouvernements par des centaines de mille de victimes de la guerre, que ces demandes doivent être examinées et transmises à la Commission des Réparations, triées à nouveau et coordonnées par la Commission, soumises au Gouvernement allemand, que ce Gouvernement doit à son tour examiner de divers points de vues les commandes passées, et finalement chercher des fournisseurs, on se rendra facilement compte qu'un tel système est en soi assez lourd, et que, même avec de la bonne volonté de tous les côtés, il entraîne nécessairement certains délais. Même en négligeant les difficultés matérielles que rencontrent les Gouvernements qui passent les commandes, et aussi les raisons politiques qui peuvent conduire le Gouvernement allemand à ne procéder qu'avec lenteur à l'exécution des livraisons en nature, les méthodes administratives que l'on ne peut se dispenser d'employer, causent encore, de par leur nature même, des délais absolument incompatibles avec l'exécution de programmes établis pour satisfaire des besoins essentiellement transitoires, besoins qui se transforment suivant le degré d'avancement des travaux de reconstruction.

A ces difficultés, qui résultent directement du système du Traité, sont venues s'ajouter d'autres difficultés considérables qui ont été soulevées par le Gouvernement allemand à l'exécution des livraisons en nature. Ainsi, les ordonnances allemandes qui réglementent l'exécution des livraisons en nature sont établies de manière à tenir compte des intérêts de l'industrie, de la situation du commerce extérieur de l'Allemagne et des intérêts des finances publiques allemandes. Toute l'industrie allemande, y compris l'industrie de guerre demandait à prendre part à ces livraisons ; elle désirait que ces livraisons fussent réparties par les syndicats ; elle voulait aussi obtenir un bénéfice qu'elle considérait comme normal et que le Gouvernement allemand, dans l'intérêt de la Trésorerie, devait s'efforcer de réduire au minimum. D'autre part, toujours dans l'intérêt de la Trésorerie, le Gouvernement allemand voulait que les inscriptions de crédit faites à son compte pour ces livraisons fussent aussi élevées que possible. Au milieu de difficultés et de discussions continuelles, les Cabinets allemands qui se sont succédé semblent s'en être tenus à un système d'après lequel ils devraient d'une part payer à leurs propres fournisseurs les prix les plus bas sur le marché allemand, et, d'autre part, demander à la Commission des Réparations un prix légèrement inférieur au prix en vigueur dans le pays destinataire, ou dans certains cas, un prix égal au prix sur le marché hollandais. Les « sacrifices » demandés à l'industrie et le fait qu'il existait des syndicats chargés de répartir les commandes, entraînèrent des discussions entre les organismes administratifs allemands (Commissariat d'Empire) et les syndicats, entre les syndicats et leurs membres, et enfin entre ces différents organismes et ceux qui s'occupaient du commerce extérieur. Enfin, lors de l'examen des propositions pour l'exécution, par les usines, des commandes du Gouvernement allemand, des difficultés plus ou moins grandes se présentèrent suivant le soin avec lequel les spécifications avaient été données.

Dans les conditions les plus favorables, il n'était pas possible d'espérer une réponse, même dans un cas très simple, en moins de cinq semaines ; le délai était généralement de plusieurs mois. D'autre part, il se produisit souvent que des sinistrés, pendant qu'ils attendaient les propositions officielles, reçurent directement des maisons industrielles allemandes connaissant leurs besoins, des propositions montrant que le matériel qu'ils demandaient se trouvait en Allemagne, et des offres de livrer ce matériel à des conditions acceptables.

De toutes ces difficultés, celle de la fixation des prix était la plus sérieuse. En vertu de l'Annexe IV, la Commission est entièrement libre de fixer les prix. Le paragraphe 5 dispose que « la Commission déterminera la valeur à attribuer aux matériaux, objets et animaux livrés..... et les Gouvernements alliés et associés qui recevront ces fournitures acceptent d'être débités de leur valeur ». Les seules indications sur la base d'évaluation se trouvent : 1° dans un passage du § 4 déjà cité d'après lequel la Commission, lorsqu'elle décide où les articles demandés par les Gouvernements alliés peuvent être commandés, doit faire état des prix auxquels des articles semblables peuvent être obtenus dans les Pays Alliés et Associés, et comparer ces prix à ceux applicables aux artic'es allemands ; 2° dans la seconde partie du § 5 traitant des cas dans lesquels le droit de requérir la restauration matérielle est exercé. Cette disposition n'a pas eu à être appliquée, la Commission des Réparations en ayant adopté l'interprétation formelle suivante : « L'obligation « résultant pour la Commission des termes de l'alinéa 2 « du § 5 de l'Annexe IV, vise exclusivement l'hypothèse « où l'Allemagne coopérerait à la restauration des régions « dévastées en fournissant et des travailleurs, et les maté- « riaux qu'ils mettraient en œuvre ».

En l'absence d'instructions plus précises données par le Traité, il était extrêmement difficile de déterminer une valeur dans les conditions économiques du moment, et, compte tenu des circonstances spéciales de la livraison, tous les éléments du problème étaient sujets à controverse. De plus, pendant toute la période en question, les conditions financières et économiques en Allemagne varièrent de façon si brusque que le prix fixé à un moment donné pouvait cesser d'être exact avant que la commande fût exécutée.

La difficulté principale provint des différences considérables existant entre les prix exprimés en or en Allemagne, dans les pays alliés et dans le monde en général. Au début, trois systèmes différents pouvaient être envisagés : le prix intérieur allemand, le prix sur le marché mondial, et le prix sur le marché du pays destinataire.

En octobre 1920, le Gouvernement allemand, se fondant sur les paragraphes 4 et 5 de l'Annexe IV, soutint que la Commission des Réparations avait le devoir de fixer les prix après avoir fait état des conditions sur les marchés des Puissances Alliées et Associées. Le même mois, la Commission institua un Comité spécial chargé d'examiner avec le Président de la Kriegslastenkommission la question des prix et des méthodes de payements et de soumettre à la Commission des propositions concrètes. En fait le Comité ne put pas arriver à des conclusions unanimes, et par suite la discussion avec la Délégation allemande n'eut jamais lieu.

Il n'en est pas moins intéressant d'indiquer deux propositions différentes qui furent examinées par le Sous-Comité et dont aucune ne put être acceptée à l'unanimité. La première était la suivante :

« Le prix à fixer pour chacune des livraisons prévues
« par l'Annexe IV sera le minimum des prix courants sur
« les marchés des différents pays réceptionnaires (prix
« dûment documentés) à condition qu'il soit équitable
« pour l'Allemagne, le pays qui n'accepte pas ce prix ayant
« la faculté de renoncer à la fourniture.

« On considère comme prix équitable pour l'Allemagne
« le prix courant sur le marché intérieur de l'Allemagne,
« et, si le prix du marché n'existe pas, le prix de revient

« augmenté d'un pourcentage de profit (10 à 15 o/o par
« exemple) aux producteurs et aux fabricants. »

La seconde proposition était rédigée dans les termes
suivants :

« I. — En ce qui concerne toutes les livraisons de
« matériel spécial, acheteurs et vendeurs seront mis en
« rapport et laissés libres de convenir d'un prix leur don-
« nant mutuellement satisfaction, la Commission des
« Réparations ne fixant ce prix que lorsqu'un accord
« n'aura pu intervenir.

« II. — En ce qui concerne les livraisons de matériel
« banal (y compris les matières premières et les articles
« manufacturés tout ou partie) qui peuvent être suffisam-
« ment standardisées pour permettre des ventes en série :

« 1° Autant que possible les Alliés et les Allemands
« s'entendront au sujet des prix ;

« 2° Lorsque cette entente sera impossible, l'une des
« alternatives suivantes sera adoptée :

« a) Le prix mondial sera adopté là où le marché mon-
« dial est assez ample pour permettre à quiconque de
« satisfaire ses besoins légitimes ;

« b) Le prix sera fixé par la Commission des Réparations
« après une étude des prix en vigueur dans les pays
« réceptionnaires, en Allemagne et dans d'autres pays,
« une sorte de moyenne étant établie ;

« c) Le prix d'avant-guerre évalué en or sera multiplié
« par un coefficient uniforme de manière à tenir compte
« de la dépréciation survenue dans la valeur de l'or. »

Au moment même où le Sous-Comité devait constater
l'impossibilité pour lui de se mettre d'accord, la Conférence des Experts de Bruxelles, dont il a déjà été parlé
dans un chapitre précédent, étudiait dans son ensemble le
problème des réparations. Entre autres suggestions, cette
Conférence proposa aux Gouvernements alliés que la
Commission des Réparations établît des règles précises
pour la fixation du prix des livraisons en nature prévues

par le Traité. La Conférence estimait que, pour permettre à l'Allemagne de satisfaire à ses obligations, le système des livraisons en nature devrait prendre une plus grande ampleur.

D'une façon générale, les livraisons qui pouvaient être exigées en vertu du Traité se limitaient à celles demandées dans les listes originelles présentées en vertu de l'Annexe IV, et à celles destinées à remplacer certaines d'entre elles.

Quant aux livraisons qui n'étaient pas stipulées explicitement dans le Traité, la Conférence proposa que les prix en fussent établis au moyen d'arrangements particuliers ; on envisageait qu'une partie des achats de produits allemands normalement effectués par les Alliés par les méthodes commerciales ordinaires, soit payée par le Gouvernement allemand au moyen d'un crédit spécial en mark au Compte des Réparations. Il faut remarquer la tendance vers un système se rapprochant davantage des méthodes commerciales ordinaires et vers un usage plus étendu des livraisons en nature en tant que moyen pour l'Allemagne de satisfaire à ses obligations. Cette double tendance s'accentua et conduisit dans la pratique, comme on le verra bientôt, à d'importantes modifications.

Quelques mois plus tard, en avril 1921, le Gouvernement allemand fit savoir qu'il se proposait d'arrêter toutes les livraisons de bétail parce que la Commission n'avait pas fixé de prix pour ces livraisons ; à cette occasion la Commission décida que la question des livraisons et celle des prix n'étaient liées en aucune façon.

Quinze jours plus tard, la Commission confirma cette décision, mais, en même temps, pour s'efforcer de réduire les difficultés que l'on rencontrait continuellement dans la fixation des prix, elle prit les deux décisions suivantes :

1° « Etant donné qu'il est désirable d'une part que pour
« toutes les livraisons en nature les prix soient fixés le
« plus rapidement possible et d'autre part qu'à l'avenir
« cette fixation ait lieu à l'unanimité, il est décidé que
« lorsque cette unanimité ne pourra être réalisée, la Com-
« mission soumettra la question à un arbitre à la décision
« duquel toutes les Délégations s'engagent par avance à
« conformer leur vote. »

2° « Au moment où l'arbitre sera désigné, il lui sera
« spécifié que la Commission des Réparations estime que
« l'Annexe IV a été insérée dans le Traité afin d'éviter
« pour les livraisons à faire par l'Allemagne des prix
« anormaux provoqués par la demande anormale due à
« l'existence des régions dévastées, et que l'Annexe IV
« est destinée à permettre la restauration aussi rapide que
« possible de ces régions. »

Avant de poursuivre l'historique des modifications
successives du système des livraisons en nature, il peut
être désirable d'examiner maintenant une difficulté qui se
présentait incidemment même dans le cas où l'on avait
réussi à fixer la valeur d'un article. En effet il restait alors
à décider en quelle monnaie cette valeur devait être
exprimée; dans l'état de désorganisation des changes
européens et du change allemand en particulier, une décision sur ce point était particulièrement susceptible de
créer des anomalies.

En 1920, on adopta d'abord le principe d'après lequel
les prix devaient être exprimés en mark or; mais à cette
époque, les valeurs-or elles-mêmes étaient instables et
descendaient plus ou moins rapidement. A mesure que
s'accentuait la tendance des valeurs-or à diminuer, on
s'opposait de plus en plus, aussi bien du côté des Alliés
que du côté allemand, à la fixation de prix exprimés en
mark-or. En même temps que les prix en or diminuaient,
les monnaies allemande et alliées se dépréciaient; si l'on

fixait en or la valeur d'une fourniture à effectuer dans un
délai de trois ou de six mois, cela avait pour résultat que
le Gouvernement allemand devait payer à son fournisseur
à l'avance une somme plus considérable en mark-papier,
et que l'on inscrivait au débit du Gouvernement allié une
somme qui, dans sa propre monnaie, était plus élevée que
l'on aurait pu prévoir au moment où la commande avait
été passée.

Cette difficulté se trouvait naturellement aggravée par
la lenteur relative de la procédure du Traité par comparaison avec les usages commerciaux.

Plus tard, le Gouvernement allemand, confiant dans
l'amélioration du mark, demanda que les prix fussent
fixés en mark-papier, et ne fussent convertis en mark-or
qu'après la livraison. Au bout de six mois, le Gouvernement allemand ne désirait plus continuer cette manière
de procéder. A une date ultérieure, on se mit d'accord
d'une façon générale pour adopter la base suivante :
chaque Gouvernement supporterait les risques de son
propre change ; les discussions d'affaires entre les industriels allemands et les sinistrés alliés ne pouvant avoir
lieu que sur la base d'une monnaie-papier, les prix ainsi
fixés devaient être convertis en or sur la base de leur
valeur à la date de l'offre allemande de fourniture si cette
offre était acceptée telle quelle, ou à la date à laquelle
l'accord se faisait si l'offre originelle avait subi des modifications importantes.

Au début de mai 1921, les Gouvernements alliés, à
l'occasion de la réunion à Londres du Conseil Suprême,
réunion à laquelle il a déjà été fait allusion, décidèrent
d'étendre d'une manière considérable leur droit de demander des livraisons en nature au Compte « Réparations »
en ajoutant à l'Annexe II le paragraphe 19 bis cité ci-

dessus. Le mois suivant, un pas important fut fait vers l'assimilation aux transactions commerciales des commandes passées au titre des réparations. C'est alors que l'on commença à transformer en commandes au compte des réparations des accords particuliers résultant de négociations ordinaires. Dans sa forme première, qui était la plus simple, la procédure adoptée était la suivante : un contrat ayant été passé entre un fournisseur allemand et un sinistré, ou une offre ferme ayant été faite par une partie et acceptée par l'autre, la Délégation intéressée transmettait le dossier à la Commission ; celle-ci à son tour concluait à première vue de l'existence même de la proposition faite par le fournisseur allemand à la possibilité pour l'Allemagne d'effectuer la livraison ; la Commission passait la commande au Gouvernement allemand dans la forme généralement employée pour les commandes de réparations mais en joignant l'acte établissant l'accord entre les parties intéressées.

Cette manière de procéder souleva un certain nombre de difficultés. Le Gouvernement allemand, tout en reconnaissant que l'offre de fourniture établissait la possibilité pour l'Allemagne d'effectuer cette fourniture, refusa de tenir compte de l'offre à tout autre point de vue, et lorsque cette offre ne se rapportait pas à un objet spécial, réclama tout au moins le droit de faire effectuer les livraisons par une maison de son choix. Le Gouvernement allemand déclara, en outre, indispensable de répartir les commandes entre plusieurs fabricants, lorsque ces commandes comprenaient un certain nombre d'articles ou de machines. Dans d'autres cas, le Gouvernement allemand déclara que les prix indiqués dans les offres privées n'étaient pas conformes à ceux imposés par les règlements sur les exportations ou par les règles établies par les syndicats allemands de fabrication. Ces difficultés imposèrent aux Services de la Commission un travail considérable pour l'examen de chaque cas particulier, et par suite, cette procédure ne fournit pas une solution satisfaisante au problème principal. Toutefois, elle servit à augmenter la quantité des livraisons et fut en particulier sanctionnée par l'Accord de Berlin du 2 juin 1922, accord qui ne fut en réalité, comme on le verra plus loin, que la mise en pratique systématique de la procédure indiquée ci-dessus.

Accord de Wiesbaden

Dans l'intervalle, des négociations directes avaient eu lieu entre la France, principale intéressée aux réparations, et l'Allemagne pour l'extension des livraisons en nature et leur assimilation plus étroite aux commandes privées. Ces négociations conduisirent, le 6 octobre 1921, à Wiesbaden, à un Accord signé par MM. Loucheur et Rathenau. Le texte complet de cet Accord a déjà été publié par la Commission des Réparations (1).

L'Accord s'applique aux livraisons de matériel et matériaux destinés aux régions dévastées, et couvre toutes ces livraisons, élimine pour ce qui les concerne l'emploi soit de l'Annexe IV, soit des paragraphes 19 et 19 *bis* de l'Annexe II. Ces derniers paragraphes demeurent applicables aux prestations qui sont destinées aux régions non dévastées.

Un organisme privé allemand traite directement les commandes passées par les sinistrés français, sans aucune intervention des deux Gouvernements. L'organisme allemand doit faire toutes les livraisons de matériel et de

(1) Voir Volume II des publications de la C. R. Accords relatifs aux livraisons en nature.

matériaux compatibles avec les possibilités de production de l'Allemagne, avec les conditions de son approvisionnement en matières premières et avec ses nécessités intérieures.

Toutes contestations relatives à la possibilité pour l'Allemagne de satisfaire aux demandes de la France ainsi que toutes questions de prix doivent être arbitrées par une Commission de trois membres, composée d'un membre français, d'un membre allemand et d'un membre choisi d'un commun accord par les deux Gouvernements, ou désigné par le Président de la Confédération helvétique.

Des dispositions spéciales, qui n'entrent pas dans le cadre du présent chapitre, limitent la valeur des commandes qui peuvent être passées et organisent le système d'ajournement des crédits à porter au Compte « Réparations » de l'Allemagne pour les livraisons réellement effectuées.

La Commission estima que cet Accord contenait certaines dérogations au Traité et elle le renvoya aux Gouvernements le 20 octobre 1921 par la décision suivante :

1° « La Commission se déclare entièrement favorable aux
« principes généraux de l'Accord d'après lesquels des
« arrangements sont proposés pour permettre à l'Alle-
« magne de liquider la plus grande proportion possible
« de ses obligations de réparation sous forme de marchan-
« dises et de prestations en nature, notamment dans le
« but d'arriver à une restauration plus rapide des régions
« dévastées.

2° « Elle estime toutefois que l'Accord implique certaines
« dérogations aux stipulations de la Partie VIII du Traité
« de Versailles, spécialement de l'Article 237, des para-
« graphes 12 et 19 de l'Annexe II et du paragraphe 5 de
« l'Annexe IV.

3° « La Commission n'étant pas compétente pour accorder

« de pareilles dérogations, elle décide de renvoyer la
« question aux Gouvernements représentés à la Commis-
« sion et leur adresse un exemplaire du mémorandum et
« de son annexe, en leur recommandant un examen favo-
« rable.

4° « Sous réserve des garanties que les Gouvernements
« alliés pourraient éventuellement juger nécessaires pour
« sauvegarder leurs intérêts respectifs, la Commission
« recommande que des facilités raisonnables soient accor-
« dées à la France pour différer ses payements quant aux
« quantités supplémentaires de livraisons en nature qu'elle
« recevra vraisemblablement pendant les prochaines
« années, si l'Accord donne des résultats satisfaisants. »

Cet Accord ne fut approuvé par les autres Gouvernements alliés que le 11 mars 1922 et par la Commission,
que le 31 mars 1922, sous réserve de certaines sauve-
gardes et de certaines restrictions indiquées en détail dans
un volume précédent (Cf. Vol. II, p. 18).

Accord de Berlin

Au moment où l'Accord de Wiesbaden lui fut soumis
pour la première fois, la Commission donna pour instructions à son Service des Restitutions et Réparations en
Nature de réexaminer complètement tout le système de
commandes et d'exécution des livraisons en nature. Conformément à cette décision, une mission spéciale dirigée
par M. Bemelmans, Délégué-adjoint belge, se rendit à Berlin au début de février et conclut un accord le 28 février
1922 avec MM. Rathenau et Cuntze. Cet accord fut soumis, pour ratification, au Gouvernement allemand et à la
Commission, mais certaines modifications y ayant été
jugées nécessaires, il ne fut signé définitivement que le
2 juin 1922 (Cf. Vol. II, p. 23).

En même temps les Gouvernements français et allemand négociaient un accord supplémentaire dit : Accord Gillet qui, pour toutes marchandises autres que celles figurant à l'Annexe A à l'Arrangement du 2 juin, substitue à la procédure de l'Accord de Wiesbaden celle de l'Accord du 2 juin (Cf. Vol. II, p. 63).

La procédure de l'Accord de Wiesbaden reste applicable aux articles figurant à cette Annexe A (1).

L'Accord de Berlin, qui ne s'applique pas à certaines catégories particulières de marchandises et à certains articles déterminés est établi sur la base des principes suivants :

L'intervention des Gouvernements est limitée au strict minimum nécessaire, et la Commission des Réparations elle-même n'intervient que dans certains cas bien délimités. Sous réserve des dispositions réglementant le commerce extérieur dans les différents pays, la liberté de contracter de deux parties n'est soumise à aucune restriction. Les payements sont effectués par des méthodes se rapprochant étroitement des méthodes ordinaires du commerce.

Tout ressortissant allié, peut, d'après cet accord, passer un contrat avec un ressortissant allemand et demander dans le contrat que les payements soient effectués au Compte « Réparations », mais toujours à la condition que les contrats ne se rapportent pas à des marchandises expressément exclues de l'Accord de Berlin.

Si le contrat lui est transmis dans un délai de 15 jours à partir de la signature, la Commission le transmet auto-

______

(1) C'est-à-dire aux articles dont l'exportation est absolument interdite ou ne se trouve autorisée que dans les limites fixées et publiées par les journaux et revues commerciales. — Voir « Accords relatifs aux livraisons en nature » (page 38).

matiquement et sans examen préalable au Gouvernement allemand et ce Gouvernement doit en assumer toute la responsabilité financière, à moins que dans un délai déterminé, il ne puisse prouver à la Commission que le contrat, ou bien viole certaines des dispositions de l'accord, ou bien constitue une transaction frauduleuse, ou bien n'est pas conforme aux règlements allemands sur les exportations.

L'emploi de cette procédure est permis aux ressortissants de tous Gouvernements qui décident de l'adopter. Sont considérées comme ressortissants, toutes personnes civiles et morales, résidant dans le pays et régies par ses lois.

L'Accord fut ratifié par le Parlement allemand le 14 juillet 1922 et, le 25 juillet, la Commission des Réparations décida d'adresser aux Gouvernements français, britannique, italien, japonais, belge, serbe-croate-slovène, bolivien, brésilien, cubain, hellénique, haïtien, libérien, péruvien, portugais, roumain, siamois et tchéco-slovaque, une lettre leur demandant s'ils désiraient adopter l'accord. Cette lettre fut écrite sans préjuger la question de savoir si le Gouvernement destinataire pouvait être considéré comme « intéressé », c'est-à-dire comme pouvant, aux termes de l'accord, en demander le bénéfice ; en outre, en cas de réponse affirmative, la Commission se réservait le droit d'examiner si l'état du compte des réparations du Gouvernement en question autorisait celui-ci à demander l'application de l'Accord de Berlin.

Le Gouvernement français avait déjà mis en vigueur l'Accord Gillet. L'Accord de Berlin fut adopté par le Gouvernement belge à la date du 15 août, par le Gouvernement portugais à la date du 8 septembre et par le Gouvernement roumain, à la date du 16 novembre.

A la date du 31 décembre 1922, les contrats suivants
avaient été passés :

				Mark-or
France	604 contrats pour une valeur de			6.815.000
Belgique	161	»	»	7.785.000
Portugal	28	»	»	21.600.000
Roumanie	40	»	»	28.640.000

Commandes passées en vertu du paragraphe 19 de l'Annexe II

Avant de terminer cet historique des commandes passées pour des articles particuliers, il y a lieu de dire
quelques mots de l'application du paragraphe 19 de l'Annexe II. Ainsi qu'il a déjà été indiqué, l'application de ce
paragraphe, tel qu'il existe dans son premier texte, dépend
uniquement d'une initiative allemande et, en fait, le Gouvernement allemand ne s'en est pas servi pour faire des
propositions. Dans un certain nombre de cas toutefois,
ce paragraphe fut, par accord, employé dans la pratique
pour faire rentrer dans le cadre du Traité certains contrats
particuliers pour des articles non visés par l'Annexe IV,
avant que l'addition du paragraphe 19 *bis* ne donnât à la
Commission des pouvoirs plus étendus. Le montant total
des commandes ainsi passées à la date du 31 décembre
1922 est de 181.148.000 mark-or, dont 90 o/o environ
pour le compte de l'Etat Serbe-Croate-Slovène.

Commandes passées en vertu du paragraphe 19 bis de l'Annexe II

La modification du paragraphe 19 résultant de l'addition d'un alinéa (§ 19 *bis*) dont les termes ont été indiqués ci-dessus, donna à la Commission le pouvoir d'exiger des livraisons en nature en dehors des listes de l'Annexe IV. L'importance de l'application séparée de cet alinéa est, en pratique, beaucoup réduite par l'Accord de Berlin qui fait disparaître la distinction entre l'Annexe II et l'Annexe IV, en les remplaçant toutes deux pour tous les Gouvernements qui adoptent l'accord.

Les commandes passées à la date du 31 décembre 1922, en vertu du paragraphe 19 *bis*, se montent à 197.618.000 mark-or et la presque totalité en est pour le compte de la Grande-Bretagne et de l'État Serbe-Croate-Slovène. Les commandes britanniques, qui représentent 98.500.000 mark-or, sont des commandes de bois que le Gouvernement britannique n'aurait pu présenter en vertu de l'Annexe IV. Le Gouvernement Serbe-Croate-Slovène, qui a trouvé la procédure de cet alinéa conforme à ses propres besoins, n'a pas, au moment de la rédaction du présent rapport, adopté l'Accord de Berlin ; ses commandes représentent 84.245.000 mark-or sur le total indiqué ci-dessus.

On se souviendra que le paragraphe 19 *bis* ne prévoit pas seulement d'importantes livraisons en nature, mais aussi l'emploi de main-d'œuvre allemande. Jusqu'à ce jour, on n'en a pas fait usage dans ce but. Toutefois, en juillet 1922, le Gouvernement français soumit un premier programme pour l'exécution de certains travaux publics en territoire français.

Travaux	Valeur approximative du travail à effectuer par l'Allemagne (en millions de francs)
Aménagement du Rhône	2.665
» de la Truyère.	129
» de la Dordogne moyenne .	185
Tunnel de Wesserling sur la ligne de chemin de fer projetée entre St-Maurice et Wesserling.	63,5
Canal du Nord-Est (Sarre, Moselle, Meuse, Schelt)	862,4
Total.	3.904,9

Ces travaux devaient s'effectuer sur une période d'environ 10 ans. En vue de permettre la fixation des détails de ce programme en collaboration avec le Gouvernement allemand, ce qui n'était pas possible sans l'approbation de la Commission des Réparations, la Commission donna, dans les termes suivants, le 1ᵉʳ août 1922, une approbation provisoire :

« La Commission des Réparations considère que les
« projets envisagés tombent en principe dans le champ
« d'application du paragraphe 19 *bis* de l'Annexe II de
« la Partie VIII du Traité de Versailles et y donne en
« conséquence son approbation provisoire.

« Toutefois, pour donner « l'approbation préalable »
« prévue par ledit paragraphe, la Commission attendra
« que le Gouvernement français lui soumette un exposé
« détaillé concernant la nature et la quantité de matériaux
« et de main-d'œuvre que l'Allemagne sera appelée à
« fournir, la période envisagée, et les arrangements pro-
« posés au point de vue financier et comptable ».

A la fin de 1922, la question n'était pas encore revenue devant la Commission.

On s'est proposé, dans le compte-rendu ci-dessus, de donner quelques indications sur la manière dont s'est transformé le système des livraisons en nature. A presque tous les points de vue, l'évolution a tendu vers la simplification de la procédure. Toutefois, en raison surtout des besoins différents des pays intéressés, il n'a pas été possible d'unifier complètement cette procédure.

La France applique l'Accord de Wiesbaden pour les articles destinés aux régions dévastées et figurant à l'Annexe A à l'Arrangement du 2 juin.

Elle applique l'accord Gillet pour tous les autres articles destinés aux régions dévastées et le § 19 *bis* de l'Annexe II, pour toute fourniture destinée aux régions non dévastées et, d'une façon générale, pour la main-d'œuvre.

La Belgique applique l'Accord de Berlin et, pour les articles auxquels cet accord n'est pas applicable, la procédure du Traité.

Le Portugal et la Roumanie appliquent uniquement l'Accord de Berlin.

L'Italie et l'Etat Serbe-Croate-Slovène font usage de l'Annexe IV et des §§ 19 et 19 *bis* de l'Annexe II.

Pendant l'année 1922, les différentes procédures en vigueur ont eu pour résultat les livraisons suivantes :

France	19.291.751	mark-or
Grande-Bretagne	607.306	»
Italie	47.616.958	»
Belgique	17.352.935	»
Serbie	116.440.832	»
Grèce	3.604.055	»
Roumanie	14.551.000	»
Portugal	10.200.000	»

De plus, à la date du 31 décembre 1922, il avait déjà été passé, pour l'année 1923, des commandes pour un montant de 395 millions de mark-or se décomposant comme suit (1) :

France	98.905.000	mark-or
Grande-Bretagne	71.500.000	»
Italie	39.832.000	»
Belgique	19.635.000	»
Etat Serbe-Croate-Slovène . .	138.500.000	»
Grèce	2.000.000	»
Roumanie	14.100.000	»
Portugal	10.600.000	»

Il ne semble pas nécessaire de donner le détail des diverses livraisons de marchandises courantes qui ont été effectuées. Toutefois, les livraisons d'animaux et de bois ont, pour diverses raisons, présenté une importance suffisante pour qu'il soit utile de donner à leur sujet plus que de simples renseignements statistiques ; c'est ce qui nous a déterminé à donner avec un certain détail, l'histoire de ces livraisons particulières.

LIVRAISONS D'ANIMAUX

On se souvient que des demandes d'animaux peuvent figurer sur les listes qui doivent être fournies en exécution du § 2 de l'Annexe IV. En outre, le § 6 de cette même Annexe dispose que, à titre d'avance immédiate en acompte sur les livraisons d'animaux visées au § 2a, l'Allemagne doit livrer, dans les trois mois suivant la mise en vigueur du Traité, à raison d'un tiers par mois et par espèce, les quantités ci-dessous de bétail vivant :

(1) Ces valeurs comprennent les livraisons d'articles qui sont déposés en entrepôts, et dans chaque cas les chiffres doivent être considérés comme ayant un caractère provisoire. Elles ne comprennent pas les livraisons effectuées en vertu des Annexes III, V et VI.

1° Au Gouvernement français

    5oo étalons de 3 à 7 ans.
  3o.ooo pouliches et juments de 18 mois à 7 ans, des races arden-
          naise, boulonnaise ou belge.
   2.ooo taureaux de 18 mois à 3 ans.
  9o.ooo vaches laitières de 2 à 6 ans.
   1.ooo béliers.
 1oo.ooo brebis.
  1o.ooo chèvres.

2° Au Gouvernement belge

    2oo étalons de 3 à 7 ans, de la race de gros trait belge.
  5.ooo juments de 3 à 7 ans, de la race de gros trait belge.
  5.ooo pouliches de 18 mois à 3 ans, de la race de gros trait belge.
  2.ooo taureaux de 18 mois à 3 ans.
 5o.ooo vaches laitières de 2 à 6 ans.
 4o.ooo génisses.
    2oo béliers.
 2o.ooo brebis.
 1ò.ooo truies.

Dès que le Traité fut signé, on se préoccupa tout
d'abord de préparer la livraison de cet acompte. Des experts alliés et des experts allemands se rencontrèrent au
mois de juillet 1919 à Versailles, et, au mois d'août 1919,
il fut possible de notifier à l'Allemagne les termes d'un
protocole fixant les principales conditions de la livraison.
Le délai qui s'écoula avant la ratification du Traité en-
traîna un retard correspondant dans l'exécution des mesures envisagées. En outre, la Commission des Réparations jugea nécessaire de revoir les renseignements réunis
par le Comité d'Organisation. En fait, les livraisons ne
commencèrent pas avant mars 1920, et, de plus, elles ne
furent pas exécutées avec le degré de rapidité prescrit par

le § 6 ; à la fin de l'année 1922, près de trois ans après la mise en vigueur du Traité, ces livraisons n'étaient pas encore terminées. La mise en application des dispositions du Traité se heurta à des difficultés qui n'avaient pu être prévues au moment où le Traité fut rédigé. L'apparition de la peste bovine en Belgique et la grande extension prise par la fièvre aphteuse en Allemagne compliquèrent la situation déjà compromise par les difficultés inhérentes au rassemblement, à l'inspection et au transport de grandes quantités d'animaux.

En ce qui concerne les principales demandes de livraisons d'animaux qui figuraient sur les listes remises en exécution du § 2a, on en trouvera le détail sous forme de tableau à l'Appendice XXXIV (1). Avant de donner suite à ces dernières demandes, la Commission des Réparations procéda à une enquête sur les effectifs du bétail dans les pays alliés et en Allemagne avant la guerre et en 1919, et sur le rapport entre ces chiffres et la population des pays en question avant la guerre, après la guerre et après l'exécution des demandes alliées, en supposant qu'elles aient été approuvées par la Commission.

Ces enquêtes amenèrent la Commission à conclure que les demandes alliées étaient légitimes. Toutefois le Gouvernement allemand s'opposa vivement à la livraison de vaches laitières en particulier, en arguant que leur perte entraînerait une augmentation considérable de la mortalité infantile. Par suite, la Commission, avant d'établir un programme définitif, examina à fond l'ensemble de la question avec des experts agricoles et des experts médicaux de nationalité allemande et des pays alliés. Ces réunions et ces conférences eurent pour résultat que la

(1) Voir page 454.

Commission put, le 8 décembre 1920, d'accord avec l'Allemagne, notifier le programme suivant :

a) Un programme définitif à exécuter en 3 ou 4 ans et comprenant :

    1.740.000 têtes de volailles.
       25.165 caprins.
       15.250 porcins.

b) Un programme provisoire pour les chevaux, les bovins et les ovins pour une période de 6 mois s'étendant de février à août 1921.

Pour ces derniers animaux, les livraisons en acompte prescrites par le § 6 n'étaient pas encore terminées, et d'autre part, les difficultés soulevées dans la livraison des bovins, et même des ovins, par la fièvre aphteuse, existaient toujours. En ce qui concerne les chevaux, les difficultés principales qui s'opposaient à l'établissement d'un programme définitif, provenaient du fait que l'Allemagne se déclarait incapable de trouver les quantités de chevaux de gros trait demandées par les pays alliés. C'est pour ces différentes raisons que, d'accord entre les experts alliés et les experts allemands, le programme de livraison de ces trois catégories d'animaux ne fut établi que pour une période de 6 mois. Ce programme était le suivant :

	France	Italie	Belgique	Etat S. H. S	Total
Chevaux .	9.409	3.632	7.395	9.667	30.103
Bovins .	43.385	5.630	23.350	17.635	90.000
Ovins . .	37.730	2.800	27.250	57.220	125.000

Lorsque la question fut à nouveau examinée par la Commission en juillet 1921, les livraisons ci-dessus n'avaient pas été entièrement exécutées et il était nécessaire, en établissant un nouveau programme, de tenir compte des arriérés existants.

A ce moment, la Commission des Réparations fut également saisie par la Grèce et la Roumanie de demandes de livraisons. En raison des difficultés qui se présentaient pour le transport dans ces deux pays d'une quantité relativement importante d'animaux, la Grèce, après nouvel examen, déclara qu'elle n'insisterait pas pour recevoir ces animaux d'Allemagne ; et de son côté, la Roumanie réduisit considérablement ses demandes qui furent finalement fixées à 30.000 chevaux, 75.000 bovins, 200.000 ovins et 3.000 têtes de volailles.

De nouvelles discussions eurent lieu entre les experts alliés et allemands à la suite desquelles le programme suivant fut, d'accord entre les parties, notifié à l'Allemagne le 23 juillet 1921.

	France	Italie	Belgique	Etat S. H. S	Roumanie	Total
Chevaux.	12.400*	1.095	—	7.923	2.382	23.800
Bovins.	98.385	9.980	44.000	17.635	—	170.000
Ovins.	66.000	7.000	—	130.000	—	203.000

* Au début, ce chiffre était de 18.000, mais il fut, d'accord avec l'Allemagne, ultérieurement réduit à 12.400.

Les chiffres ci-dessus comprennent les arriérés pour toutes les livraisons de bovins ainsi que pour les livraisons d'ovins à effectuer à l'Italie et à l'Etat Serbe-Croate-Slovène. Dans les autres cas, les arriérés doivent être livrés en sus des quantités indiquées.

Les livraisons devaient être terminées le 31 janvier 1922,

mais une fois de plus, à la fin de cette période, il y eut un déficit. A la suite d'un accord, le terme du délai fut repoussé jusqu'au 1er avril 1922, et il fut entendu qu'une réunion aurait lieu au mois de mars pour établir un programme des livraisons suivantes.

Lorsque cette réunion eut lieu, en dépit du délai qui avait été accordé, les livraisons n'étaient pas terminées. A ce moment, la situation était telle qu'elle est indiquée par le tableau ci-dessous qui tient compte de certains arrangements intervenus entre les différentes Puissances et l'Allemagne pour combler les déficits et pour procéder à certains réajustements entre les différentes catégories.

Ce tableau comprend donc les livraisons faites tant au titre du § 6 qu'au titre du § 2 a.

	France	Italie	Belgique	Etat S. H. S.	Roumanie	Total
Chevaux						
Demandés	53.735	4.727	17.782	12.124	2.382	90.750
Livrés	53.715	3.638	17.559	11.967	—	86.879
Arriérés	20	1.089	223	157	2.382	3.871
Bovins						
Demandés	172.385	15.192	115.350	17.635	—	320.562
Livrés	79.864	—	73.781	839	—	154.484
Arriérés	92.521	15.192	41.569	16.796	—	166.078
Ovins						
Demandés	204.730	7.000	62.450	57.000	—	331.180
Livrés	149.205	3.203	48.558	—	—	200.966
Arriérés	55.525	3.797	13.892	57.000	—	130.214

En outre, de nouvelles complications surgirent du fait que l'on négociait ou que l'on avait déjà conclu des accords forfaitaires de substitution pour mettre fin à l'application de l'Article 238 (1). La France, par exemple, avait accepté de renoncer, à partir du 15 juillet 1921, à toutes les livraisons de bétail, excepté certaines catégories déterminées. Pour tenir compte, dans toute la mesure du possible, de toutes les modifications que nécessitaient, dans les livraisons de bétail, les accords forfaitaires, et d'autres arrangements qui étaient en cours de négociation, une commande passée le 23 mars 1922 annula tous les arriérés et imposa à l'Allemagne les livraisons suivantes à effectuer entre le 1er avril et le 31 décembre 1922.

	France	Italie	Belgique	Etat S. H. S.	Roumanie	Total
Chevaux.	3.919*	4.200	4.700	10.000	4.800	27.619
Bovins. .	101.500	25.000	41.500	25.000	—	193.000
Ovins. .	107.000	17.000	14.000	57.000	—	195.000

* Au début, ce chiffre était de 29.700, mais, d'accord avec l'Allemagne, il fut réduit ultérieurement à 3.919.

Excepté pour les chevaux, les livraisons continuèrent à être très peu satisfaisantes. D'autre part, les Allemands entrèrent en négociations avec presque toutes les Puissances intéressées, en vue de conclure des accords analogues à ceux qui avaient été conclus avec la France. La Belgique, qui, après avril 1922, ne reçut qu'une quantité insignifiante, et la Roumanie qui ne reçut aucune livraison, soumirent à la Commission des accords comportant, avec certaines exceptions expressément indiquées, renonciation à toutes les demandes qu'elles avaient faites pour des livraisons d'animaux.

(1) Voir Chapitre IV.

A la date du 31 décembre 1922, l'Allemagne avait effectué, tant en exécution du § 6 de l'Annexe IV, que des commandes indiquées ci-dessus dérivant du § 2 a, les livraisons suivantes :

	France	Italie	Belgique	Etat S. H. S.	Total
Chevaux . .	57.654	7.956	17.557	18.492	101.659
Bovins . . .	74.893	25.245	73.231	839	174.208
Ovins . . .	162.362	20.293	48.738	—	231.393
Caprins. . .	11.687	—	9.977	—	21.664
Volailles. . .	131.632	—	114.056	—	245.688

En tenant compte des différents accords de substitution qui ont été faits, le solde restant à livrer au compte des réparations aux termes de l'Annexe IV est, à moins que les accords de substitution ne soient pas exécutés, le suivant :

	Italie	Etat S. H. S.	Total
Chevaux	11.962	34.708	46.670
Bovins	27.430	157.000	184.430
Ovins	7	420.000	420.007

LIVRAISONS DE BOIS

Comme il était naturel pour une matière essentiellement nécessaire à la reconstruction, des demandes de livraison de bois ont été faites avant que le Traité soit entré en vigueur. Le 31 octobre 1919, la France a intro-

duit une demande urgente de 360.000 m³ à livrer avant
la fin de juin 1920. Elle indiquait en même temps que ses
besoins futurs seraient au minimum de 10.000.000 m³ (1).

Au début de mars 1920, l'Allemagne proposa de livrer
10.000 m³ par mois pour l'ensemble des trois Alliés intéressés. Les listes de l'Annexe IV qui venaient d'être
déposées comportaient :

> 40.000.000 mètres cubes débités pour la France
> 7.500.000 » » l'Italie
> 2.500.000 » » la Belgique.

Devant les difficultés d'ordre pratique que présentait la
fourniture de telles quantités, on décida de recourir au
système des programmes annuels et de répartir les livraisons sur une période supérieure aux quatre années prévues
par l'Annexe IV. La Commission reçut l'avis que rien ne
s'opposait, au point de vue juridique, à ce que cette prolon-
gation de délai fût négociée, mais cette question perdit
ensuite toute importance après l'introduction dans
l'Annexe II du § 19 bis.

Les demandes alliées, de livraisons au cours de l'automne
1920 et du printemps 1921, atteignaient :

> 400.000 mètres cubes d'essences dures } pour la France
> 1.000.000 » tendres }
>
> 100.000 mètres cubes d'essences dures } pour la Belgique
> 300.000 » tendres }
>
> 100.000 mètres cubes d'essences dures } pour l'Italie
> 200.000 » tendres }

(1) Plusieurs unités de mesure sont généralement employées pour
les divers types de bois commandés (mètre cube pour les bois débités
et les poteaux de mines, pièces pour les traverses et les poteaux télégraphiques, etc.) et, pour faciliter la comparaison, on ramène ces
diverses unités à un mètre cube grume représentant la quantité de

Des réunions d'experts alliés et allemands furent décidées pour le mois de juillet 1920. Ces réunions devinrent périodiques et aboutirent à l'établissement des programmes annuels exposés dans le présent document.

Aux conférences de juillet 1920, les experts alliés évaluèrent à 3.500.000 m³ par an les possibilités de livraison, compte tenu des difficultés de la production en Allemagne, du transport à cette époque et de l'état des centres de réception en pays alliés. Les experts alliés se mirent en outre d'accord entre eux sur la répartition provisoire de :

	Bois durs	Bois tendres
France.	60 %	65 %
Italie	22 %	17,5 %
Belgique	18 %	17,5 %

La proportion envisagée entre les bois tendres et les bois durs était de 1/5me en bois durs et 4/5mes en bois tendres.

En août 1920, les experts allemands proposèrent de livrer 1.440.000 m³ de bois par an pendant une période de quatre années. Ils s'engagèrent ensuite à livrer 240.000 m³ par mois pendant 4 mois et à préparer, pendant ce temps, le programme définitif et général des livraisons de bois. Cette dernière proposition fut acceptée le 21 septembre 1920, mais il ne fut pas possible à ce moment d'établir un protocole technique. Les discussions

bois en grume nécessaire. On compte, par exemple, 10 à 12 traverses françaises au mètre cube débité, mais 5 à 6 au mètre cube grume. De même, à un mètre cube grume correspond environ de o m³ 65 à o m³ 70 de bois scié ordinaire. Pour les poteaux télégraphiques et les poteaux de mines, un mètre cube effectif et un mètre cube grume sont identiques.

avec les experts allemands se prolongèrent ensuite pendant près de six semaines et ce n'est que le 23 novembre 1920 que les protocoles techniques furent dûment signés. Ce n'est qu'au moment même de la signature que les experts allemands soulevèrent la question des prix et firent une réserve à ce sujet. La Commission demanda que les experts lui soumissent une proposition pour les prix et un rapport lui fut remis le 11 décembre 1920. Les discussions continuèrent entre le Service de la Commission et la Délégation allemande jusqu'à fin janvier 1921 sans arriver à un accord. Les représentants allemands affirmèrent cependant que les abatages avaient été commencés et se poursuivaient.

Le 8 février 1921, après la renonciation de l'Italie à une partie importante de ses demandes, la Commission put enfin prendre une position ferme sur les quantités et les prix. C'est donc seulement le 15 mai 1921 que put commencer, suivant les protocoles techniques, la livraison des 240.000 mètres cubes mensuels dont on avait prévu l'exécution pour l'automne 1920. De nouveaux retards transformèrent en fait ce programme en un programme pour toute l'année 1921, savoir :

	France	Italie	Belgique
Traverses de chemins de fer (pièces)	840.000	—	460.000
Poteaux télégraphiques (pièces)	160.000	—	40.000
Bois résineux débités (m³) . .	232.800	42.000	40.000
Bois durs débités (m³) . . .	—	2.700	—
Bois résineux en grume (m³) .	88.000	8.000	48.000
Bois durs en grume (m³) . .	—	6.200	—

Mais ce programme lui-même ne fut pas entièrement exécuté. Le Gouvernement allemand avait décidé de recourir à la méthode des adjudications sur la base du prix moyen de 650 mark-papier sans tenir compte du taux de change fixe stipulé par la Commission et qui transformait en un prix or ce prix en mark-papier. Après un certain temps, le Gouvernement allemand déclara qu'il lui était impossible de rassembler les quantités nécessaires. Pour la France, par exemple, l'adjudication avait produit seulement 20 o/o des quantités demandées.

Le Gouvernement allemand, mis en demeure d'avoir à fournir le solde de 80 o/o, prépara une nouvelle adjudication. Toutefois, à ce moment, les conférences de Wiesbaden s'ouvrirent et le Gouvernement allemand obtint du Gouvernement français, comme conséquence de la signature de l'accord qui couvre les livraisons de bois, l'annulation des 80 o/o en question.

D'autre part, la France avait également renoncé aux 840.000 traverses demandées par elle, celles-ci n'ayant pas été livrées par le Gouvernement allemand dans les délais voulus ; ces traverses furent immédiatement réclamées par la Belgique.

Les quantités commandées, compte tenu des modifications ci-dessus, et les quantités effectivement livrées, ressortent du tableau page 242.

Le programme de 1922 fut mis à l'étude en juillet 1921. Le Gouvernement français fit connaître qu'il se proposait de faire effectuer les fournitures de bois en grume et de bois débités sous le régime de l'Accord de Wiesbaden du 6 octobre 1921. Il demanda, d'autre part, la livraison de 260.000 poteaux télégraphiques.

Les besoins de la Belgique furent notifiés à la Commission le 26 novembre 1921 et ceux de l'Italie, le 6 janvier

	Commandé	Livré
FRANCE		
Poteaux télégraphiques (pièces) . .	160.000	27.398
Bois résineux débités (m³)	52.884	37.264
Bois résineux en grume (m³) . . .	6.200	4.924
ITALIE		
Bois résineux débités (m³) . . .	42.000	36.767
Bois durs débités (m³)	2.700	298
Bois résineux en grume (m³) . . .	8.000	—
Bois durs en grume (m³)	6.200	130
BELGIQUE		
Traverses de chemins de fer (pièces) .	1.300.000	123.186
Poteaux télégraphiques (pièces) . .	40.000	19.736
Bois résineux débités (m³)	40.000	19.480
Bois résineux en grume (m³) . . .	48.000	6.501

1922. La Grande-Bretagne, en vue de faciliter l'exécution des réparations, se déclara prête à recevoir des livraisons de bois et déposa, le 9 janvier 1922, le détail des spécifications.

Les quantités réclamées pour 1922 peuvent être indiquées comme suit :

	Gr.-Bretagne	France
Traverses de chemins de fer (pièces) .	1.000.000	—
Poteaux télégraphiques	50.000	200.000
Bois résineux débités (m³)	3.700.000	—

	Italie	Belgique
Traverses de chemins de fer (pièces) .	1.000.000	1.700.000
Poteaux télégraphiques (pièces) . .	100.000	41.700
Bois résineux débités (m³)	263.000	1.540
Bois durs débités (m³)	7.000	4.500
Bois résineux en grume (m³) . . .	10.000	140.000
Bois durs en grume (m³)	8.000	—

Des réunions entre experts alliés et allemands eurent lieu du 10 au 14 janvier 1922. Au cours de ces réunions, les conditions techniques des fournitures furent arrêtées. Toutefois, la question des quantités resta en suspens, les Allemands déclarant ne pouvoir exécuter l'intégralité des livraisons qui leur étaient demandées. Pour la fixation des prix, les représentants du Gouvernement allemand demandèrent que les prix à créditer à l'Allemagne soient ceux résultant des adjudications allemandes, mais cette demande ne fut pas favorablement accueillie par les experts alliés. Le 18 janvier 1922, la Kriegslastenkommission transmit certaines propositions de prix qui ne furent pas acceptées par les Délégations intéressées. Il fut décidé que chacune des Délégations se mettrait en relation avec la Kriegslasten-Kommission pour s'efforcer d'arriver à une entente.

Le 13 janvier 1922, la Commission décida de porter à la connaissance du Gouvernement allemand qu'elle s'attendait à ce qu'il prît des mesures immédiates pour commencer les abatages nécessaires, surtout en ce qui concernait le bois pour les quantités de traverses demandées par tous les pays. Le 25 du même mois, le Gouvernement allemand offrit les fournitures ci-après :

	Gr.-Bretagne	France
Traverses de chemins de fer (pièces) .	300.000	—
Poteaux télégraphiques (pièces) . .	50.000	200.000
Bois résineux débités (m³)	1.000.000	—

	Italie	Belgique
Traverses de chemins de fer (pièces) .	—	1.050.000
Poteaux télégraphiques (pièces) . .	150.000	41.700
Bois résineux débités (m³)	242.000	1.540
Bois durs débités (m³)	6.000	4.500
Bois résineux en grume (m³) . . .	9.000	140.000
Bois durs en grume (m³)	4.000	—

En communiquant cette offre, le Gouvernement allemand faisait la réserve que, étant donné la saison avancée, il n'était pas certain que les dispositions prises pussent assurer l'exécution intégrale de ces livraisons.

La France qui, jusqu'à ce moment, n'avait présenté aucune demande de livraison de bois débités, s'entendit avec la Grande-Bretagne pour que 55.000 mètres cubes de bois résineux débités fussent prélevés sur le contingent britannique pour lui être livrés, étant donné que l'Allemagne ne pouvait augmenter ses propositions de fournitures. Au cours de réunions tenues fin février 1922, les protocoles techniques de livraisons à la Grande-Bretagne et à la France furent arrêtés d'accord entre les experts alliés et allemands. Les prix applicables aux 10.000 premiers mètres cubes et à la totalité des traverses à livrer à la Grande-Bretagne furent fixés d'accord entre experts britanniques et allemands ; la fixation des prix pour le complément de la fourniture devant être faite, soit par accords entre experts, soit, à défaut d'accord, par arbitrage.

Les négociations poursuivies par les Délégations avec la Kriegslastenkommission aboutirent à un accord au sujet des prix des poteaux télégraphiques à livrer à l'Italie et en ce qui concerne toutes les catégories de bois à livrer à la Belgique, sauf les bois de mines.

Le programme de livraisons pour 1922, finalement notifié à l'Allemagne, est indiqué p. 246.

La marche des réceptions des diverses catégories de bois donna bientôt lieu à mécontentement et fit craindre que l'exécution du programme ne fût pas achevée avant la fin de l'année. Le 28 août 1922, après examen de la situation, la Commission attira formellement l'attention du Gouvernement allemand sur les retards qui s'étaient produits et sur le danger que l'arrivée de la mauvaise saison empêchât de réaliser une amélioration suffisante pour rattraper le temps perdu. La Commission exprima l'avis que les retards résultaient principalement (a) du fait que le Gouvernement allemand avait eu recours au système de l'adjudication et (b) du fait que les marchés étaient établis sur prix fermes en mark-papier et que le

Programme de livraisons pour 1922.

	Gr.-Bretagne	France
Traverses de chemins de fer (pièces) .	70.000	—
Poteaux télégraphiques (pièces). . .	—	200.000
Bois résineux débités (m³)	545.000	54.500
Bois durs débités (m³)	—	500

	Italie	Belgique
Traverses de chemins de fer (pièces) .	300.000	650.000
Poteaux télégraphiques (pièces) . .	25.000	41.700
Bois résineux débités (m³)	233.000	1.540
Bois durs débités (m³)	6.000	4.500
Bois résineux en grume (m³) . . .	9.000	140.000*
Bois durs en grume (m³)	4.000*	—

* Poteaux de mines.

Gouvernement allemand s'était refusé à toutes les majorations de prix de ces marchés malgré la chute de la devise allemande et bien que lui-même reçût un crédit en or.

Le 26 septembre 1922, le Gouvernement allemand remit à la Commission un long mémoire dans lequel il exposait les principales causes des retards apportés aux livraisons. Il est inutile d'indiquer ici les déclarations et les arguments présentés dans ce mémoire, car ils furent repris par la Délégation allemande au cours de l'audition solennelle qui lui fut accordée par la Commission, et dont il est parlé ci-dessous.

La Commission fut saisie, le 20 octobre 1922, par la Délégation française, d'une demande tendant à constater le manquement de l'Allemagne à son obligation de fournir du bois à la France en 1922. Dans la commande précitée, la totalité des bois débités (55.000 mètres cubes) devait être livrée à la France avant le 30 septembre 1922 et les 200.000 poteaux télégraphiques commandés par cette Puissance devaient être présentés à réception à l'état blanc avant le 30 novembre 1922. La situation de ces livraisons au 30 septembre 1922 :

Catégories de bois	Quantité commandée	Contrats passés par le Reich	%	Quantité exigible au 30 septembre
Bois débités . . .	53.000	54.935	100	55.000
Poteaux télégraphiques.	200.000	75.964	38	145.000*

* Si l'on admet que les livraisons se fassent à une allure régulière.

Catégories de bois	Réceptions faites en Allemagne par les Agents français au 30 septemb.	% de la commande	Expédié	% de la commande
Bois débités . . .	17.417	31,5	15.950	29
Poteaux télégraphiques.	46.133	23	40.047	20

La situation des livraisons au 30 novembre étant encore très notablement déficitaire, la Commission entendit officiellement, le 1ᵉʳ décembre 1922, les représentants du Gouvernement allemand sur cette question.

Le 26 décembre, après examen attentif du plaidoyer allemand, la Commission prit la décision suivante :

1° « Il est décidé à l'unanimité que l'Allemagne n'a pas exécuté dans leur intégralité, les commandes passées en vertu de l'Annexe IV de la Partie VIII du Traité de Versailles pour les livraisons de bois à la France pendant l'année 1922 ;

2° « Il est décidé à la majorité, le Délégué britannique votant contre, que cette non exécution constitue un manquement aux obligations de l'Allemagne au sens du paragraphe 17 de l'Annexe II ;

3° « Il est décidé à la majorité, le Délégué britannique s'abstenant de voter, de rappeler aux Gouvernements intéressés que, par sa lettre du 21 mars 1922, fixant les payements à faire par l'Allemagne pendant l'année courante, la Commission avait déclaré :

« Si la Commission des Réparations constatait, au cours de l'année 1922, que les livraisons en nature demandées par la France ou ses ressortissants, ou par toutes autres Puissances ayant droit aux réparations, ou leurs ressortissants, suivant la procédure prévue par le Traité ou en vertu d'une procédure approuvée par la Commission des Réparations et dans les limites des chiffres indiqués ci-dessus, n'étaient pas effectuées par suite d'une obstruction du Gouvernement allemand ou de ses organismes ou par suite d'infractions à la procédure du Traité ou à une procédure approuvée par la Commission des Réparations, des payements supplémentaires en espèces seront exigés de l'Allemagne à la fin de l'année 1922 en remplacement des livraisons non effectuées ».

4° « Il est décidé d'entendre, dans la présente occasion, par « Puissances intéressées » au sens du paragraphe 17 de l'Annexe II, la Grande-Bretagne, la France, l'Italie et la Belgique ; copie de la lettre adressée à ces quatre Gouvernements sera envoyée au Gouvernement des États-Unis d'Amérique » (1).

L'importance de cette décision constatant le manquement formel de l'Allemagne par un vote à la majorité a été telle qu'il a paru utile de reproduire intégralement à l'Appendice XXXV (2) le procès-verbal de la séance à laquelle les représentants de l'Allemagne ont été entendus et la partie essentielle du procès-verbal de la séance où le manquement a été déclaré.

Avant de terminer l'historique de cette question, il convient de revenir un moment sur la question de prix. On n'aura pas oublié que la fixation définitive des prix avait été laissée en suspens, dans l'espoir que les parties intéressées pourraient arriver à un accord, mais cet espoir ne s'est pas réalisé. Le 19 décembre 1922, la Commission des Réparations a adopté l'échelle de prix contenue à l'Appendice XXXVI (3). Cette échelle de prix avait été précédemment présentée par la Kriegslastenkommission au Gouvernement allemand à titre de compromis. Toutefois, le Gouvernement allemand avait déclaré qu'il ne pouvait l'accepter parce que les prix étaient pour la plupart inférieurs à ceux des contrats et que, s'ils correspondaient *grosso modo* aux prix payés par les pays réceptionnaires

----

(1) Ce même jour la Commission des Réparations a adopté l'interprétation formelle suivante du paragraphe 17 de l'Annexe II :

« La Commission, exerçant les pouvoirs d'interprétation qu'elle tient du paragraphe 12 de l'Annexe II, Partie VIII, du Traité de Versailles, décide que le mot « manquement » du paragraphe 17 de ladite Annexe a le même sens que l'expression « manquement volontaire » du paragraphe 18 de la même Annexe.

(2) Voir page 456.
(3) Voir page 513.

pour les mêmes catégories de bois, il n'avait pas été tenu
compte de la qualité supérieure des bois fournis et soumis
à une inspection sévère conformément aux conditions
régissant les livraisons de réparation.

LIVRAISONS DE BATELLERIE FLUVIALE

Il reste à dire quelques mots des livraisons de batellerie
fluviale effectuées par l'Allemagne en exécution de
l'Annexe III. Le § 6 de cette Annexe dispose :

« L'Allemagne s'engage à restituer en nature et en état
« normal d'entretien aux Puissances Alliées et Associées,
« dans un délai de deux mois à dater de la mise en vi-
« gueur du présent Traité, conformément à une procé-
« dure qui sera établie par la Commission des Répa-
« rations, tous les bateaux et autres engins mobiles de
« navigation fluviale qui, depuis le 1er août 1914, ont
« passé, à un titre quelconque, en sa possession ou en
« possession de l'un de ses ressortissants, et qui pourront
« être identifiés.

« En vue de compenser les pertes du tonnage fluvial,
« dues à n'importe quelle cause, subies pendant la guerre
« par les Puissances Alliées et Associées et qui ne pourront
« pas être réparées par les restitutions prescrites ci-
« dessus, l'Allemagne s'engage à céder à la Commission
« des Réparations une partie de sa batellerie fluviale jus-
« qu'à concurrence du montant de ces pertes, ladite ces-
« sion ne pouvant dépasser 20 o/o du total de cette
« batellerie telle qu'elle existait à la date du 11 no-
« vembre 1918.

« Les modalités de cette cession seront réglées par les
« arbitres prévus à l'Article 339 de la Partie XII (Ports,
« Voies d'eau et Voies ferrées) du présent Traité, qui sont
« chargés de résoudre les difficultés relatives à la répar-
« tition du tonnage fluvial et résultant du nouveau ré-
« gime international de certains réseaux fluviaux ou des
« modifications territoriales affectant ces réseaux »,

« Germany undertakes to restore in kind and in normal
« condition of upkeep to the Allied and Associated
« Powers, within two months of the coming into force
« of the present Treaty, in accordance with procedure to
« be laid down by the Reparation Commission, any boats
« and other movable appliances belonging to inland na-
« vigation which since August 1, 1914, have by any
« means whatever come into her possession or into the
« possession of her nationals and which can be identified.
« With a view to make good the loss in inland navi-
« gation tonnage, from whatever cause arising, which
« has been incurred during the war by the Allied and
« Associated Powers, and which cannot be made good
« by means of the restitution prescribed above, Germany
« agrees to cede to the Reparation Commission a portion
« of the German river fleet up to the amount ot the loss
« mentioned above, provided that such cession shall not
« exceed 20 o/o of the river fleet as it existed on no-
« vember 11, 1918.
« The conditions of this cession shall be settled by the
« arbitrators referred to in Article 339 of Part XII (Ports,
« Waterways and Railways) of the Present Treaty, who
« are charged with the settlement of difficulties relating
« to the apportionment of river tonnage resulting from
« the new international régime applicable to certain river
« systems or from the territorial changes affecting those
« systems. »

On remarquera que ce paragraphe, d'une part règle un
cas particulier des restitutions, que l'Article 238 prévoit
d'une façon générale, et d'autre part impose des livraisons au compte des réparations.

En ce qui concerne les restitutions, qui ont été étudiées
dans leur ensemble au chapitre V, on rédigea un protocole spécial qui étendait à la batellerie fluviale les principes généraux posés dans le protocole A (1) et qui, en

____

(1) Voir Appendice IX, page 362.

outre, tenait compte des conditions spéciales fixées dans le § 6, et que l'on ne trouve pas dans l'Article 238, en particulier de l'obligation de restituer « en état normal d'entretien », de l'obligation de restituer les bateaux et autres engins qui ont passé « à un titre quelconque » en la possession de l'Allemagne, même par voie d'achat, etc.

En ce qui concerne les livraisons destinées à compenser les pertes alliées de batellerie fluviale, la Commission devait en premier lieu prendre des décisions sur l'interprétation des formules « tonnage fluvial », « tous les bateaux et autres engins mobiles » et « pertes dues à n'importe quelle cause ». Elle devait également fixer la limite de la période pendant laquelle les pertes devaient avoir été subies pour donner lieu à compensation. Elle devait enfin, définir exactement ce que représentait « la batellerie fluviale de l'Allemagne » et évaluer son total à la date du 11 novembre 1918.

Des listes remises par le Gouvernement allemand, il apparut que 20 % de la flotte fluviale allemande représentaient au moins, à la date du 11 novembre 1918 :

> 1.243.000 tonnes de bateaux ordinaires ;
> 83.000 HP de remorqueurs et toueurs ;
> 30.000 tonnes ;
> et 30.000 HP de bateaux à moteurs.

Il devint bientôt évident que le total des pertes à compenser restait au-dessous des quantités indiquées ci-dessus.

Les différentes Puissances Alliées et Associées furent invitées par la Commission des Réparations à faire connaître en détail les pertes de tonnage fluvial dont elles demandaient compensation. En tenant compte des principes généraux établissant les droits des diverses Puissances aux réparations, il fut établi que la Grande-Bretagne, la

France, l'Italie, la Belgique et le Portugal avaient le droit, pour compenser leurs pertes, de présenter des demandes de cessions de batellerie fluviale prise en dehors du réseau fluvial du Danube. La Grèce est la seule Puissance à laquelle fut reconnu le droit de recevoir des bateaux du Danube. La Grande-Bretagne renonça peu après à son droit de recevoir une partie des bateaux cédés.

Ultérieurement, et d'accord avec le Gouvernement allemand, le tonnage donnant lieu à compensation fut évalué à :

853.850 tonnes

et

8.776 HP, répartis conformément au tableau p. 254.

En outre, la quantité de batellerie allemande du Danube à livrer fut fixée à 1.175 tonnes.

Les modalités de cession furent établies par Mr. Walker D. Hines, désigné par le Gouvernement des Etats-Unis comme arbitre, conformément à l'Article 339 du Traité de Versailles. L'arbitre ne fit son choix qu'après la réunion de conférences auxquelles participèrent des représentants de la Commission des Réparations, des représentants de la Puissance alliée dont les pertes devaient être compensées et des représentants de la Puissance ex-ennemie qui devait fournir la compensation.

Le choix fut inspiré des principes suivants :

1° La compensation doit s'établir tonne pour tonne de capacité de chargement admissible pour les bateaux cédés sur les voies navigables où les Puissances alliées les utiliseront.

2° Les unités à livrer doivent avoir les mêmes caractéristiques principales que les unités perdues.

3° La répartition des cessions doit être faite entre les

	France	Italie	Belgique	Portugal	Totaux
Bateaux ordinaires. . . .	540.000 T.	17.246 T.	277.000 T.	909 T.	835.155 T.
Bateaux automoteurs à marchandises.	—	—	18.000 T.*	—	18.000 T.
Bateaux automoteurs à voyageurs, toueurs, remorqueurs.		2.212 HP	—	650 HP	
Engins de navigation fluviale : dragues, grues, etc.	3.457 HP + 695 T.	108 HP	2.334 HP	15 HP	8.776 HP 695 T.
Totaux : Tonnes . . .	540.695 T.	17.246 T.	295.000 T.	909 T.	853.850 T.
HP	3.457 HP	2.320 HP	2.334 HP	665 HP	8.776 HP

* Tonnage virtuel tenant compte de la puissance des machines.

différents réseaux proportionnellement au total de la batellerie qui les dessert.

4° Dans chaque réseau, l'âge moyen des unités cédées, ne peut dépasser l'âge moyen des pertes à compenser, compte tenu de la nature de la coque.

5° Sur chaque réseau, les charges doivent être réparties avec la plus grande équité possible entre les différents intéressés.

Les efforts faits pour éviter de causer à la batellerie fluviale allemande un dommage disproportionné aux avantages obtenus par la batellerie alliée, ne pouvaient pas être entièrement couronnés de succès ; en particulier, un grand nombre d'unités qui pouvaient parfaitement être tout à fait satisfaisantes pour le service en Allemagne, n'étaient pas adaptées aux réseaux fluviaux des Puissances alliées qui les recevaient. Pour cette raison, il apparut bientôt que, pour une portion des livraisons, il serait avantageux pour les deux parties que l'Allemagne, au lieu de livrer immédiatement des unités existantes, se vît accorder un délai raisonnable pour construire de nouvelles unités mieux adaptées aux besoins du trafic des pays alliés auxquels elles étaient destinées. Des arrangements spéciaux, qui furent ultérieurement approuvés par la Commission des Réparations, furent donc conclus avec l'Allemagne par la France, par l'Italie, par la Belgique et par le Portugal. Le résultat de ces arrangements fut de remplacer environ 735.000 tonnes et 7.500 HP de bateaux et engins existant en majeure partie par des constructions neuves à remettre avant la fin de l'année 1925 et, pour une faible part, par d'autres prestations. 99 o/o du tonnage existant qui doit être livré, avaient été effectivement livrés le 31 décembre 1922.

En plus des livraisons au compte des réparations,

prévues par le § 6 de l'Annexe III, l'Allemagne devait également fournir, conformément aux Articles 339 et 357, une nouvelle proportion, à déterminer par l'arbitre américain, de la batellerie fluviale existant sur certains réseaux fluviaux déterminés.

La valeur du tonnage ainsi cédé est portée au crédit de l'Allemagne au compte des réparations; la liste en est donnée à l'Appendice XXXVII (1).

(1) Voir page 517.

CHAPITRE X

COMITÉ DES GARANTIES

La Commission des Réparations a déjà publié un volume spécial contenant une série de documents officiels relatifs au montant des payements à effectuer par l'Allemagne au compte des réparations (1) ; ce volume donne beaucoup de renseignements sur le début des travaux du Comité des Garanties. Mais si l'on peut renvoyer le lecteur à cette publication pour de plus amples détails en ce qui concerne la période qui s'étend de mai à octobre 1921, aucun rapport général sur les travaux de la Commission ne saurait être complet s'il ne comportait certaines indications touchant la création, la constitution et le fonctionnement du Comité des Garanties.

La création du Comité est prévue, non pas dans le texte original du Traité, mais dans un amendement à l'Annexe II au chapitre des Réparations (qui, aux termes du paragraphe 22 de ladite Annexe « pourra être amendée par la décision unanime des Gouvernements représentés à la Commission »).

Cet amendement a été introduit par le Conseil Suprême lors de sa réunion à Londres en mai 1921 et dont il a

---

(1) Documents officiels, (fasc. 1), 1 vol., Paris, Alcan, 1922.

été parlé au Chapitre II (1). L'amendement revêt la forme d'un paragraphe 12 bis qui remanie le système des bons prévu par le Traité, donne pouvoir à la Commission des Réparations de requérir l'Allemagne d'affecter certains revenus et avoirs au service des bons, et donne pouvoir à un Comité des Garanties, qui sera désigné par la Commission des Réparations, de surveiller l'application, à cet objet, des revenus assignés et de stipuler les dates et modalités de versement des sommes dues pour le service des bons ou de tous autres payements relatifs à la dette allemande. Le même paragraphe dispose ensuite que « les revenus à affecter par le Gouvernement allemand seront :

« (1) le produit de toutes les douanes et taxes maritimes et terrestres de l'Allemagne, et, en particulier, le produit de toutes les taxes à l'importation et à l'exportation ;

« (2) le produit du prélèvement de 25 $^0/_0$ sur la valeur de toutes exportations d'Allemagne, à l'exception des exportations sur lesquelles un prélèvement d'au moins 25 $^0/_0$ est effectué en vertu de la législation de l'une quelconque des Puissances alliées ;

« (3) le produit des taxes directes et indirectes ou toutes autres ressources qui seraient proposées par le Gouvernement allemand et acceptées par le Comité des Garanties, pour être ajoutées ou substituées aux ressources qui ont été spécifiées aux paragraphes (1) et (2) ci-dessus.

« Le Comité des Garanties ne sera pas autorisé à intervenir dans l'administration allemande. »

Les dispositions ci-dessus ont été incorporées et ont reçu effet dans les Articles 6 et 7 de l'Etat des Payements notifié au Gouvernement allemand le 5 mai 1921.

(1) Voir page 36.

ARTICLE 6.

« Dans les 25 jours qui suivront la notification du présent document, en accord avec le paragraphe 12 *bis* (*d*) de l'Annexe II au Traité, amendée, la Commission des Répations constituera la Sous-Commission spéciale appelée *Comité des Garanties*.

« Le Comité des Garanties sera composé de représentants des Puissances alliées actuellement représentées à la Commission des Réparations, et comprendra un représentant des Etats-Unis d'Amérique au cas où ce Gouvernement désirerait en désigner un.

« Ce Comité devra s'adjoindre par cooptation trois représentants au plus des ressortissants des autres Puissances dès qu'il apparaîtra à la Commission que des obligations émises en vertu du présent document sont entre les mains de ressortissants desdites Puissances en quantité suffisante pour justifier la représentation de ces ressortissants dans le Comité des Garanties ».

ARTICLE 7

« Le Comité des Garanties sera chargé d'assurer l'application des Articles 241 et 248 du Traité de Versailles.

« Il aura qualité pour surveiller l'application au service des obligations prévues à l'Article 2 des fonds qui leur sont affectés comme garantie pour les payements à faire par l'Allemagne conformément à l'Article 4. Ces fonds seront les suivants :

« a) le produit de tous les droits de douanes maritimes
« et terrestres, spécialement des droits à l'importation et
« à l'exportation ;

« *b*) le produit d'un prélèvement de 25 % sur la valeur

de toutes les exportations de l'Allemagne, à l'exception des exportations auxquelles s'applique, en vertu de la législation visée à l'Article 9 ci-après, un prélèvement d'au moins 25 % ;

« c) le produit des taxes ou impôts directs ou indirects ou de toutes autres ressources qui seraient proposées par le Gouvernement allemand et acceptées par le Comité des Garanties, pour parfaire ou pour remplacer les fonds spécifiés aux alinéas a) et b) ci-dessus.

« Le Gouvernement allemand versera, en or ou en monnaies étrangères approuvées par le Comité, à des comptes à ouvrir au nom dudit Comité et surveillés par lui, tous les fonds affectés au service des obligations.

« L'équivalent des 25 % visés à l'alinéa b sera versé à l'exportateur en monnaie allemande par le Gouvernement allemand.

« Le Gouvernement allemand devra notifier au Comité des Garanties tout projet qui pourrait tendre à diminuer le produit des ressources affectées, et, si en raison d'un semblable projet le Comité le demande, il devra y substituer d'autres ressources agréées par le Comité.

« Le Comité des Garanties sera chargé en outre de procéder, au nom de la Commission, à l'examen prévu par le paragraphe 12 b de l'Annexe II à la Partie VIII du Traité de Versailles. Il sera chargé de vérifier, au nom de ladite Commission, et, s'il est nécessaire, de rectifier le montant déclaré par le Gouvernement allemand comme valeur des exportations allemandes en vue du calcul de la somme payable dans le courant de chaque année ou de chaque trimestre en vertu de l'Article 4, 2°. Il vérifiera et rectifiera, au besoin, au nom de ladite Commission, le montant des ressources affectées en vertu du présent article au service des obligations.

« Il aura également le droit de prendre toutes mesures jugées nécessaires pour assurer l'accomplissement régulier de sa tâche.

« Le Comité des Garanties n'est pas autorisé à s'ingérer dans l'administration allemande. »

On remarquera qu'outre les fonctions attribuées au Comité par l'amendement au Traité, d'autres attributions lui sont conférées par la Commission au titre des Articles 241 et 248 et du paragraphe 12 b de l'Annexe II à la Partie VIII (Réparations). Par l'Article 241, « l'Allemagne s'engage à faire promulguer, à maintenir en vigueur et à publier toute législation, tous règlements et décrets qui pourraient être nécessaires pour assurer la complète exécution » des stipulations de réparations. L'Article 248 établit, sous réserve des dérogations qui pourraient être accordées par la Commission des Réparations, un privivilège de premier rang sur tous les biens et ressources de l'Empire et des Etats allemands pour le règlement des réparations et autres charges résultant du Traité (1).

Aux termes du paragraphe 12 *b* de l'Annexe II, la Commission est chargée, en estimant périodiquement la capacité de payement de l'Allemagne, d'examiner « le système fiscal allemand, 1) afin que tous les revenus de l'Allemagne, y compris les revenus destinés au service ou à l'acquittement de tout emprunt intérieur, soient affectés par privilège au payement des sommes dues par elle à titre de réparations, et — 2) de façon à acquérir la certitude qu'en général le système fiscal allemand est tout à fait

(1) On trouvera au chapitre IV, page 84, des indications sur la nature des questions qui se sont posées à propos de cet Article.

aussi lourd, proportionnellement, que celui d'une quelconque des Puissances représentées à la Commission ».

L'Etat des Payements reproduit également la disposition du paragraphe 12 *bis* aux termes de laquelle le Comité n'est pas autorisé à s'ingérer dans l'administration allemande. Cette disposition est ainsi en relation avec l'assurance que les Puissances Alliées et Associées ont donnée au Gouvernement allemand, dans leur réponse du 16 juin 1919 aux Observations de la Délégation allemande sur les Conditions de Paix.

Le Comité a été constitué par la Commission des Réparations le 27 mai 1921. Il est composé de représentants et de représentants-adjoints de la France, de la Grande-Bretagne, de l'Italie et de la Belgique ; des observateurs officieux américains assistent aux séances. Il est à peine besoin d'ajouter que, jusqu'à présent, les circonstances dans lesquelles les représentants de Puissances autres que celles qui ont un siège à la Commission elle-même doivent être appelés par cooptation, en vertu de l'Article 6, ne se sont pas encore produites. Le siège du Comité a été provisoirement fixé à Paris, étant entendu qu'il pourra être transporté à Berlin ou en tout autre endroit, si la Commission le juge nécessaire. Toutefois, des agents exécutifs techniques ont été installés à Berlin comme il sera expliqué dans la suite du présent chapitre, en contact étroit avec le Gouvernement allemand. Les représentants au Comité des Garanties sont toujours les Délégués-adjoints des Puissances à la Commission des Réparations, et les représentants-adjoints au Comité sont les Membres nationaux du Conseil du Service financier de la Commission.

Au moment où elle a eu à fixer le siège et la composition du Comité, la Commission s'est inspirée des considérations suivantes :

a) en plaçant le Comité à Paris et en choisissant ses Membres dans son sein même, elle assurait entre les deux organismes, l'unité de vues et d'action la plus complète ;

b) les services techniques de la Commission se trouvaient tout naturellement à la disposition du Comité, qui pouvait ainsi éviter dans la plus large mesure les nouvelles créations d'emploi ;

c) aucune dépense nouvelle n'était à envisager pour le Comité lui-même, et les dépenses de son fonctionnement étaient réduites au minimum. Il s'agissait là d'une économie très importante.

Telles ont été la constitution et les fonctions primitives du Comité. Par la suite, ces fonctions se sont développées et étendues comme le montrera l'exposé que l'on va faire de ses actes.

Le Comité a fait son premier voyage à Berlin en juin 1921 et, à la fin de son séjour, il a adressé au Gouvernement allemand le 28 du même mois cinq notes contenant les décisions prises par lui sur les sujets ci-après :

1. Dispositions générales.

2. Interprétation du mot « exportations « et remplacement éventuel de l'indice « exportations ».

3. Prélèvement de 25 °/₀ sur la valeur des exportations de l'Allemagne.

4. Affectation des recettes des douanes à la garantie des obligations.

5. Organisation du Contrôle.

Nous allons résumer brièvement le contenu de ces notes et pour de plus amples détails, nous renvoyons le lecteur à la publication dont il a été parlé plus haut (1).

______

(1) Documents officiels (fasc. I), 1 vol., Paris, Alcan, 1922.

1. La première note traite principalement la question des ressources appliquées en vertu de l'Article 7 de l'Etat des Payements au service des obligations. Le Gouvernement allemand avait proposé de substituer le produit des impôts sur le revenu des valeurs mobilières, sur le sucre, sur le tabac, sur le charbon, sur le chiffre d'affaires et le produit du monopole des alcools aux fonds explicitement indiqués aux paragraphes (a) et (b) de l'Article 7, cité in extenso ci-dessus. En réponse, le Comité déclara qu'il estimait nécessaire pour le moment de faire reposer l'exécution de l'Etat des Payements tout d'abord sur les ressources qui y étaient indiquées, et qu'il n'y aurait à envisager les ressources proposées par le Gouvernement allemand, que dans la mesure où les premières ne suffiraient pas à garantir la totalité des obligations allemandes.

Par la suite, en examinant dans quelle mesure ces ressources étaient suffisantes, le Comité a étudié séparément la situation pour l'année 1921-22 et pour les années ultérieures, en raison de la disposition spéciale contenue dans l'Etat des Payements, stipulant, pour la première année, un versement de un milliard de mark-or à titre d'acompte. Après avoir apprécié les éléments du problème dans la mesure où il était possible de les prévoir, le Comité a estimé que les payements de 1921-1922 seraient suffisamment garantis par l'affectation des droits de douane à partir du 15 novembre et par le versement d'un prélèvement de 25 % sur la valeur des exportations à dater du 15 décembre. En ce qui concerne les années à venir, on a estimé qu'il y aurait un déficit de 650 millions de mark-or, qu'il serait nécessaire de couvrir par de nouvelles ressources assignées en garantie.

Le Comité a décidé qu'à partir du 1er mai 1922, 50 % ou tout autre pourcentage qu'il pourra fixer par la suite du produit des ressources proposées par le Gouvernement allemand comme alternative, devra aussi être porté à son compte.

2. L'Article 4 de l'Etat des Payements prévoit le versement par l'Allemagne, en sus d'une annuité fixe de deux milliards de mark-or, d'une somme que la Commission déterminera comme étant l'équivalent de 25 % de la valeur des exportations allemandes pendant chaque période de 12 mois à partir du 1er mai 1921, ou de telle autre somme équivalente qui pourrait être fixée d'après un autre indice à proposer par l'Allemagne et qui serait agréé par la Commission. Le Gouvernement allemand a déclaré qu'à son avis il ne fallait prendre pour base, dans l'évaluation des exportations, ni les chiffres figurant au « commerce général » ni ceux du « commerce effectif ». Il a donc demandé à exclure des exportations, pour le calcul des payements, diverses catégories de marchandises passant par l'Allemagne en transit direct ou indirect et les livraisons en nature au titre des réparations. Le Comité a répondu que c'était à la Commission qu'il appartenait de prendre une décision sur ce point. La question a été, en fait, soumise à la Commission qui a décidé, pour les raisons qui sont intégralement exposées dans les documents publiés (1), qu'elle ne croyait pas pouvoir donner au mot « exportations » une signification autre que celle que le Gouvernement allemand lui-même donnait dans ses statistiques qui, en effet, comprenaient les catégories dont il ne voulait pas tenir compte pour l'établissement de l'indice.

Le Gouvernement allemand a donné de nouvelles raisons tendant à établir que le choix des exportations

(1) Ibid, page 23.

comme indice de l'annuité variable prêtait à de sérieuses objections. Le Comité a répondu, que dans ce cas aussi, c'était à la Commission qu'il appartenait de prendre une décision et il ajoutait que c'était toutefois au Gouvernement allemand et non à la Commission qu'il incombait de proposer un autre indice. En fait, aucune proposition n'a été soumise à cet effet.

3. L'Article 7 de l'Etat des Payements requiert l'Allemagne d'affecter au service des obligations le produit d'un prélèvement de 25 % sur la valeur de toutes les exportations, et le Gouvernement allemand a exposé au Comité les difficultés économiques et politiques qui pourraient résulter d'un prélèvement direct de cette nature. Le Comité a accepté de différer provisoirement celui-ci, sous réserve du payement trimestriel d'une somme en devises étrangères équivalente au prélèvement direct envisagé par l'Etat des Payements. Cette somme devait être versée par tiers, le dernier versement étant effectué au jour de l'échéance trimestrielle fixée par l'Etat des Payements.

4. Afin de laisser au Gouvernement allemand une plus grande liberté d'action pour sa politique douanière à une époque de remaniement des tarifs, le Comité a renoncé provisoirement à se prévaloir, jusqu'au 1er mai 1922 tout d'abord, du droit qu'il tient de l'alinéa 8 de l'Etat des Payements, d'obtenir la communication préalable des projets intéressant la politique douanière de l'Allemagne.

5. En vue d'organiser son contrôle, le Comité a décidé de créer à Berlin un organisme permanent, « la Délégation du Comité des Garanties à Berlin », pour exercer ses pouvoirs de vérification et de contrôle auprès des administrations allemandes. La note donnant communication de cette décision ajoute : « Les fonctionnaires du Comité des Garanties auront le droit de réclamer, des

agents allemands, tous les renseignements qui leur seront nécessaires, de se faire présenter tous livres, registres et documents de l'administration, de se faire ouvrir tous locaux administratifs, de se faire donner toutes facilités afin de prendre une connaissance entière de toutes les parties du service qu'ils ont pour mission de contrôler.

« Ils ne seront autorisés à aucun moment, soit à donner des ordres, soit à se substituer aux agents allemands ».

Le Comité a fait un second voyage à Berlin du 23 septembre au 14 octobre 1921, principalement en vue de s'assurer des conditions dans lesquelles les payements qui allaient bientôt arriver à échéance seraient couverts, par l'application du système de garanties établi par les notes du 28 juin qui viennent d'être résumées. En juin, le Comité avait basé ses calculs sur le taux de change de 14 mark-papier pour 1 mark-or qui était en vigueur à cette époque. A son second voyage, le taux était de 30 mark-papier pour 1 mark-or, ce qui rendait nécessaire une révision complète de la situation.

L'examen du budget allemand pour 1921-1922 tel qu'il a été présenté par le Gouvernement allemand, a révélé que les recettes et les dépenses du budget ordinaire s'équilibraient à 51,5 milliards de mark-papier, que les recettes du budget extraordinaire (postes, chemins de fer, subsides pour achats de vivres, etc...) étaient de 10 milliards et les dépenses de 38 milliards, et qu'il y avait au budget d'exécution du Traité une dépense de 68 milliards qui n'était couverte par aucune recette. Il en résultait un déficit net de 96 milliards. Il a semblé possible, au moyen de certains réajustements, de ramener ce déficit à 73,5 milliards.

D'après les prévisions du Gouvernement allemand, le

budget ordinaire et le budget extraordinaire pour 1922-1923 s'équilibraient avec un total de recettes et de dépenses de 87,5 milliards et le budget d'exécution du Traité accusait un déficit de 90 milliards.

Après avoir apprécié le montant des devises étrangères nécessaires au Gouvernement allemand pour ses besoins intérieurs (par exemple achats, par le Gouvernement, de denrées alimentaires) et pour l'exécution du Traité de Paix jusqu'au 1ᵉʳ mai 1922, après examen de la méthode utilisée par le Gouvernent allemand pour se procurer des devises étrangères et de la balance des comptes de l'Allemagne pour l'exercice en cours, le Comité a formulé, en ce qui concerne la situation financière de l'Allemagne, certaines conclusions dont il n'est pas possible de faire rentrer la citation intégrale dans les limites du présent rapport. La Commission a conclu que, avec des déficits certains de 90 milliards de mark-papier pour l'exercice en cours et l'année suivante, le premier but à poursuivre était la stabilisation du mark et la cessation du recours à l'escompte des bons du Trésor pour couvrir le déficit du budget. Pour faire face aux échéances de réparations de janvier, février et avril 1922, il faudrait que le Gouvernement allemand prît des mesures exceptionnelles. S'il y réussit, « c'est-à-dire s'il peut, grâce à la garantie personnelle des industriels et commerçants allemands, disposer à bref délai de crédits ouverts à l'étranger, les échéances seront assurées. Un répit serait ainsi obtenu qui pourrait être utilisé pour étudier avec le Gouvernement allemand une série de mesures qui, en contribuant à donner une plus grande stabilité au mark, faciliteraient la solution du problème des réparations. Si l'opération envisagée échoue, il est fort à craindre que le Gouvernement allemand déclare qu'il ne peut pas effectuer les prochains versements prévus par l'Etat des Payements.

« Le Comité des Garanties estime de son devoir d'appeler dès à présent l'attention de la Commission des Réparations sur cette situation ».

Avant de quitter Berlin, le Comité a consenti à ajourner la question de savoir s'il convenait de mettre en fonctionnement le système de prélèvement direct sur les exportations, et, pour diminuer les difficultés que le Gouvernement allemand éprouvait à cette époque à se procurer des devises étrangères, il a accepté que dans certaines conditions le produit des douanes, y compris les droits à l'exportation et les sommes représentant 25 % de la valeur des exportations lui fussent versés tout d'abord en mark-papier qui seraient convertis peu à peu, mais sans interruption, en devises étrangères.

Après avoir examiné ce rapport, la Commission décida d'aller elle-même à Berlin au mois de novembre 1921 avec le dessein immédiat de se rendre compte des progrès réalisés et de ceux qui restaient à faire pour appliquer les mesures envisagées par le Comité des Garanties, ainsi que des méthodes que le Gouvernement allemand se proposait d'adopter pour se procurer les fonds nécessaires à l'exécution de ses obligations. Avec ce voyage à Berlin commence la série d'événements et de négociations entre la Commission des Réparations et le Gouvernement allemand, entre les Gouvernements alliés et le Gouvernement allemand, qui ont, par la suite, conduit à la concession d'un ajournement partiel des obligations imposées par l'Etat des Payements à l'Allemagne pour l'année civile 1922. L'histoire de ces événements, qui figure tout au long dans le volume auquel il est fait allusion ci-dessus, n'intéresse pas, sauf sur un point, l'objet du présent chapitre. Il faut en effet en retenir une décision de la Commission en date du 21 mars 1922 et une lettre d'envoi de même date au Gouvernement allemand. Par cette décision, les payements de l'Allemagne en 1922 au compte des réparations et des armées d'occupation étaient limités à 720 millions de mark-or en espèces et à des livraisons en nature d'un montant ne dépassant pas 1.450 millions de mark-or. Il était stipulé dans la lettre d'envoi, que le plan de payements établi dans la décision devait être considéré comme provisoire et ne pourrait être maintenu définitivement que si l'Allemagne remplissait strictement certaines conditions. Sur trois points importants, ces conditions ont augmenté l'étendue du contrôle exercé par le Comité des Garanties sur les finances du Reich.

Tout d'abord, un certain programme pour la réalisation de ressources supplémentaires était imposé à l'Allemagne, et il était stipulé que « les mesures d'application de la législation fiscale ou tarifaire de l'Allemagne, telle qu'elle se trouvera établie après la réalisation du programme fixé ci-dessus, seront délibérées entre les Délégués du Gouvernement allemand et de la Commission des Réparations. Celle-ci exercera par l'intermédiaire du Comité des Garanties aux divers échelons un contrôle assez développé pour qu'on puisse à tous moments se rendre compte exactement de l'application de cette législation, notamment de la situation des travaux d'assiette et de recouvrement des impôts, et, s'il y a lieu, constater les défectuosités que cette application pourrait présenter. Elle invitera l'Allemagne, le cas échéant, à prendre les mesures nécessaires pour remédier aux défectuosités constatées et statuera dans le cas où l'Allemagne n'aurait pas pris dans un délai raisonnable des mesures jugées par elle suffisantes ».

En second lieu, une sérieuse réduction des dépenses

était réclamée et il était indiqué que le Gouvernement allemand établirait, d'accord avec la Commission des Réparations, une procédure pour organiser le contrôle des dépenses prévues au budget afin d'éviter les dépassements de crédits et de faire apparaître l'utilisation réelle des fonds. Le Comité des Garanties était chargé de vérifier le fonctionnement de ce contrôle.

En troisième lieu, il était spécifié que le Comité des Garanties élaborerait avec le Gouvernement allemand une procédure destinée à renforcer et élargir le contrôle qu'il exerce actuellement sur les exportations et la perception des devises, dans toute la mesure nécessaire pour surveiller efficacement l'exécution des mesures destinées à mettre un terme à l'exportation abusive des capitaux.

Le Gouvernement allemand, dans une lettre en date du 7 avril 1922, par laquelle il demandait à la Commission des Réparations de revenir sur sa décision, a fait observer que « le Gouvernement allemand ne pourrait consentir à aucun contrôle inconciliable avec la souveraineté financière de l'Allemagne. Le Gouvernement allemand est prêt à donner à la Commission des Réparations tous les renseignements dont elle pourra avoir besoin sur la situation des opérations financières de l'Allemagne. Mais aucun Gouvernement ne serait en état d'accorder à l'étranger une influence déterminante dans la création et dans l'application des lois ».

Dans une réponse en date du 13 avril 1922, la Commission a fait observer qu'elle « ne voit rien dans les conditions posées par sa lettre du 21 mars qui soit de nature à justifier pour si peu que ce soit les craintes du Gouvernement allemand. La Commission n'a empiété en rien soit sur le droit d'initiative, soit sur la responsabilité, en matière d'impôts ou de dépenses du Gouvernement ou du pouvoir législatif allemand. Elle s'est bornée à exiger en premier lieu que l'Allemagne prenne toutes les dispositions générales voulues pour que l'exécution des obligations de réparations soit assurée par priorité sur les dépenses intérieures non indispensables, en second lieu que le Gouvernement allemand lui donne, en tant que cela dépend de lui, les moyens de s'assurer que ces dispositions générales sont correctement et strictement appliquées par le Gouvernement allemand. Il n'y a là pour le Gouvernement allemand aucun motif de plaintes qui puisse se fonder ni sur le Traité lui-même, ni sur les assurances données par les Gouvernements alliés.

« Le Gouvernement allemand ne doit pas oublier au surplus qu'il a sollicité un ajournement de ses obligations définies par le Traité et par l'Etat des Payements ; qu'en accordant cet ajournement, la Commission avait le droit de poser toutes les conditions qui pouvaient lui paraître nécessaires. Les conditions qui ont été notifiées au Gouvernement allemand par la lettre du 21 mars 1922, pour l'octroi d'un sursis provisoire, ont été arrêtées après sérieuse réflexion et la Commission des Réparations ne peut donc qu'espérer que le Gouvernement allemand se rendra compte que l'attitude intransigeante, qui se révèle dans la note allemande, a été adoptée sans une juste considération des conséquences qu'elle doit entraîner ».

A la suite de conversations, le Gouvernement allemand a informé la Commission des Réparations qu'il « relève avec satisfaction que la Commission des Réparations reconnaît la souveraineté de l'Allemagne dans les questions de dépenses publiques, d'impôts et de politique financière générale. Le Gouvernement allemand prend note avec une égale satisfaction du désir de la Commission d'aider l'Allemagne à mettre de l'ordre dans ses finances. A cette fin, le Gouvernement allemand sera prêt à fournir à la Commission des Réparations tous les moyens d'enquête demandés par celle-ci. Dans le même but, pendant la durée du règlement des payements de réparations stipulés par la décision de la Commission du 21 mars 1922, le Gouvernement allemand sera prêt à s'entendre avec celle-ci au sujet des projets de lois préparés par lui sur les questions financières visées ci-dessus ». Une plus complète acceptation du plan de contrôle de la Commission a été fournie dans une lettre du 28 mai 1922.

Le droit de contrôle du Comité a été ainsi accru. Il convient de remarquer particulièrement la base juridique de cet accroissement qui se trouve mise en lumière dans une des citations ci-dessus. Le Gouvernement allemand demandait certaines concessions ; la Commission des Réparations s'est crue en droit de lui imposer, en échange, de nouvelles conditions.

Le Gouvernement allemand fut avisé que les dispositions nécessaires pour mettre en œuvre ce contrôle étendu feraient l'objet de délibérations avec le Comité des Garanties, qui en conséquence se rendit pour la troisième fois à Berlin en juin 1922. Les résultats des négociations du Comité avec le Gouvernement allemand furent incorporés dans une série de documents posant les principes du contrôle et qui furent soumis au Gouvernement allemand et reçurent son agrément. Ces documents, que leur importance et leur caractère technique ne permettent pas de résumer ici, sont à l'Appendice XXXVIII (1).

Un contrôle d'une nature aussi vaste, lors même qu'il n'était que temporaire, entraînait nécessairement le développement parallèle de l'organisme du Comité à Berlin,

_____

(1) Voir page 519.

et il ne sera pas hors de propos d'ajouter quelques mots sur le champ d'action de cet organisme après son dévelopement au cours de 1922.

La Délégation permanente, tel est le nom qui lui a été donné, se trouve placée sous l'autorité d'un Président qui est à Berlin le réprésentant principal de la Commission ; elle comprend, en outre, un Secrétaire général et les sections suivantes qui fonctionnent sous la direction de chefs de sections :

1. — Section des exportations, chargée du contrôle des statistiques des exportations allemandes.

2. — Section des recettes, chargée du contrôle des recettes du Reich et des Etats allemands. Elle est spécialement chargée de contrôler la rentrée des recettes affectées en garantie.

3. — Section des dépenses, chargée, dans les limites indiquées ci-dessus, de contrôler les dépenses du Reich et des Etats allemands.

4. — Section du mouvement général des fonds, qui contrôle la dette flottante, l'achat et l'utilisation des devises étrangères par le Gouvernement allemand et les mesures prises par ce Gouvernement contre l'évasion des capitaux. Cette section étudie également les questions que soulève l'Article 248 du Traité.

5. — Section de documentation, chargée de tenir le Comité au courant de toutes les questions non expressément attribuées aux autres Sections et de réunir les données nécessaires au travail des Sections.

Il n'a pas été possible de donner dans le présent chapitre autre chose qu'une simple esquisse des fonctions et d'une partie, qui fut plus spécialement importante, de l'action du Comité et de son personnel tant à Paris qu'à Berlin. Son travail journalier ne prête pas à une description détaillée qui d'ailleurs serait peut-être superflue. Ce travail quotidien de contrôle, qui exige que l'on pénètre dans les plus petits détails des finances d'un des Etats les plus vastes et les plus compliqués de l'Europe, est manifestement ardu, et sa difficulté n'est pas diminuée du fait que le système de contrôle en vigueur s'est nécessairement trouvé jusqu'à présent en cours d'évolution.

CHAPITRE XI

AUTRICHE (1)

Le Traité de Paix signé à Saint-Germain-en-Laye le
10 septembre 1919, contient un chapitre « Réparations »
analogue à celui du Traité de Versailles.

La même Commission qu'institue l'Article 233 du Traité
de Versailles est chargée également d'assurer l'exécution
des réparations dues par l'Autriche, mais le Traité de
Saint-Germain prévoit en outre la constitution d'une
Section pour les questions spéciales soulevées par l'application du Traité de Paix avec l'Autriche ; cette Section
n'a d'ailleurs qu'un rôle consultatif, sauf dans le cas où la
Commission des Réparations lui déléguerait tels pouvoirs
qu'elle jugerait opportun.

Le Traité organise comme suit la représentation des
Puissances dans cette section : les Délégués des Etats-
Unis, de la Grande-Bretagne, de la France et de l'Italie
ont chacun deux voix et les Délégués de la Grèce, de la
Pologne, de la Roumanie, de l'Etat Serbe-Croate-Slovène
et de la Tchéco-Slovaquie, chacun une voix.

(1) Le Traité avec la Hongrie ne fut mis en vigueur que le
26 juillet 1921 et l'exécution des clauses de réparations n'est pas
encore parvenue à un point où il serait utile de donner un exposé
des travaux accomplis ; on espère donner dans un rapport ultérieur
un compte-rendu de la mission qui incombe à la C. R. en vertu de
ce Traité.

La composition de la Commission des Réparations est modifiée pour les affaires d'Autriche en ce sens que le délégué belge est remplacé par un Délégué commun nommé par la Grèce, la Pologne, la Roumanie, l'Etat Serbe-Croate-Slovène et la République tchéco-slovaque.

Alors que le Traité de Versailles prévoit que la dette de réparations de l'Allemagne sera fixée uniquement d'après le montant des dommages dont celle-ci est solidairement responsable, le Traité de Saint-Germain (Article 179) stipule qu'une « part de dette » sera assignée à l'Autriche après que la Commission des Réparations « aura estimé si l'Allemagne est en situation de payer le solde du montant total des réclamations présentées contre l'Allemagne et ses alliés et vérifiées par la Commission ».

Toutefois, l'Allemagne reste solidairement responsable du payement de cette part de la dette.

Le montant des sommes à payer par l'Autriche avant le 1er mai 1921 n'est pas fixé, comme il l'est pour l'Allemagne, par le Traité, mais laissé au jugement de la Commission des Réparations.

Les Annexes à la Partie VIII du Traité de Saint-Germain ne prévoient pas, comme celles du Traité de Versailles, des livraisons spécifiées de charbon, de dérivés du charbon, de matières colorantes et produits pharmaceutiques ; mais par contre, elles prévoient des livraisons spécifiées de bois de construction et de produits du bois, de fer et d'alliages ferreux, de magnésie (Annexe V) et de meubles (§ 7 de l'Annexe IV).

Les dispositions relatives aux livraisons de navires, bétail, câbles, matériaux de constructions, etc... sont analogues à celles qui figurent au Traité avec l'Allemagne.

Outre les clauses relatives aux problèmes des réparations, le Traité de Saint-Germain contient des clauses très importantes se référant à la solution des problèmes qui sont la suite de la liquidation de l'ancienne Monarchie austro-hongroise : les plus importants sont les suivants : a) répartition de la dette d'avant-guerre entre les Etats successeurs et cessionnaires de territoires ; b) liquidation de la Banque d'Autriche-Hongrie ; c) évaluation des biens et propriétés de l'Etat autrichien dans les territoires transférés.

Ces problèmes, dont l'étude a été confiée par la Commission des Réparations à des Sous-Comités spéciaux composés de techniciens, sont étroitement liés à celui des réparations, le dernier surtout. Le Traité a chargé en effet la Commission des Réparations de fixer la valeur des biens et propriétés acquis par les différents Etats, l'Autriche exceptée ; cette valeur doit être portée au débit de l'Etat acquéreur et au crédit de l'Autriche, à valoir sur les sommes dues au titre des réparations, déduction faite d'une somme proportionnée à la contribution en espèces, en terre ou en matériel, fournie directement à l'acquisition de ces propriétés par des Provinces, Communes ou autres Autorités locales autonomes. Exception est faite pour certains biens et propriétés énumérés par le Traité et qui sont transférés sans payement (Article 208).

Des dispositions semblables aux clauses correspondantes du Traité de Versailles établissent l'obligation de l'Autriche d'acquérir les droits et intérêts de ses ressortissants dans toute entreprise d'utilité publique ou dans toute concession en Russie, en Turquie, en Allemagne, en Hongrie ou en Bulgarie ou dans les possessions et dépendances des Etats susdits ou sur un territoire qui ayant appartenu à l'Autriche ou à ses alliés, doit être transféré par l'Autriche ou ses alliés (Article 211).

Nous avons indiqué les principales différences de texte entre les deux Traités. Les différences de fond se révélèrent beaucoup plus importantes.

Dès avant la mise en vigueur du Traité, il fut évident que, pour une longue période tout au moins, l'Autriche ne serait pas en état de !payer des réparations, mais au contraire, qu'elle aurait besoin, pendant plusieurs années, de crédits importants pour lui permettre de subsister jusqu'au moment où sa situation économique et financière serait redevenue stable.

Le Traité de Saint-Germain (Article 197) établissant « sous réserve des dérogations qui pourront être accordées par la Commission des Réparations, un privilège de premier rang... sur tous les biens et ressources de l'Autriche pour le règlement des réparations et autres charges résultant du présent Traité... » il fut impossible à l'Autriche, sans une autorisation de la Commission des Réparations, d'aliéner, d'hypothéquer ou de donner en garantie une partie quelconque de son avoir ou de ses revenus en vue d'obtenir des crédits.

Dans la lettre d'envoi de la Réponse des Puissances alliées aux Remarques de la Délégation autrichienne sur les Conditions de Paix, il est dit que la Commission des Réparations recevrait pour instructions de s'acquitter de ses fonctions dans un esprit éminemment humanitaire.

La situation était telle que, dès le début, la tâche primordiale de la Commission consista à examiner les dérogations que l'on devait inévitablement accorder à la priorité des réparations, en vue d'aider le Gouvernement autrichien à obtenir des crédits. La Commission eut aussi à surveiller l'emploi de ces crédits, tout d'abord dans l'intérêt des prêteurs, et en second lieu, en vue de réserver les possibilités de payement de la dette de réparation qui pourrait être « assignée » à l'Autriche.

Comme pour l'application du Traité de Versailles, il faut noter l'action d'un Comité d'Organisation de la Commission des Réparations avant que la Commission elle-même ait été officiellement constituée. Dans le cas de l'Autriche, la durée du Comité d'Organisation fut plus longue, en raison des retards apportés à la ratification du Traité de Saint-Germain. Le Comité ne cessa ses fonctions que le 17 avril 1920. A cette date, le Traité n'était pas encore en vigueur, mais, en raison des difficultés créées par les délais dans l'échange des ratifications, il avait été décidé, à la demande du Gouvernement autrichien, de mettre en vigueur, par anticipation, les clauses de réparations et certaines clauses financières (notamment celles relatives à la liquidation de la Banque d'Autriche-Hongrie).

En octobre 1919, le Comité d'Organisation fut chargé par le Conseil Suprême de s'occuper des questions de secours à l'Autriche. A ce moment, la situation était la suivante :

1° Des vivres avaient été, de décembre 1918 à la fin de février 1919, envoyés à l'Autriche par l'Italie agissant au nom des Puissances Alliées et Associées et pour leur compte. En garantie du payement de ces livraisons, un dépôt de couronnes-papier autrichiennes qui monta progressivement jusqu'à 382 millions, avait été constitué à Innsbrück. Le gouvernement italien fit ainsi une avance de plus de 18 millions de lires.

2° Le 1er mars 1919, un crédit de 30 millions de dollars qui fut porté le 14 avril à 45 millions et ultérieurement à 48 millions de dollars, avait été accordé dans les conditions suivantes :

- « Afin de permettre une action immédiate pour le payement du ravitaillement dont l'Autriche allemande a
besoin pour éviter de grandes privations, la famine et le
développement de l'anarchie...

« La Grande-Bretagne, la France et l'Italie acceptent
d'ouvrir des crédits par tiers égaux jusqu'à concurrence
de 30.000.000 de dollars au maximum, entre le moment
présent et la prochaine récolte pour payer tel ravitaillement qui pourra être fourni à l'Autriche allemande sous
l'autorité du Conseil Suprême Économique y compris
celui déjà fourni à la suite des accords provisoires, étant
bien entendu que le chiffre ci-dessus est un maximum et
que la question de l'ouverture effective de crédits à concurrence de ce total dépendra de la suite des événements
et des décisions que le Conseil Suprême Économique
prendra de temps à autre.

« En garantie pour de tels crédits, le Gouvernement
autrichien devra formellement accepter de mettre à la
disposition d'une Commission (ou de Commissaires)
représentant les trois Puissances principales, une hypothèque convenable, a) sur les mines de sel, b) sur les
propriétés de la Ville de Vienne, ou c) sur tel actif en
Autriche sur lequel on pourra s'entendre, des mesures
immédiates étant prises, dans le cas des mines de sel,
pour libérer ces mines de toutes créances antérieures.

« Une Commission interalliée de trois ou quatre
Membres sera instituée en vue de prendre les mesures
nécessaires pour arrêter le mode de remboursement des
crédits sur les revenus des propriétés ci-dessus ou de
toute autre façon.

« Le remboursement de ces crédits sera une créance
privilégiée sur les futures ressources de l'Autriche, prenant rang avant tout payement pour réparations ».

Le 30 mai 1919, le Gouvernement de l'Autriche s'engagea à assurer la couverture financière des crédits
ouverts et à ouvrir par un ou plusieurs des moyens suivants : versement de monnaies d'or et d'argent réquisi-
tionnées (autres que l'encaisse métallique de la Banque

d'Autriche-Hongrie) ; réquisition et remise de titres et valeurs étrangères désignés par les Gouvernements prêteurs ; remise (en attendant l'établissement d'une hypothèque sur les forêts) des créances sur l'étranger résultant de ventes de bois ; remise du produit net de l'exploitation des salines et établissement d'une première hypothèque sur ces salines ; pour une tranche du crédit, une garantie à fournir par la Ville de Vienne.

En même temps, le Gouvernement autrichien déclarait affecter « par privilège tous ses revenus généralement quelconques à la libération, aux temps et lieux qui seront fixés, des crédits alimentaires qui lui sont consentis, en attendant qu'il soit procédé à la détermination des moyens de payement et des garanties, ainsi qu'à l'établissement juridique desdites garanties et hypothèques ».

Lorsqu'il reçut les instructions du Conseil Suprême, le Comité d'Organisation constitua à Vienne une Sous-Commission spéciale chargée de déterminer les besoins de l'Autriche en denrées alimentaires et matières premières, de rechercher les mesures susceptibles de développer au maximum la production de l'Autriche elle-même, d'examiner et de proposer au Comité d'Organisation de la Commission des Réparations les moyens qu'elle jugeait les plus propres à faciliter et à assurer la livraison et le transport par les Etats voisins de l'Autriche, des marchandises qui lui sont nécessaires, et le payement par l'Autriche de ses fournisseurs.

Le 27 octobre 1919, la Sous-Commission de Vienne remit son rapport et ses propositions. Elle concluait notamment à :

1° la fourniture immédiate de 30.000 tonnes de vivres ;

2° la fourniture supplémentaire de 200.000 tonnes de charbon par mois ;

3° l'ouverture de crédits spéciaux pour l'achat d'engrais ;

4° l'octroi d'un emprunt de 100.000.000 dollars pour la consolidation du précédent emprunt de 48.000.000 dollars et des achats de vivres et de charbon pour six mois ;

5° la constitution d'une Commission de banquiers et d'experts en finances pour l'étude et l'élaboration d'un projet de reconstitution définitive des finances de l'Autriche.

Le 29 décembre 1919, le Comité d'Organisation remit au Conseil Suprême les propositions suivantes : (1)

« Le Gouvernement autrichien sera autorisé à émettre des certificats de reconnaissance de dette pour une somme qui sera fixée par la Sous-Commission de Vienne, certificats convertissables en bons de la première fraction à émettre par application de l'Article 181 du Traité de Paix avec l'Autriche. Une partie de ces certificats seront remis tant aux Gouvernements britannique, français et italien comme garantie pour tous les emprunts ou crédits déjà consentis, qu'aux Gouvernements prêteurs pour tous autres emprunts et crédits ultérieurement consentis au Gouvernement autrichien ; ils seront substitués aux avoirs autrichiens détenus actuellement, ou sur le point d'être pris en gage pour des emprunts ou des crédits ; ces avoirs devront être remis à la Sous-Commission de Vienne ainsi que tous les objets d'art, le monopole des tabacs et les biens de l'ancienne Maison impériale et royale qui ont été récemment déclarés propriété d'Etat et tous autres avoirs ainsi remis devront avoir été pris en charge par la Sous-Commission, et, au fur et à mesure de leur remise, administrés par elle de manière à atteindre le but proposé ; le reste des certificats sera utilisé de temps à autre

(1) Un premier projet avait été remis le 14 novembre au Conseil Suprême, mais celui-ci l'avait renvoyé au Comité d'Organisation en lui demandant d'y apporter un certain nombre de modifications.

par la Sous-Commission, de la façon qu'elle pourra estimer convenable et nécessaire dans l'intérêt des réparations, tout en assurant en même temps à l'Autriche la satisfaction de ses besoins minima en denrées alimentaires, en charbon et en matières premières, ainsi que le prévoit l'Article 181 du Traité de Paix avec l'Autriche.

« Le Comité recommande en outre que le plan ci-dessus soit communiqué sans délai au Gouvernement autrichien et que, si le Gouvernement autrichien demande par écrit au Comité d'Organisation de la Commission des Réparations d'exercer immédiatement des pouvoirs analogues à ceux que le Traité de Paix avec l'Autriche confère à la Commission des Réparations et à sa Section autrichienne, dans ce cas la Sous-Commission de Vienne observe la procédure suivante :

« 1° faire connaître au Gouvernement autrichien qu'une ouverture de crédits ne saurait être envisagée s'il ne prend l'engagement :

« a) de n'effectuer ou ne laisser effectuer aucune aliénation de propriétés publiques, ou à la disposition des pouvoirs publics, même sous la forme de concessions ou monopoles, sans le consentement de la Commission des Réparations et de déclarer nulle toute aliénation de cette sorte effectuée depuis l'Armistice du 3 novembre 1918 ;

« b) de prendre à la demande du Comité d'Organisation toutes mesures susceptibles d'empêcher l'aliénation hors d'Autriche ou à d'autres qu'à des ressortissants autrichiens, sans le consentement de la Commission des Réparations, de toutes propriétés privées, lorsque l'aliénation de celles-ci serait de nature à compromettre les garanties des crédits à ouvrir ;

« 2° préparer immédiatement et mettre aussitôt à exécution un programme financier suivant les grandes lignes tracées dans le présent rapport, de façon à garantir la préservation des avoirs autrichiens pour le compte des réparations et assurer à l'Autriche les quantités minima de denrées alimentaires, charbon et matières premières qui lui sont nécessaires ;

« 3° exercer immédiatement tel contrôle sur la perception et la dépense du produit de tous les impôts,

douanes et revenus du Gouvernement autrichien qu'il
semblera à la Commission nécessaire et désirable
d'exercer ;

« 4° entreprendre immédiatement l'étude de la situation
financière et économique de l'Autriche et préparer un
plan d'ensemble pour sa reconstitution, afin de rendre
possibles les réparations prévues dans le Traité avec
l'Autriche. »

Les propositions du Comité constituèrent plus tard,
pratiquement, les instructions de la Section d'Autriche.
Comme il a été indiqué ci-dessus, le Gouvernement
autrichien demanda formellement la mise en vigueur par
anticipation des clauses de réparations du Traité ; la Section d'Autriche de la Commission des Réparations (la liste
des membres de la Section, à son début, est indiquée à
l'Appendice XXXIX (1)) se réunit à Vienne le 18 juin 1920.

En attendant un examen plus complet du problème
qui consistait à venir en aide à l'Autriche, à la réorga-
niser et peut-être lui permettre de payer des réparations,
on trouva des moyens pour soutenir l'Autriche.

Plusieurs essais furent faits en vain par le Gouvernement autrichien avec l'autorisation de la Commission des
Réparations pour obtenir des emprunts gagés sur le monopole des tabacs et sur les ressources artistiques de
l'Autriche, ou pour vendre des valeurs étrangères non
visées par le Traité.

A la suite d'appels à l'aide adressés par l'Autriche, les
Gouvernements alliés et associés vinrent, une fois de
plus, à son secours. Certains des Gouvernements intéressés attachèrent une importance considérable à ce que
le cercle des puissances prêteuses fût élargi, l'offre bri-

(1) Voir page 547.

tannique ayant été faite sous réserve d'un appui de la part d'autres Gouvernements alliés et neutres. Sir William Goode, qui venait d'être nommé Délégué britannique à la future Section d'Autriche, et qui en devint ultérieurement Président, se rendit en personne en Hollande et au Danemark, et réussit à obtenir de ces pays, ainsi que de la Norvège, de la Suisse et de la Suède, des promesses de secours destinés surtout à l'Autriche mais aussi, dans une certaine mesure, à d'autres pays européens dans le besoin, tels que la Pologne.

Pour administrer les crédits ainsi obtenus, pour coordonner ces crédits, dont certains étaient donnés en nature, avec les besoins des pays emprunteurs et pour prendre les mesures nécessaires pour assurer l'exécution des conditions imposées par les pays prêteurs, pour enregistrer en même temps les bons émis et à émettre par les pays emprunteurs, on institua le Comité International des Crédits pour le Relèvement Economique (C. I. C. R. E.) qui tint sa première séance à Paris au mois d'avril 1920.

La tâche principale du C. I. C. R. E. fut, en ce qui concerne l'Autriche, l'organisation des secours, spécialement en ce qui regardait les garanties à assurer aux pays prêteurs. Cette dernière question a mis le Comité en contact étroit avec la Commission des Réparations, celle-ci étant l'organisme compétent créé par le Traité de paix pour déterminer le caractère juridique des garanties à fournir et pour accorder éventuellement une dérogation au privilège de premier rang qu'ont, en vertu du Traité, les payements de réparations sur tous les revenus et ressources de l'Autriche.

Comme mesure essentielle, le Comité envisagea la consolidation des emprunts passés et futurs, avec, comme garantie de remboursement, une dérogation au privilège des réparations. Cette consolidation devait aussi impliquer la main-levée des hypothèques prises pour les emprunts précédents.

Le travail accompli par le C. I. C. R. E. sur la base des principes ci-dessus eut pour conclusion la rédaction d'un document intitulé *Avances à l'Autriche* et du texte des bons à émettre par le Gouvernement autrichien. Ces documents, approuvés par la Commission des Réparations, et dont le texte complet est donné aux Appendices XL et XLI (1) sont d'une importance considérable ; à partir de ce moment, ils définissent nettement la situation de l'Autriche vis-à-vis de ses créanciers actuels et futurs, ainsi que la priorité établie entre les créanciers eux-mêmes. En fait, c'est la note *Avances à l'Autriche* qui, à partir de ce moment, règle l'étendue du contrôle institué sur les finances autrichiennes et qui confie à la Commission et à sa Section d'Autriche les pouvoirs d'un agent représentant les diverses Puissances, neutres ou alliées, qui avaient fourni les fonds nécessaires pour ravitailler l'Autriche.

Un exposé détaillé des travaux du C. I. C. R. E. existe dans un rapport publié par ce Comité en octobre 1921, lors de sa dissolution.

L'existence de l'Autriche étant assurée pour quelques mois, la Section d'Autriche de la Commission des Réparations put se consacrer à la préparation d'un plan d'ensemble pour la reconstitution du pays. Après des enquêtes et des discussions approfondies, la Section exprima, à l'unanimité, le 1er novembre 1920, l'opinion suivante, et fit à la Commission des Réparations les propositions ci-dessous :

(1) Voir pages 549 et 553.

« Que la situation de l'Autriche — à moins qu'on n'y porte remède immédiatement — est telle qu'aucun Gouvernement ne pourra administrer l'Etat, et que l'existence du pays comme entité politique courra un grand danger. Il est donc naturellement impossible, à bien des égards, d'appliquer strictement à l'heure actuelle les clauses de réparations du Traité, et même pour obtenir l'exécution définitive du Traité de Saint-Germain dans son ensemble, il faudra prendre dans le plus bref délai, des mesures réparatrices énergiques. A moins que ces mesures ne soient prises, l'anéantissement de la vie économique et sociale de l'Autriche est automatique et inévitable. La misère et la souffrance qui suivront cette dissolution contraindront le monde civilisé à intervenir, même si cette dissolution ne donne pas lieu à des actes de violence.

« Après une longue discussion, la Section s'est donc ralliée à l'unanimité aux propositions ci-jointes. A son avis, l'Autriche ne peut continuer d'exister sans secours extérieur ; si celui-ci est accordé dans une mesure lui permettant de constituer un programme financier pour les cinq ou six années qui viennent et si l'on met en même temps à exécution, en le plaçant sous une surveillance efficace, un vaste plan de reconstruction intérieure, il y a tout lieu de penser que l'Autriche pourrait dans la suite se subvenir à elle-même et cesserait de constituer un danger pour l'équilibre économique et politique de l'Europe Centrale et Orientale. La Section est d'avis que des palliatifs provisoires ou des demi-mesures seraient pris en pure perte et n'aboutiraient à aucune solution définitive. Le relèvement de l'Autriche sera forcément lent et relativement coûteux ; mais si l'on s'applique avec soin à accroître la production et le développement de ses ressources potentielles, telles que les forces hydrauliques, tout en restreignant les dépenses et en s'appliquant à relever graduellement la valeur de la couronne, l'Autriche redeviendra capable d'exporter et de vivre.

« On peut résumer brièvement les propositions de la Section de la façon suivante :

A. Emission d'un emprunt en espèces étrangères de 250 millions de dollars, dont les versements seront échelonnés sur cinq années. L'emprunt sera octroyé sous condition de l'acceptation d'un contrôle sur les finances de l'Autriche.

B. Création d'une Banque d'émission privilégiée.

C. Consolidation de la dette étrangère de l'Autriche et de la dette de la Ville de Vienne.

D. Emprunt intérieur garanti par les Puissances de l'Entente et ayant pour gage le produit de l'impôt sur le capital autrichien.

E. Garantie d'un supplément mensuel de 200.000 tonnes de charbon et de coke.

F. Développement des forces hydrauliques de l'Autriche à l'aide de capitaux étrangers, tout d'abord, pour les besoins de l'industrie ; crédits et concessions à prévoir dans ce but.

G. Projet de tarif douanier transitoire.

H. Augmentation de la production des pommes de terre à l'aide de crédits. Augmentation de la production des céréales, du lait et du sucre ; substitution de prix minimum au prix maximum et application stricte des restrictions alimentaires.

I. Nomination d'une Commission du Budget sans couleur politique, dans le but d'effectuer des économies dans l'Administration de l'Etat, des Provinces et des Communes, et de remanier les revenus des Services d'Etat pour permettre à ces derniers de couvrir leurs frais.

J. Réduction de l'Armée à une force minimum de 5.000 hommes.

K. Administration des Monopoles et Entreprises d'Etat par capitaux privés.

L. Coopération du travail en vue d'accroître la production (1) ».

Le 13 novembre 1920, la Commission des Réparations transmit, dans les termes suivants, aux Puissances Alliées et Associées, le rapport de la Section d'Autriche :

(1) Voir Appendice **XLII**, texte complet des propositions de la Section, (page 556).

« La Commission des Réparations, sans se prononcer sur les propositions contenues dans le rapport unanime des Représentants des neuf Puissances constituant la Section d'Autriche, considère que ce rapport présente un tableau exact de la situation financière et économique actuelle de l'Autriche ; cet exposé de faits, non seulement démontre l'impossibilité d'appliquer convenablement en même temps les clauses de réparations du Traité de Saint-Germain, mais fait même naître les doutes les plus sérieux sur la possibilité d'assurer la continuation de l'existence de la République actuelle d'Autriche comme entité politique à moins qu'une nouvelle aide financière ne puisse lui être donnée de l'extérieur.

« La Commission ne disposant pas de fonds au moyen desquels on puisse fournir cette aide financière la question soulevée dépasse sa compétence et elle décide, par conséquent, d'envoyer le rapport de la Section d'Autriche aux Puissances Alliées et Associées en leur demandant d'étudier la question sans retard ».

Le Conseil Suprême réuni à Paris en janvier 1921 n'accepta pas les propositions de la Section transmises par la Commission des Réparations.

Après avoir chargé un Comité spécial de présenter de nouvelles propositions, il décida :

« De recommander aux Gouvernements alliés intéressés (et dont quelques-uns, comme la Yougo-Slavie, n'étaient pas représentés à la Conférence) de renoncer à toutes les créances de guerre dérivant des réparations et au remboursement des frais d'occupation.

D'autre part, la Conférence décida l'institution d'une Compagnie ou Banque internationale au capital de 200 millions de francs qui aurait mission de travailler au rétablissement financier et économique de l'Autriche.

En outre, la Conférence prescrivit diverses mesures intérieures : diminution du nombre des fonctionnaires, réorganisation des chemins de fer, installation d'un contrôle financier à Vienne, etc...

Le 11 février 1921, le Comité économique et financier de la Société des Nations, communiqua à la Commission des Réparations le projet de crédits internationaux adressé à la Conférence de Bruxelles en septembre 1920 et modifié depuis lors, dit projet ter Meulen.

Au cours d'une nouvelle Conférence interalliée tenue à Londres en mars 1921, le Chancelier d'Autriche exposa les garanties que l'Autriche pourrait offrir pour des emprunts : elles comprenaient les recettes des douanes, les monopoles du tabac, du sel et de l'alcool. Le Chancelier déclara que la valeur des denrées qu'il était indispensable à l'Autriche d'importer pendant un an s'élèvait à 12 1/2 millions de livres sterling.

Le 17 mars 1921, les Gouvernements de la France, de la Grande-Bretagne, de l'Italie et du Japon prirent acte, sous certaines réserves du Gouvernement italien, (voir ci-dessous) de la proposition du Gouvernement autrichien. Ils décidèrent, pour permettre la mise en œuvre du système de crédits ter Meulen (1), de suspendre provisoirement, pour une période à déterminer, toutes leurs revendications contre l'Autriche, au titre des réparations, du remboursement des bons de secours et des frais d'entretien des armées d'occupation, à condition que les autres Gouvernements étrangers consentissent également à l'ajournement de leurs créances correspondantes.

Il fut décidé de demander aux Puissances non représentées à la Conférence et ayant sur l'Autriche des créances, soit au titre des réparations, soit au titre des crédits de secours, (Etats-Unis, Belgique, Etats héritiers

(1) Les observations présentées par la Section d'Autriche sur la possibilité d'appliquer ce système à l'Autriche, propositions qui furent transmises en mai 1921 par la Commission à la Société des Nations figurent à l'Appendice XLIII (voir page 566).

de l'Autriche et de la Hongrie, Hollande, Pays scandinaves, Suisse), de faire une déclaration analogue. La Société des Nations fut chargée de convoquer une conférence de banques et établissements de crédit pour étudier l'application à l'Autriche du plan ter Meulen. La Société des Nations devait également étudier les conditions dans lesquelles il lui serait possible de se charger du contrôle des revenus autrichiens en vue de permettre l'application de la décision ci-dessus.

. Mais le Gouvernement italien n'avait accepté la décision ci-dessus que sous certaines conditions, au sujet desquelles l'Italie n'obtint, en fait, satisfaction qu'à la conclusion de l'Accord financier interallié signé à Paris le 11 mars 1922.

Le Comité financier de la Société des Nations déposa son rapport le 31 mai ; il acceptait d'une façon définitive la mission qui lui avait été offerte par les chefs des Gouvernements réunis à Londres. A partir de ce moment, le problème entre dans une nouvelle phase dans laquelle la Commission et la Section d'Autriche ne sont appelées à intervenir que pour suspendre la priorité des Réparations sur les avoirs de l'Autriche.

La Section d'Autriche de la Commission des Réparations fut, au 30 avril 1921, d'accord avec le Gouvernement autrichien, transférée à Paris. La Commission des Réparations ne conserva plus à Vienne que des bureaux exécutifs qui furent réduits progressivement, au fur et à mesure que les différentes affaires dont ils étaient chargés étaient liquidées.

Il est malheureusement impossible actuellement de terminer ce chapitre de l'histoire des obligations de l'Autriche au titre des réparations. Etant donné les principes impliqués dans la décision ci-dessus du 17 mars 1921 et les conclusions auxquelles est arrivée la Société des Nations, il semblerait que la Commission des Réparations n'eût plus à accomplir un travail très considérable. Toutefois, la mise en pratique des principes exposés ne pouvait s'effectuer avant que la Commission des Réparations eût accompli une tâche délicate et complexe. Seuls, en effet, certains des Gouvernements directement intéressés ont été parties à la déclaration faite. D'autre part, il ne suffirait pas de libérer l'Autriche, pendant une période même longue, de ses obligations de réparations. Il est tout aussi indispensable de la libérer du service de ses obligations au titre des crédits de secours et, dans certains cas, les Gouvernements prêteurs ont à surmonter des difficultés d'ordre pratique. De plus, bien que le principe de la suspension ait été proposé par un certain nombre de Gouvernements et adopté par les autres, il reste à fixer le montant des obligations de l'Autriche après la fin de la période de suspension. Un autre problème encore plus délicat est celui de savoir dans quelle mesure et dans quel sens l'hypothèque que les Gouvernements alliés et associés détiennent en faveur des réparations sur tous les avoirs et revenus de l'Autriche, doit être maintenue pendant la période de la suspension, en d'autres termes, dans quelle mesure ou sous quelle forme il est désirable de continuer à surveiller les finances de l'Autriche, tant dans son propre intérêt que dans celui de ses créanciers en vertu du Traité.

Au moment de la préparation du présent rapport, ces diverses questions n'ont pas encore été résolues d'une façon définitive, bien qu'elles aient été examinées avec beaucoup de soin et d'attention.

* * *

Cependant, il convient d'ajouter qu'en attendant l'établissement et la mise en œuvre du programme général de relèvement envisagé par la Société des Nations, le Gouvernement autrichien, en butte à des difficultés financières de plus en plus pressantes, a négocié une série d'emprunts, gagés sur un ensemble de tapisseries ayant appartenu à la Couronne. La Commission des Réparations, au cours de l'année 1922, a autorisé le Gouvernement autrichien à donner ces tapisseries en nantissement des emprunts suivants :

500.000.000 couronnes tchéco-slovaques, accordé par le Gouvernement tchéco-slovaque ;

£ 2.250.000, accordé par le Gouvernement britannique ;

70.000.000 lire, accordé par le Gouvernement italien.

A la même époque, le Gouvernement français, de son côté, accorda à l'Autriche un emprunt de 55.000.000 francs français.

En outre, le Gouvernement autrichien, par ses notes des 5, 17 et 31 juillet 1922, a sollicité, et la Commission des Réparations a accordé (21 juillet 1922 et 4 août 1922) en vue de l'institution, aux termes de la loi fédérale du 24 juillet 1922, d'une nouvelle banque d'émission, la libération pour une période de 20 ans des revenus des forêts, des salines, des douanes et des domaines de l'Etat, afin que ces revenus puissent servir de garantie pour la susdite banque. La Commission des Réparations a consenti en principe que ces mêmes revenus des douanes et les revenus du monopole du tabac servissent de garantie pour un emprunt extérieur, et elle a consenti que les mêmes revenus fussent affectés en garantie des emprunts accordés ou déjà décidés par la Grande-Bretagne, par la Tchéco-Slovaquie, par la France et par l'Italie. Elle s'est réservé, enfin, un droit de regard sur l'emploi qui sera fait de ces revenus.

Les discussions qui ont eu lieu à Genève en septembre et octobre 1922 ont abouti à l'élaboration d'un plan qui, avec l'appui des divers Gouvernements intéressés pourra, on l'espère, restaurer la situation financière de l'Autriche. Pour l'histoire de cette phase du problème, on peut se référer au supplément du Bulletin mensuel d'octobre 1922 publié par la Société des Natic...

Le projet de la Société des Nations (protocoles signés à Genève le 4 octobre 1922) comportant l'émission d'emprunts à court terme destinés à faire face aux difficultés immédiates, en attendant l'émission d'un emprunt extérieur à long terme, la Commission des Réparations a pris le 27 octobre 1922, à la demande du Conseil de la Société des Nations, des décisions en vertu desquelles :

a) La libération de revenus aux termes des décisions prises le 21 juillet et le 4 août 1922, accordée avec référence à la loi fédérale du 24 juillet 1922, est accordée avec référence à cette loi telle qu'elle pourra être amendée sur les points que la Société des Nations jugera nécessaire.

b) Les revenus des douanes et du monopole des tabacs sont rendus disponibles comme garantie pour des emprunts à court terme qui seront remboursés avant l'émission de l'emprunt à long terme ou au moyen du produit de cet emprunt.

*
* *

Restitutions

Les dispositions de l'Article 184 du Traité de Saint-Germain relatif aux restitutions sont, à quelques détails près, les mêmes que celles de l'Article 238 du Traité de Versailles (voir Chapitre V ci-dessus).

Un Protocole général d'application de l'Article 184 inspiré de celui adopté par la Commission des Réparations pour l'application de l'Article 238 du Traité de Versailles, fut transmis pour observations au Gouvernement autrichien le 22 avril 1921 et accepté par celui-ci sous certaines réserves.

Le 18 juin 1921, la Commission des Réparations, en vue de tenir compte de la situation de l'Autriche, décida d'apporter au Protocole, jusqu'à nouvel avis, les tempéraments suivants :

a) Les frais de transport au-delà des frontières de l'Autriche, les frais de remise en place et de remise en état, ne seraient pas exigés de l'Autriche pour le moment, mais feraient l'objet d'un compte séparé.

b) Les restitutions d'animaux vivants et de machines en service (y compris les locomotives) identifiées seraient suspendues.

Les restitutions faites jusqu'à ce jour par l'Autriche comprennent 1.450 wagons, environ 500.000 couronnes-or de matériel industriel et des quantités importantes d'objets d'art, de mobilier, de documents, d'archives, etc...

Des accords forfaitaires ont mis fin aux recherches dans la plupart des cas.

* *

Livraisons en vertu de l'Annexe IV

Le 9 août 1920, à la demande des Gouvernements intéressés, la Section d'Autriche pria le Gouvernement autrichien de lui faire savoir quelles dispositions il avait prises ou était disposé à prendre pour remplir les obligations dérivant des §§ 6 et 7 de l'Annexe IV.

Le Gouvernement autrichien protesta de l'impossibilité dans laquelle il se trouvait d'accomplir des livraisons quelconques au moment où il devrait, au contraire, être secouru de l'extérieur.

Néanmoins, le 4 mars 1921, considérant que la situation du cheptel était plus favorable en Autriche que dans les pays alliés demandeurs, la Section d'Autriche demanda au Gouvernement autrichien de procéder à la livraison à l'Italie, à l'État Serbe-Croate-Slovène et à la Roumanie, des quantités de bétail prévues à titre d'avance immédiate par le § 6 de l'Annexe IV.

Le Gouvernement autrichien fit appel de cette décision devant la Commission des Réparations. Celle-ci procéda à un nouvel examen approfondi de la situation du cheptel en Autriche d'une part, et dans les pays demandant l'exécution des livraisons d'autre part.

À la suite de cet examen, la Commission des Réparations décida, le 2 septembre 1921, d'ajourner à quatre mois l'examen de l'application du § 6 de l'Annexe IV, étant entendu que des arrangements forfaitaires pour les restitutions seraient conclus dans l'intervalle et que l'exécution en serait poursuivie énergiquement.

La Commission se réservait le droit de mettre fin au délai ci-dessus dans le cas où des progrès satisfaisants ne seraient pas réalisés.

Ce délai fut ensuite prorogé à diverses reprises.

*
* *

Liquidation du matériel de guerre

Le matériel de guerre en excédent des quantités autorisées par le Traité et livrable, par conséquent, en exécution des clauses de ia Partie V du Traité, fut réparti par décision de la Conférence des Ambassadeurs en trois catégories :

1° Le matériel appartenant au Département de la Guerre et considéré, par les Commissions interalliées de Contrôle, comme n'ayant pas d'utilité militaire; ce matériel fut remis au Gouvernement autrichien.

2° Le matériel de guerre susceptible d'utilisation civile, le seul dont la Commission des Réparations ait eu à s'occuper. Ce matériel, inventorié par les Commissions de Contrôle, fut évalué par la Section d'Autriche de la Commission des Réparations. Il fut ensuite rétrocédé à l'Autriche par les Puissances alliées auxquelles il appartenait en vertu du Traité contre remise de bons de relèvement, et considéré comme un prêt accordé à l'Autriche à titre de secours. En raison de la priorité italienne au titre des armées d'occupation, la totalité des bons ainsi émis furent attribués à l'Italie. Il en fut émis pour environ 4 millions de couronnes-or représentant la valeur du matériel existant, inventorié par les Commissions de Contrôle. En ce qui concerne le montant (environ 9 millions de couronnes-or), représentant la contre-valeur du